三朝町制70周年記念事業

山岳霊場

三徳を読み解く

三朝町教育委員会

発刊にあたって

平成十八年、世界遺産登録に向けて世界遺産暫定一覧表登載への提案書「三徳山」、平成十九年に再提案書「三徳山―信仰の山と文化的景観―」を鳥取県と共同して文化庁に提出しました。しかし、普遍的価値の証明が不十分とされ、世界遺産暫定一覧表登載候補の文化資産としてカテゴリーⅡに位置付けられました。

以来、三徳山の普遍的価値の証明のため、山岳修験の世界を紐解く調査を山本義孝先生にお願いし、三徳山中を調査していただき、「三徳山総合調査報告書第一集」（平成二十六年）に執筆していただきました。

十五年前、町制五十五周年記念事業『三徳山の植生永遠に』を森本満喜夫先生（三朝町文化財保護調査委員）に執筆していただき、長年の植生調査をまとめ上げていただきました。森本先生と三徳山中を歩き回り、私をはじめ、関わった皆さまは、三徳山系の山々の様子をたくさん教えていただきました。この経験が、山岳修験調査にとても役立ったと思っています。

平成二十七年、日本遺産第一号「六根清浄と六感治癒の地～日本一危ない国宝鑑賞と世界屈指のラドン泉～」に認定され、先人の様々な調査の積み上げが結実したものであると感謝の念に堪えません。

町制七十周年にあたって、改めて、山本義孝先生に、四十年を超える修験研究と二十年に及ぶ三徳山修験調査の見識を『山岳霊場　三徳を読み解く』として、現時点でのまとめをしていただきました。本書は、山岳修験三徳山のみならず、日本遺産三徳山・三朝温泉の魅力を深く理解していただける有意義なものであると思います。

本書発刊にあたって、ご執筆いただきました山本義孝先生、ご協力いただきました三佛寺及び神倉集落をはじめとする関係者の皆様に心より感謝申し上げます。

令和六年四月一日

鳥取県　三朝町教育委員会　教育長　**西田　寛司**

はじめに

私が三徳山に足しげく通うようになり、気づいたら二十年の歳月が流れていた。三佛寺が所在する三徳山北面とは反対側の神倉集落背後に聳える冠巌《かんむりいわ》の圧倒的な姿を見たとき、三徳山を解明するには神倉地区の実態を探る必要があると直観したことから始まる。

現地調査では事前準備として多くの時間を笹の伐採に費やす必要があり、山中遺跡調査の難しさを思い知らされた。全体像が明らかになるにつれ、三徳山中には中世の山岳修験の活動痕跡が改変されることなく、タイムカプセルのように残されていることが判明した。

全国には修験道霊山が幾つか知られているが、現在残っているのは明治初期の神仏分離まで山中修行や登拝が行われた霊山であるのに対し、戦国期に衰退し遺跡化したことから、中世の姿をそのまま留める三徳山の事例は今後の学術研究の基礎資料となるべき価値を持っている。これを何とか世に出さなければ、という使命感で今まで続けることができた。

三朝町制七十周年記念誌の執筆を依頼されたとき、すぐに「山岳霊場としての美徳（三徳）を全国的な視野から語ってみよう」という構想が浮かんだのだが、原稿執筆の仕上げ段階で長年の無理が祟って大きな手術をすることになり、命を削るような思いで仕上げたのが本書として形になり、実に感慨深いものを感じている。最後に、この度の貴重な機会を与えていただいた関係者に対して心より感謝申し上げたい。

令和六年二月

山本　義孝

目次

序章　三徳と向き合う

一　三徳山との出会い

(1)鳥取県立博物館の特別展「天狗と山伏」

三徳山に関わるようになって二六年の歳月が流れた。私は静岡県西部の磐田市という街に住んでいるので直線距離にして五〇〇㎞は離れている。三徳山に往くには浜松駅から新幹線を使い、智頭急行始発駅の京都駅で下車して乗り換え、終点の倉吉駅まで向かっても六、七時間は軽くかかる。自家用車を運転して高速道路を走らせ、最短の中国自動車道院庄インター経由でも、ほぼ、同じくらいの時間がかかってしまう。普通なら、なんと遠いのかとためらってしまうが、いつの間にか感覚が麻痺していて、年に何度も往復する自分がいる。

私を三徳山にどっぷり関わらせるきっかけを作ったのが、鳥取県立博物館で民俗を担当する学芸員の福代宏さんだ。彼との出会いがなければ、私が三徳山に関わることは無かったと言い切ってよい。そういう意味では人とのつながりは大切にしないといけない。彼と初めて会ったのは一九九七年（平成九）に開かれた日本山岳修験学会石鎚山大会（愛媛県）において私が「地域における俗修験の活動」というテーマで研究発表を行い、その夜の懇親会場で彼が、「来年、県博で修験道の特別展をやるのでどのような調査を行っているのか参考にさせてもらいたい」と声をかけてくれたことがきっかけだった。

翌一九九八年（平成一〇）に福代さんが担当した特別展は「天狗と山伏―修験道の世界―」というテーマで、修験道の行者である山伏と天狗のイメージを全国から集めた資料で幅広く扱い、この中で県内を代表する大山と三徳山に伝わる資料を位置づけた意欲的な展示であった。会期中の一〇月二五日には、私たちの仲間うちで「小天狗」と呼んでいた天狗研究家の森田喜代美さんを福岡県から招いた講演会も開かれた。翌日、福代さんの案内で森田さんたちと初めて三佛寺を訪れ、米田良中住職にお会いしたあと奥之院投入堂に登拝した。奥之院へ向かうため宿入《しゅくいり》橋を渡ると道はすぐに無くなり、そこからは急斜面に露出している木の根をよじ登ることに驚かされた。小一時間を掛けて奥之院にたどり着き、初めて対面した時は、時間が止まった感じがしてしばらくは動くことができない感動を味わった。

これを機に福代さんとはすっかり仲良くなり、その後、彼が独身だったこともあって福代宅を根城にして、何度か鳥取県内の山岳信仰の社寺を一緒に訪ねた。

(2)日本山岳修験学会三徳山大会

地元三朝町では山岳信仰や修験道研究の専門家が集まる日本山岳修験学会の大会を誘致することとなって準備を進め、二〇〇六年（平成一八）一一月四日から六日の日程で実現し、私も福代さんに誘われて実行委員会のお手伝いをさせていただくこととなった。せっかくの機会だから三徳山に関して何か研究発表をしたいと意気込んではみたものの間に合わず、このときは仕方なく断念して、学会の学術誌『山岳修験四〇号』三徳山特集号を福代さんと二人で編集させてもらった。しかし大会に参加したことで大きな収穫もあった。それは会場となった三朝町総合文化ホールのロビーで実行委員会が三佛寺に関するパネル展示を行っており、これを見ていると、私の修験道研究の師で英彦山山伏の末裔である駒澤大学教授の長野覺《ただし》先生が奥之院投入堂への経路図を見ながら「ここから先（奥）が本番なのだがなぁ」と言われたことである。つまり、投入堂までは前段であり、そこから先の山中が修験道の世界であるという意味の言葉であった。私も同じことを考えていたので、先生の言葉を受けて三徳山中の探索を真剣に考えるようになり、見出したのが三佛寺のある三徳谷とは山頂を挟んだ反対側、小鹿谷の神倉《かんのくら》集落と集落背後に聳える冠巌《かんむりいわ》の大岩塊であった。

写真１　鳥取県立博物館特別展図録『天狗と山伏』と日本山岳修験学会三徳山大会特集『山岳修験40号』

写真２　三徳調査を始めるきっかけとなった神倉地区の冠巌

詳しくは四章「三徳山神倉の世界」で述べることになるが、神倉という集落名は熊野三山の一つ、新宮の神体山である神倉（権現山）を連想させ、冠巌は巨岩を神霊の依代とみなす磐座祭祀の場である可能性を持つと、にらんだからだ。神倉での調査は二〇〇七年（平成一九）四月に始まるが、現在まで継続する長丁場になるとは、この時には全く予想していなかった。

(3)山岳信仰研究一筋の人生

本書の視点と構成を理解していただくためにも私の経歴を語らせていただきたい。私は一九六一年（昭和三六）に京都市東山区の六波羅で生まれ、大学に入学し郷里を離れるまではこの地で育っている。六波羅というと空也上人で有名な六波羅蜜寺のある土地で、桐箱職人であった生家は平家一門の館跡であった。建仁寺、清水寺、方広寺跡の豊国神社・耳塚などが毎日の遊び場であり、京都国立博物館へは自転車で一〇分もかからず、中学生になると、そこで行われた特別展・企画展はほとんど観るというように、歴史を書物から学ぶことよりも現地で自分の目で見て、肌で感じながら楽しんできた。

訳あって生家からは離れる必要があり、考古学研究室の主任教授で文学部長であった賀川光夫先生を慕い、大分県にある別府大学文学部史学科考古学専攻に入学した。この時の大学には八幡信仰史研究の大御所で宗教学の中野幡能《はたよし》先生がおられ、先生の担当であった日本思想史、日本文化史、宗教学概論の講義全てを繰り返し受講した。講義スタイルはテキストを読ませるだけでつまらなかったものの、内容解説に入ると人が変わったように自説と宗教学者としての分析を熱く語られたので、それを聞くのが楽しく、新鮮であった。

二年生の時（一九八一年）に朝日新聞西部本社主催の英彦山《ひこさん》学術調査団が組織され、指導委員を務めておられた先生に頼み込んで英彦山での発掘調査に加えてもらった。標高一一九九mの南岳山頂にテントを張り一週間にわたる山頂祭祀遺跡の発掘を経験し、後に重要文化財に指定された一二世紀の青銅製経筒を発掘した。現地では日本唯一の修験道資料館であった福岡県立求菩提《くぼて》資料館館長の重松敏美先生が団長を務めておられ、夕食後は焚火をしながら夜が更けるまで、連日修験道と山岳信仰遺跡調査の講義が行われた。

大学に戻ると中野先生は弟子を育てようと思われたの

か、ご自分が分析を進めていた『八幡宇佐宮御託宣集《ごたくせんしゅう》』の輪読会を講義の空き時間に週一回のペースでやると言い出されたので、有無も言わさず仲間を募って立ち上げた。漢文で書かれた中世の難解な寺社史料を音読して解説を行うのは苦痛で、逃げ出したい気持ちで臨むが、先生の解説の時間になると「この部分は道教思想、これは修験道ではこうなる、仏教では……」という具合に縁起の分析を見事に披露され、洞察の深さと博識なことに毎回舌を巻き、その独特の世界にのめりこんでゆく自分を心地よく感じた。私が卒業した後も後輩の山岸靖治君が輪読会を引き継ぎ、夏休みに先生がゼミ合宿を行っていただけるように段取りをしてくれた。初回は福岡県と佐賀県の県境に跨る霊峰背振山に数日通った。この時は偶然にも山頂にある自衛隊のレーダー基地内から雨による地崩れで経典がぎっしり詰まったままの青銅製経筒が出土したというニュースが流れ、佐賀県文化課を訪ね土が付いたままの生々しい経筒を実見した。

翌年は西日本を代表する修験道霊山の英彦山で合宿を行った。この時先生は我々を開山の聖地、玉屋窟にどうしても連れてゆくということで、山道を歩き向かった。窟の前に立つと先生は「私は生涯をかけて八幡信仰の成立過程を究明してきた。そしてたどり着いたのが英彦山を中心とする北部九州の修験道だった。しかし、私の残りの時間はいま手掛けている『宇佐神宮史史料編』を完成させるだけで終わるだろう。どうか私の研究を引き継いでもらいたい」と、思いのたけを話された。この言葉で私の生涯の目標が定まった。北部九州の山岳信仰や修験道（山岳修験）をテーマに研究するといっても何から手を付ければよいのかわからず、まずは門下生で「英彦山研究会」というグループを立ち上げ、約一〇年間卒業生や在学生が休日や休暇を利用して英彦山に集まり、手探りで山中や豊前の末山に所在する修験道遺跡と格闘し、これをどのように資料化し分析すれば学問の俎上に載せることができるのかを模索する日々が続いた。

先生は北部九州における山岳修験と韓国における山岳宗教の関わりをいち早く指摘し「韓国を見なければ日本の修験道はわからないのではないだろうか」と考えておられ、私は先生から韓国の山岳宗教に関する話を聴く機会に恵まれていたので、いつか韓国内の霊山を歩き、先生が先鞭をつけられた仕事を自分なりに発展させたいと願っていたところ、韓国翰林《ハルリム》大学の講師を務められていた須永敬先生（現在九州産業大学教授）を日本宗教学会の大会で長野覺先生から紹介していただけたことで、二〇〇〇年から翌年にかけて須永先生と韓国内の主要な霊山や遺跡を集中的に踏査することが実現した。韓国における山岳宗教の遺跡は豊富で、予想以上に多様な在り方を見せるものの、いまだこれらを体系づける試みはなされていない。全体を通してみると北部九州の修験霊山の信仰遺跡に極めて類似するものが随所に見られた。特に南部の智異山《チリサン》は植生が共通しその山容も北部九州の山並と何ら変わるものが無いようにさえ感じられ、北部九州と韓半島、さらには日本海域までを一体とした視点で山岳修験の問題をとらえる必要性を痛感した。

私が職を得られたのは遅く二八歳になっていた。人口二万人弱の町役場で一人きりの文化財担当者だ。社会教育課という文化振興から社会体育、公民館、青少年健全育成に文化財と多岐にわたる職場だが人員は少ない。休日になると年中催しや大会があり、応援要員として駆り出されるので数か月間無休に近いことも珍しくはなく、今では考えられないような時代だった。学会や研究会にも参加しにくく、このままでは埋もれてしまうと危機感を感じ、再教育の機会を探っていたところ、放送大学に大学院を設置するという情報を見つけて入試に臨み、文化科学研究科文化科学専攻の一期生として入学することが叶い、あえて歴史の王道ともいえる日本近世史を選択した。研究課題は「地域社会と民間に生きた諸宗教者の関り―遠江の修験者・陰陽師・万歳―」とし、専任の指導教官の研究室に、マンツーマンの指導を受けるため毎月、東京へと通った。

平成の大合併があり、二〇〇五年（平成一七）に市役所職員で新市の文化財係長となった。これ以降職場環境は激変する。業務内容が文化財調査と保護に絞られ、初めて休日が保障される生活が始まったわけだ。これを機に計画的な学びと調査が始まり、研究者としての活動が可能となった。若かったこともあり、今までの反動から週末を挟んでその前後を利用し、毎週のように全国を激しく飛び回る日々を送っていた。

そのようなある日、私が研究者として成長する転機が訪れた。高野山大学教授を退職された後、奥之院で弘法大師に仕える維那《いな》を三期九年間務められた日野西眞定《しんじょう》師から「ようやくお役を終え、これで研究三昧の生活が送れると喜んどったら、最後の御奉公で大学院の講義を持ってほしいと依頼され断れなんだ。きみ、わしの所に通ってきなさい」と、ありがたいお誘いの言葉。師は宗教民俗学を提唱した五来重《ごらいしげる》先生の最初の弟子で、当時宗教民俗学会の代表を務められていて、私が就職してから懇意にさせていただいていた縁があった。先生は軽く考えておられたが教務課から電話があり「入学願書を提出して正規に登録してください」と釘を刺され、この際、本格的に密教学を学ぶか、ということで、先生の鞄持ちをしながら密教学研究科の末席に加えてもらった。

夜中に自宅から高野山へ向かって車を走らせ早朝に師の寺坊玄関へ車を横付けにし、まかないのおばさんの接待を受けて師と朝食を共にし、大学の玄関口まで送迎する。講義が終わると寺坊へ送り届け、夕食までの間、師の書斎や資料室で綺麗に整理された写真アルバムや史料を見せてもらいながら指導を受ける、そんな夢のような日々を経験させていただいた。高野山大学院では師の「高野山の年中行事」の他に密教学概論、経典研究、密教美術、梵字悉曇、曼荼羅学、秘密事相などを学んだが、どれも目から鱗の状態で、書物から学ぶことの限界をいやというほど思い知らされ、自分が専門としていた山岳宗教へのまなざしが上辺のものにすぎなかったことを猛省した。

私は研究機関の専門職員でなく一般行政職だが、幸いにもこのように生きた学問の蓄積をすることができた。恩師である賀川先生・中野先生から「学際的、国際的に、そして知識ではなく体系的に学ぶようにしなさい」と指導され、それを実践した。遺跡や遺物の上に成り立つ考古学には、考古学としての守備範囲と得意とする分野、不得意な分野があり、思想や宗教は最も反映しにくい。これを補うのは宗教学が得意とする宗教体系に裏付けられた思想であり、密教学は修験者や修行僧の心象を遺跡から読み解くうえで欠かすことはできない。しかし、それだけでは歴史を語るには不十分で、中世社会・近世社会の実像や社会構成を踏まえた中に位置づける必要があり、歴史学の成果を知らなければならない。本書が三徳山ではなく三徳（美徳）を語り、全国的な調査事例から三徳を説き起こすのは、私の学問スタイルだからだ。

二　本書を理解するための基礎知識

⑴山岳霊場とは

本書のタイトルは『山岳霊場　三徳を読み解く』となっている。読者はこれを見て「三徳山のことじゃないのか」とか「三佛寺とどう違うの」と感じてはいないだろうか。この節では内容に入る前に読者が混乱しないよう基本的な用語の説明を行っておきたい。最初に取り上げるのが「山岳霊場」という学術用語についてである。

寺院はその立地から京内や地方行政府の国衙《こくが》、郡衙周辺という平地（里）に築かれたものと、人里からは離れた山中に築かれたものとに分けることができる。前者は「平地寺院」、後者は「山林寺院」や「山岳寺院」と呼ばれる。古代の理想となる王都には壮大な伽藍を持つ寺院を集中させて取り囲み、仏都を出現させようという思想があったので、日本最初の条坊制を導入した藤原京や、これを引き継いだ平城京内には複数の官立寺院が甍を並べていた。

これに対して、「古密教」と呼ばれる初期密教が遣唐使と共に日本に流入したことから神を迎え祀る霊山の麓や山中にも王都周辺では既に飛鳥時代に寺院が建立されはじめ、これを修行道場とする「山林仏教」と呼ばれる宗教活動が行われ、次の白鳳時代には地方にもこの動きが広まり、山林仏教実践の道場という意味で、これらを「山林寺院」と呼んでいる。

王都が平安京に移ると、桓武天皇は平城京において弊害となった仏法と政治の癒着を避けるため、王都内には羅生門内の朱雀大路を挟んだ東西両側に王都守護の役割を持たせた官立寺院である東寺・西寺の建立を認めたが、それ以外は京内への寺院建立を一切否定した。唐から空海・最澄・円仁・円珍らにより体系だった密教や天台教学が導入されると、霊山内に建立された寺院は山麓から、より山頂部に近い神常住の「深山の平地」を求めて高山が拓かれるようになり、山岳密教実践の道場という意味から「山林寺院」に加えて「山岳寺院」という学術用語も用いられるようになる。

特に平安京では京内への寺院建立が制限されたので、都を取り巻く山中や山麓には多くの寺院が設けられるようになるが、これらに対する学術用語の「山林寺院」「山岳寺院」の定義は曖昧で、研究者によっても異なるのが実状で統一されてはいない。

これに対し歴史的には「山寺《やまでら》」と呼ばれる場合が多い。例えば吉野の比蘇山寺《ひそさんじ》、春日山の香山寺《こうざんじ》、東大寺前身の金鍾山寺《きんしょうさんじ》、室生山寺《むろうさんじ》、比叡山寺《ひえいさんじ》が著名で、その意味するところは、「何々山に設けられた寺」ということである。私も最初は山林寺院・山岳寺院という学術用語を用いたが、両者を区別することは難しく、今は「山寺」を使っている。中世になると全国的に山寺が一般化して山寺全盛時代というような様相が出現する。とはいっても中世をいつからいつまでと決めることに対しても議論は尽きず、本書では関東での平将門《たいらのまさかど》の乱（九三五年）と瀬戸内海での藤原純友《ふじわらのすみとも》の乱（九三九年）、（「承平天慶《じょうへいてんぎょう》の乱」と呼ばれる）がほぼ同時に起こった一〇世紀半ばから、織田信長が「天下布武」をスローガンとして入京した一五六八年（永禄一一）までの約六〇〇年間という考えを採用しておく。

山寺の事例を調べていると、「そもそも、なぜ山に寺を設けるのか」という素朴な疑問が生じる。山寺が建立される山は、単に山岳というだけではなく神常住の聖地、霊山とされ信仰対象となった山岳であり、神の世界である。そこへ仏に仕える僧侶が踏み込んで土地を分けてもらい山寺を建立する。つまり、神の持つ霊力を仏僧が期待することにより山寺は出現しており神仏融合の産物という一面を持っている。

山寺が持つもう一つの役割として重要なのは、背後に広大な山脈を背負っていることである。山寺は、そこでの山中修行を行うための拠点であり、ベースキャンプとしての機能を担っている。従って、調査研究対象が山寺の伽藍だけというのでは「木を見て森を見ず」の例えと同じで、不十分と言わざるを得ない。

「山岳霊場」とはその中に山寺を内包し山中修行が行われる広範囲の聖域空間のことである。これまでの三佛寺という「点」としての山寺研究から、神領全域の三徳（美徳）という「面」としての山岳霊場研究へと視点を広げることにより、ようやく本質的な三徳山への理解と評価が可能となる。

(2)山岳信仰と山中修行

日本の国土は七五％ほどが丘陵や山岳で占められており、どこにいても山並が視界に入らないところは無いと言っても過言ではないくらいだ。それだけ普遍的に存在するので信仰対象とされた山々は無数に存在している。神常住の霊山に分け入り、山神の清浄な霊気を身体に取り込んで「験」を得ることを目的とした山中修行がやがて行われるようになる。修行というと決まって「厳しい」修行と形容詞がつくのだが、一体何が厳しいのか、具体的にはどのような修行が行われていたのかを説明した言説に出会ったことはなく「厳しい」という言葉を使うことで誤魔化しているようにしか思えない。

写真３　大峯修行の岩屋籠りを代表する笙ノ窟

　私は山中修行とは「静」の修行と「動」の修行があり、両者の絶妙な組み合わせにより成り立つものだと認識している。さらに崇拝対象を直接自分の目で確認し拝む「遥拝《ようはい》」という行為が根底にあると感じている。

　「静」の修行というのは「岩屋籠り」がその代表である。山岳霊場の主は女神であるとされ、霊場内に存在する洞窟はその胎内に見立てられ、洞窟内に修行者が籠ることにより、山神と一体化する。但し、洞窟が分布する範囲は地質的要因が大きく、例えば九州では阿蘇溶結凝灰岩が大分県から福岡県境に分布するので、そこには修験霊山の英彦山や山岳密教の国東六郷山をはじめとする山岳霊場が存在し、特に英彦山は「岩屋に籠り廻る宗教」と例えられるほどである。

　これに対して畿内は花崗岩地帯でこのような地質分布がほとんど見られず、浸食を受けた山の稜線上には花崗岩の大岩が露出し、その岩陰や岩裾を利用し岩屋と呼ぶものが多い。そのような中にあって大峯山中の笙ノ窟や前鬼裏行場の両界窟は希少な洞窟であり主要な行場として古来利用されている。英彦山周辺の洞窟で宗教利用がなされたものには「窟《いわや》」という字が充てられるが、花崗岩大岩の岩陰や重なった隙間を利用する場合は「岩屋」という字が充てられる事例が多く、こちらの方が普遍的なので私は洞窟を意味する「窟」ではなく、（神の）岩の住まいを意味する「岩屋」を採用し「岩屋籠り」の語を使っている。

　この他、山中の岩上や張り出した樹木の大枝上で座禅を組む修禅も重要な「静」の修行である。京都高山寺山中に聳える二股にわかれた松の木の上で座禅を行い瞑想する明恵上人の国宝樹上座禅図（鎌倉時代）は有名な山中修行の姿である。

「動」の修行の基本は「行道《ぎょうどう》」である。これは聖なるものの周りを廻り続ける修行で、行道を行うことにより、聖なるものと行者が一体化を遂げる行為である。堂内で行われるものに天台の常行三昧《じょうぎょうざんまい》がある。九〇日を一期として、その間、飲食、大小便、乞食《こつじき》などの他は堂内にあって阿弥陀尊を祀る須弥壇の周りを、「南無阿弥陀仏」と唱えながら廻り続ける修行である。この行道を行う専用の建物が常行堂である。

山中では断崖に突き出た岩にしがみついて廻り続ける行道があり「行道岩」や、これが訛って「平等岩」と呼ばれるものが幾つか知られている。大峯山上ヶ岳の裏行場の平等岩では、行道を終えると先達から「極楽の 内をも知らず 手をかけて 無為の都に 入るぞ嬉しき」「平等岩 廻りてみれば 阿古滝の 捨つる命も 不動くりから」という秘歌を授かり、これを修行者一同で唱和する。本来諸国の行場にはそれぞれの行場の意味や、そこの守護神を称える秘歌が存在し、これを唱和することが行われていたが、現在も伝える行場はほとんど無くなってしまった。意外かもしれないが山中修行と秘歌（和歌）とは密接な関係がある。言霊《ことだま》により神の心を動かすのが和歌の神髄であり、これを古今伝授《こきんでんじゅ》という形で口伝で継承した。

行道を寺院伽藍の外周など特定の結界線や、山岳霊場の外界と内界の境（結界）をなす山岳の尾根稜線などを廻ることにより「回峰行《かいほうぎょう》」が成立する。これを現在も実践しているのが比叡山であり、本書の第一章一節(1)比叡山で紹介している。現在、比叡山で行われている回峰行の形は江戸時代に成立したもので、山内約二六〇箇所の拝所を礼拝する三〇kmほどの行程で、回峰行路間の高低差は五五〇ｍに及ぶが、これを六時間程で駆け巡る。今も延暦寺僧になるためには一〇〇日間の回峰行を必修としている。

第一章一節(3)で紹介する英彦山には山内主要窟等の内結界を毎日廻る回峰行（小廻り）と、外界との境を廻る回峰行（大廻り）という二重の回峰行が鎌倉時代には成立していたことがわかっている。回峰行の本質は修行者自身が、神仏が垂迹し祀られる聖地に直接赴き供華を行って礼拝することにある。山中には「華立《はなたて》」という見晴らしの良い礼拝所が幾つも設定されていて、そこから見える霊山、聖地、寺社に向かって供華を行い「遥拝《ようはい》」という礼拝を重視して行っている。

連続する山並を神仏常住の立体曼荼羅世界に見立て、その中に修行者が集団を作って身をゆだね、参籠、行道、回峰という静と動の修行を組み合わせながら集団抖擻《とそう》を行うのが峰入り修行（入峰《にゅうぶ》ともいう）であり、修験道独自で最大の山中修行でもある。これを実践するための組織が修験道組織といっても過言ではない。大峯山系における具体例は第一章一節⑵熊野三山を参照されたい。

⑶山岳修験と修験道

「修験道」という用語は修験道教団（組織）という意味で使われる。近年の研究成果では、教団としての修験道が成立するのは一五世紀代の室町時代のことであり、中世といっても中世後期に成立した新しい宗教体系という評価に変わっている。以前は、修験道は摂関期ともいわれる平安時代後期から院政期の鎌倉時代初めにかけて成立したとされており、高校日本史の教科書にもそのように記載されているが今は通用せず、今後、教科書の記載は変更されることになる。

「修験」の用語が史料に登場する最初は八六八年（貞観一〇）の『日本三代実録』であるが、この修験の意味するところは山岳修行で得られた験力を指している。これに変化が生じるのは一二世紀以後で「修験」の語は験力を獲得するための山中修行を指す言葉として用いられるようになる。この修験に「道」をつけた「修験之道」「修験道」という言葉が用いられ始めるのは一三世紀後半以降で、「修験道」という言葉の成立は一三世紀末から一四世紀にかけてとなっている。

大和の吉野金峯山などでは一一世紀には修行者が集まって七世紀後半に実在した大和葛城山の呪術者である役小角《えんのおづぬ》（役行者《えんのぎょうじゃ》）を自分たちの理想の行者像として祀り上げ、山中修行を行っていたが、その集団は独自の宗教体系や自立した教団を形成したわけでもなく、「顕密仏教」と呼ばれる旧来の南都六衆・天台宗（以上顕教）・真言宗（密教）を中心とした体制の内部で、その一分野として活動していた。私は「修験道」成立以前のこうした活動に対し「山岳修験」と呼んで区別し用いている。

(4)採燈護摩とサイトウ

修験道独自の護摩儀礼に柴燈《さいとう》（採燈）護摩というものがある。江戸幕府が成立し徳川家康によって一六一三年（慶長一八）に「修験道法度《はっと》」が下され修験道組織は京都聖護院門跡を法頭にいただく本山派と、同じく京都醍醐寺三宝院門跡を法頭にいただく当山派の二派に分けられ、各派は別組織で独立しお互いに干渉してはならない、という裁定が下された。

同じ護摩儀礼であっても、教団が異なるので独自性を強調し存在意義を示すために本山派では「採燈」の字を使い、当山派では「柴燈」の字を使い、「さいとう」の意味付けに対しても独自の解釈を行った。宗教というのはこのようなこじつけが多い。

写真４　現代の柴燈護摩供養（滋賀県飯道寺）
修験道では煙を高く立ち昇らせ、これに祈りを乗せるサイトウが行われる。

護摩は古代インドのサンスクリット語でhomaと呼ばれる古代火煙祭祀で、仏教やバラモン教、ゾロアスター教などにおいて行われた。仏教では大乗仏教の密教化の過程でヒンドゥー教から取り入れられたとされ、密教をルーツに持つ天台宗・真言宗でのみ行われる。

修験道における採燈・柴燈護摩の本義について取り組んだのが求菩提資料館館長の重松敏美先生で、私も相談を受けたことから意識して護摩壇遺跡の事例を集めてきた。護摩には屋内で行う内護摩と屋外で行う外護摩がある。

仏教の護摩は炉を設けた壇を置き護摩堂など専用の建物で行う内護摩のみで、正面に不動明王を祀り、行者は炉を挟んで対面する。護摩木を火中に投じ火力によって煩悩や罪過を清め焼き尽くすものである。

これに対し修験道の護摩は屋外に地面を僅かに掘り窪め円形に縁石を並べた（基本は直径八〇cm前後）簡単な壇を設ける。壇は古くは神界に最も近い山頂や山中に設けられた。炉上にスギやヒノキの生木の枝を積み上げこれに火をつける。生木が燃えるので煙が天に向かって勢いよく立ち上る。仏教の護摩では不動明王に向かって護摩を焚くが、英彦山周辺や愛媛県宇和郡の奈良山では逆で、中世に遡る護摩壇が岩屋や磐座を背負う形のものを複数確認しているので、古くは仏教の護摩とは異なり山の神、権現の験力を背負い焚かれたものもあるようだ。いずれにせよ、修験道の護摩は煙を立ち昇らせ、その煙に祈りを乗せるもので、「神への狼煙《のろし》」と理解するのがふさわしい。こうした理由で本書では護摩という字も外し、音だけの「サイトウ」「サイトウ炉」と表現させてもらった。

(5) 美徳・美徳山・三徳山

今でこそ三徳山は三佛寺の三を用いて「三徳山」と表記されるが、これは明治以降の近代地名表記によって統一されたもので、明治以前の古文書類や絵図ではほとんどが「美徳」「美徳山」と記されており、三佛寺の山号・寺号を記す場合も「美徳山三佛寺」と「美しい徳」を示す字が一般には用いられていた。「美徳」というのは地名というよりも、都より新しく迎えた金剛蔵王権現を国家的に祀る御山を維持管理するためにあてがわれた寺社領（荘園）を指す呼び名で、「美徳山」とは山そのものではなく、寺院としての一山組織を指しており、山号と理解すればよいだろう。

中世美徳山は広大な神領を有する荘園領主でもあった。その範囲（四至《しいし》）は一三四四年（康永三）の『検注《けんちゅう》取帳《とりちょう》』（壬生文書）という、耕地を調査してその所在・数量、名主・作人などを書き上げた帳簿から復元することができる。それによると、「東は因幡国気多郡との境、西は三徳川と小鹿川の合流地域、南は小鹿谷、北は三徳川流域」となっていて、これを地図上に反映したのが図1の美徳山領概念図である。この範囲を現在の三朝町域と比較すると、町域のおよそ半分までが美徳山領と重なり、当時の境界が現在も行政境として引き継がれている部分も多い。

神領は山や川、山林が大部分を占めていて、未開発な土地であった。神領内の耕地化が進むとそこに「別所」という開発拠点を設け、これには小鹿東別所と温谷《ゆたに》別所という二箇所の別所が存在した。このうち小鹿東別所は山間であるが、温谷別所は寺領西の四至外側にあたる天

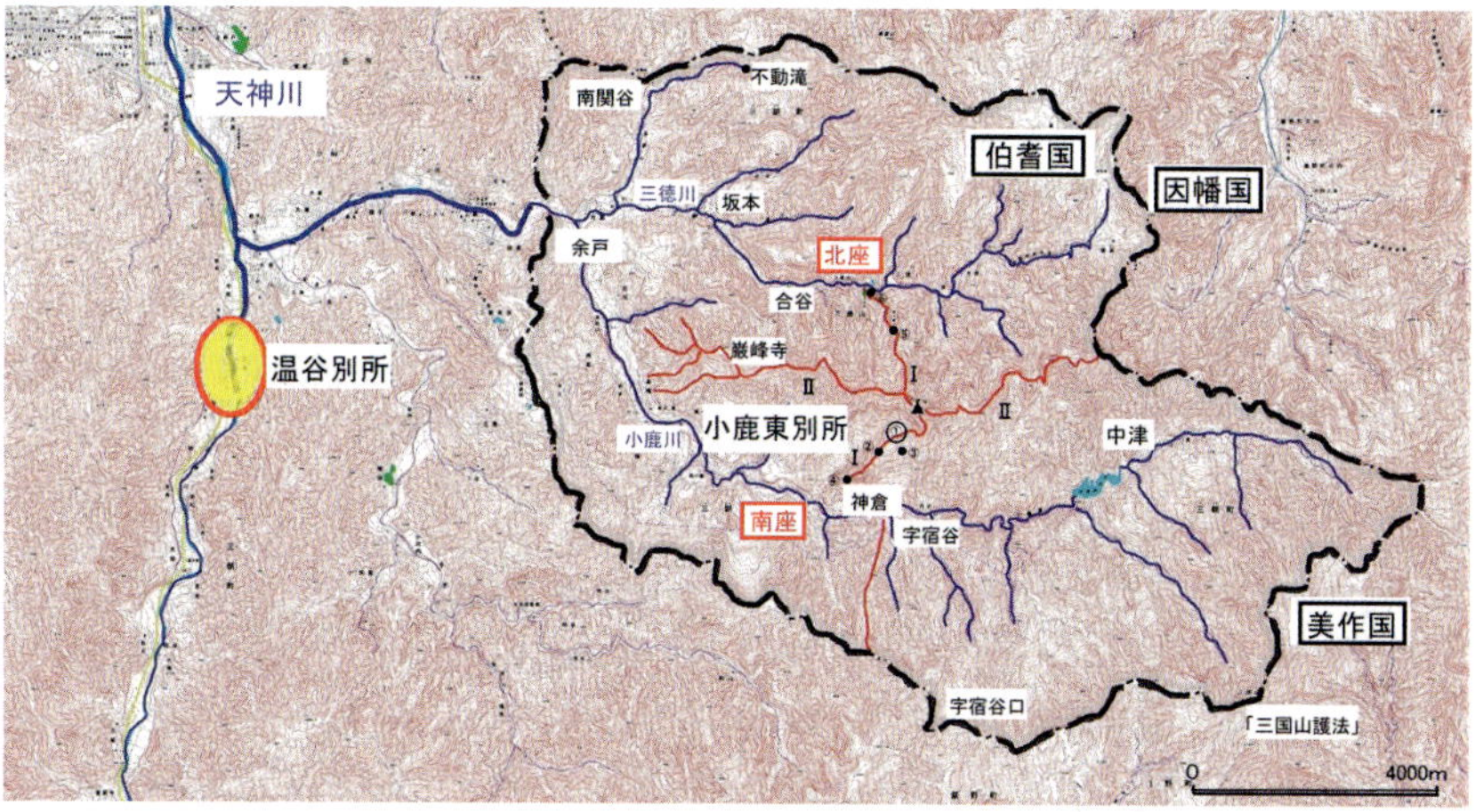

図１　美徳山領概念図

美徳山の神領は現在の三朝町域の実に５割までを占めている。標高899mの三徳山塊を挟んで南北両側に谷が入り込み、北側は三佛寺を中心とする「北座」、南側は小鹿東別所・神倉等の「南座」というグループを編成して一山を運営し、山林資源の開発と保全が行われた。さらに天神川流域には熊野との関連を伺わせる温（湯）谷別所が置かれ、河川交通を媒介とした経済活動が活発に行われた。そのような姿が復元できる。

神川流域であることに注意したい。山間に設けられた美徳山領が内なる荘園であるのに対し温谷別所は河川交通を媒介として日本海域と繋がっていて、経済活動を行う拠点と考えられる。

「美徳」とは神領である美徳山領全域を指し、本書でいう「山岳霊場三徳」とはこの範囲を指している。「美徳山」とは寺領の運営主体である三佛寺一山という組織を指し、「三徳山」とは山脈そのものというように使い分けている。

三　本書の構成と内容

『山岳霊場　三徳を読み解く』と題した本書は、これまでの三佛寺だけを対象とした点の視点からは脱皮して美徳全域（三徳）を山岳霊場として認識しなおし、全国的な視野で山中に残された遺跡や建造物を読み解こうと挑戦したものである。できれば題名には「三徳」ではなく歴史的に使われてきた「美徳」を使いたかったのだが、こちらは一般に馴染みがないので「三徳山」のことだとは思わないに違いないということで、「三徳」を使うことに落ち着いた。本書は序章を含めて全体を六章に分けて記述している。

「序章　三徳と向き合う」では、私が三徳に関わるきっかけとなった鳥取県立博物館での特別展と、三佛寺奥之院蔵王堂、通称投入堂から奥こそが山岳修験の世界であることを確信した日本山岳修験学会三徳山大会の出来事を紹介し、私自身の学問形成の過程を記させてもらった。専門的な内容となるので、基礎知識をつけてもらおうと「山岳霊場とは」「山岳信仰と山中修行」「山岳修験と修験道」「採燈護摩とサイトウ」「美徳・美徳山・三徳山」という用語について概説している。

「第一章　山岳霊場を探訪する」は日本の山岳霊場がどのようなものであるのかが理解できるよう、具体的に記述したことから最も長文となった。「一節　全国の山岳霊場を訪ね探る」では中日本から西日本にかけての地域で、私が深く関わり紐解いてきた主要な山岳霊場のうち天台宗総本山の比叡山、熊野三山、九州の英彦山、北陸の白山登拝において美濃側の起点となった美濃馬場長滝寺と美濃禅定道という四箇所を概観して、美徳解明の糸口を探ろうとしている。「二節　出雲の山岳霊場と伯耆大山」では、山陰地方を代表する山岳霊場大山を中心に据えながら繋がりの深い島根半島の山岳霊場を概観し、美徳が単独で存在しているわけではないことを示した。

「第二章　三徳（美徳）信仰の繋がり」では三徳の信仰が多様な宗教者の往来によりもたらされたことを、具体例を示し概説したもので、これまでの三朝町の歴史解明ではほとんど触れられなかったテーマである。「一節　三朝温泉と熊野本宮」では三朝温泉開湯伝承を記す三佛寺に伝わる縁起を紐解き、三朝温泉が三佛寺参詣の湯垢離《ゆごり》を行う霊泉として始まったことを指摘する。これは熊野本宮と、これに隣接する湯之峰王子との関係に類似し、根底には薬師信仰と霊湯の関係が存在している。「二節　三朝温泉と但馬国妙見山」では三佛寺に伝わる縁起の記述内容の検討から、三朝温泉開湯伝承に登場する白狼が、但馬国妙見山の妙見菩薩の名代として三徳山に参籠していたことを指摘する。白狼の故郷である但馬国妙見山は明治初期の神仏分離によって、強制的に神社に変更され存在自身を否定されるが、現在も「宮寺《みやでら》」という日本古来の神仏融合した姿を留める希少な施設であることを復元し示した。「三節　三佛寺の御幸神事と御神体」は、三徳山開創一三〇〇年を記念して復活した神仏融合の形を留める御幸《みゆき》神事の在り方を御神体と依代の関係に注目して解説した。

「第三章　三徳山と三佛寺を探る」は奥之院蔵王堂（投入堂）や観音堂、地蔵堂、文殊堂という三佛寺を代表する建築物群を建立の根底にある岩屋信仰、磐座信仰から解説したもので、一読すると読者の三佛寺へのイメージが大きく変わることになるだろう。しかも一般参詣者が立ち入ることができない三佛寺境内に残された山岳修験の世界を紹介している。

「第四章　三徳山神倉《かんのくら》の世界」は二〇〇七年（平成一九）から現地調査を継続している三徳山南側に所在する神倉遺跡群の調査状況と内容を紹介している。本来ならば現場説明会を開催するべきだが、山道を数時間歩かないと到達できなかったり、崖地で危険だったりするので、これに代わるものとして、できる限り図や写真を用いて具体的に記述したものである。

「終章　美徳（三徳）を位置づける」は各章で示した記述内容を総括したものである。「一節　伯耆国峰修行と美徳」は伯耆国における美徳の位置を山中修行の点からまとめた。「二節　美徳（三徳）の位置」は宗教史の視点から美徳成立の背景、四天王信仰、蔵王権現信仰との関わりを通じて日本の中に美徳を位置づける試みを行った。

一・二章は完結しているので単独で読んでもよいようになっている。三章は三徳山北側の三佛寺という山岳密教の世界を紹介し、四章は三徳山南側の神倉という山岳修験の世界を紹介しているので、両者を比較していただけたなら、山岳密教と山岳修験の底流にある自然崇拝の姿が実感できるのではないだろうか。それが三徳山の魅力でもある。

第一章　山岳霊場を探訪する

一　全国の山岳霊場を訪ね探る

私は四〇年以上にわたり全国の山岳霊場遺跡を納得のゆくまで何度もくりかえし探求し、重要な痕跡を留める地点を見出すと、測量しながら地形図や概念図を作成する作業を通じて、その空間がどのように使われ、なぜ信仰対象として選ばれたのかを検討してきた。そのような地道な作業を積み重ねたことから、一般の概説書や専門書とは異なる独自の目線で山岳霊場を分析する目を養うことができた。

山中に埋もれた遺跡を通じて、美徳が伯耆国の中でどのような役割を持ち、果たしていたのかを紐解くには、美徳に残る痕跡をいくら詳しく調べ上げ、記録しても解き明かすことはできない。なぜなら、すべての霊場は単独で成り立つものではなく、それぞれの時代の国家や宗教界と密接に関わりながら成立し、客僧と呼ばれた諸国から訪れる多様な宗教者たちとの交流を通じて情報がもたらされ、逆に美徳を拠点とした宗教者たちも、ここだけに留まっていたわけではなく、客僧として諸国の主な霊山・霊場を巡って修行を重ね、あるいは長年にわたって留まり、修学するのが実態であったので、霊場間で情報の共有化が図られていた。したがって、それぞれが主催する祭祀場では場所の選定や構造をはじめ、山中に設けられた拝所や行場には、お互いに共通する点が幾つも認められる。このような理由で、今では何も語らなくなってしまった山中の遺跡を理解し、紐解くヒントを他の山岳霊場から得ることができる。

この章の前半では中日本から西日本にかけての地域で私が深く関わり紐解いてきた主要な山岳霊場のうち四箇所を特に選び、これらを概観することにより、美徳を紐解くために必要な視点をどのようにして見出していったのか示しておこう。

(1)比叡山

山岳霊場を語る上で最初に挙げておきたいのが天台宗総本山の比叡山である。この山は近江国（滋賀県大津市）と山城国（京都府京都市）の両国境に南北に跨る山並であるが、多くの山岳霊場がそうであるように「比叡山」という名の単独の山は存在しない。比叡山とは南は

写真１　湖東から眺める比叡山の峰々

志賀峠あたりからはじまり、最高点の大比叡《おおびえい》峰（八四八ｍ）、四明《しめい》岳《だけ》（四明ヶ岳とも／八三八ｍ）から国境の山並みを北上し、小比叡岳とも呼ばれる釈迦岳（七六七ｍ）、水井山（七九三ｍ）を経て、天台声明《しょうみょう》のメッカで比叡山僧の隠棲《いんせい》の地であった大原里へ下る朽木峠あたりまでの稜線を中心にして、山麓まで含んだ範囲全域を指しており、その全貌は障害物のない琵琶湖の対岸、湖東側から眺めないと確認することができないほど広大なものである。

比叡山を仏法の山岳霊場として開いたのは最澄（七六七―八二二）で、七八八年（延暦七）に現在の根本中堂の場所に薬師如来像を祀る小堂を建立する。これはのちに一乗止観院と呼ばれ当初は比叡山寺と名乗っていた。

日本に天台の教えを伝えるため、桓武天皇は最澄を唐に渡る還学生《げんがくしょう》に任命し、帰国翌年の八〇六年（延暦二五）に日本天台宗が開かれる。最澄は八一八年（弘仁九）に比叡山の伽藍構想として九院と一六院を示すが、存命中には東塔の一乗止観院（後の根本中堂）・八部院・山王院・法華三昧院と西塔の相輪橖《そうりんとう》（塔）を建立するに止まった。

最澄はこれに加え日本列島に六所の宝塔（上野国《こうずけのくに》・豊前国・筑前国・下野国《しもつけのくに》・山城国・近江国）を建立する構想を持ったが、存命中は上野国（群馬県）と下野国（栃木県）の二箇所しか実現せず、近江宝塔院は比叡山内の東塔に、山城宝塔院は同じく山内の西塔に継承される。独自の授戒道場である大乗戒壇の設置も朝廷に請うが、許可が下りたのは最澄死去の直後、八二二年（弘仁一三）であり、翌年には年号を用いた最初の事例となる「延暦

写真２　西塔の相輪橖
現在の橖は1895年（明治28）に改鋳された青銅製のもの。

写真４　横川中堂
横川の本堂にあたり1971年に再建された。

写真３　根本中堂
最澄建立の一乗止観院が発展した。

写真５　東塔の法華惣持院
六所宝塔を総括する宝塔で1980年に再建された。

寺」の寺号が与えられたものの、現在の比叡山の姿には程遠いものであった。

比叡山全体の組織を表す表現に「三塔一六谷《こく》」というものがある。三塔とは根本中堂を本堂とする東塔、釈迦堂を本堂とする西塔、これらとは少し離れた北方に位置し根本観音堂（中堂）を本堂とする横川《よかわ》の三地区のことで、最澄後に弟子の円仁《えんにん》（七九四－八六四）に引き継がれ、九世紀後半から一〇世紀前半代までに、三塔の基礎が完成する。九三五年（承平五）、九六六年（康保三）に相次いで主要伽藍が焼失するが、元三大師《がんざんだいし》の通称で知られる良源（九一二－九八五）は東塔・西塔の復興を成し遂げ、横川についても九五四年（天暦八）に楞厳三昧院《りょうごんざんまい》を建立して、東塔・西塔と同じく独立した機関に成長させた。

その後の延暦寺は寺院勢力の拡大と共に盛衰を繰り返し、平安中期には藤原摂関家との結びつきを深め、平安後期から鎌倉時代にかけて青蓮院、円徳院（梶井）、妙法院の天台三門跡が山麓に成立する。この頃の山内では僧侶の集団化が進んで「大衆《だいしゅ》」と呼ばれる勢力が台頭し「谷（組織）」と呼ばれる寺房や院の個々のまとまりを形成する。

東塔には東谷・西谷・南谷・北谷・無動寺谷の五谷が、西塔には東谷・南谷・南尾谷・北尾谷・北谷の五谷が、横川には兜率谷・戒心谷・解脱谷・香芳谷・般若谷・飯室谷の六谷という計一六谷が形成され、このほか東塔には神蔵寺谷、西塔には黒谷、横川には帝釈寺・釈迦院・安楽谷と呼ぶ五つの別所が付随し、これらにはみな中心となる堂舎（本堂）があり、これらを総称して三塔十六谷と言う。延暦寺ではこの谷々による合議制を基に一山の運営を行っていたわけである。

湖北の浅井氏、越前の朝倉氏と結びついた比叡山は一五七一年（元亀二）に織田信長の焼き討ち（元亀争乱）によって滅亡する。「谷」の大衆組織は壊滅するものの門《もん》跡《ぜき》は温存された。信長の後を継いで天下人となった豊臣秀吉は一五八六年（天正一四）に山門（比叡山）再興の許可を下すが、この時は根本中堂など小規模で限定されたものであった。

本格的な復興は天海（慈眼《じげん》大師）が中心となり、三代将軍徳川家光が行う一六三四年（寛永一一）以降のことであり、この復興事業は山麓の近江坂本の東照宮、滋賀院門跡を中心とする里坊の街区、山上では三塔の伽藍以外に各谷の堂舎にも及び、その数は一二九坊舎に及んだという。

日本屈指の規模を持つ山岳霊場の比叡山内に拡がる三塔十六谷の遺構群は全国の山岳霊場や山寺研究にとっては、比較検討の基準となる事例であるものの、これまで全域に及ぶ図化がなされることはなかった。しかしながら二〇〇六年に藤岡英礼・福永清治の二名の考古学者によって城郭の縄張り図作成の手法を用いた遺構図が公開されたことから、現地遺構に基づいた学術研究の扉が開かれることになった（『忘れられた霊場をさぐる3』二〇〇六）。私は彼らが作成してくれた貴重な遺構図を拠り所にして三塔伽藍の遺構群に加え巨石（磐座）や経塚等の信仰遺跡、墓地も意識して踏査し、山岳霊場比叡山の実態把握を進めさせてもらっている。図1は彼らが作成した遺構図に示された堂舎跡の人工平場を反映している。

霊場を設定するには、その内部を清浄に保つため「結《けっ》界《かい》」という目に見えないバリアを巡らせ、具体的に境界を定める必要がある。結界内では牛馬放飼や殺生禁断、女人禁制等のタブーが設けられる。比叡山には八一八年

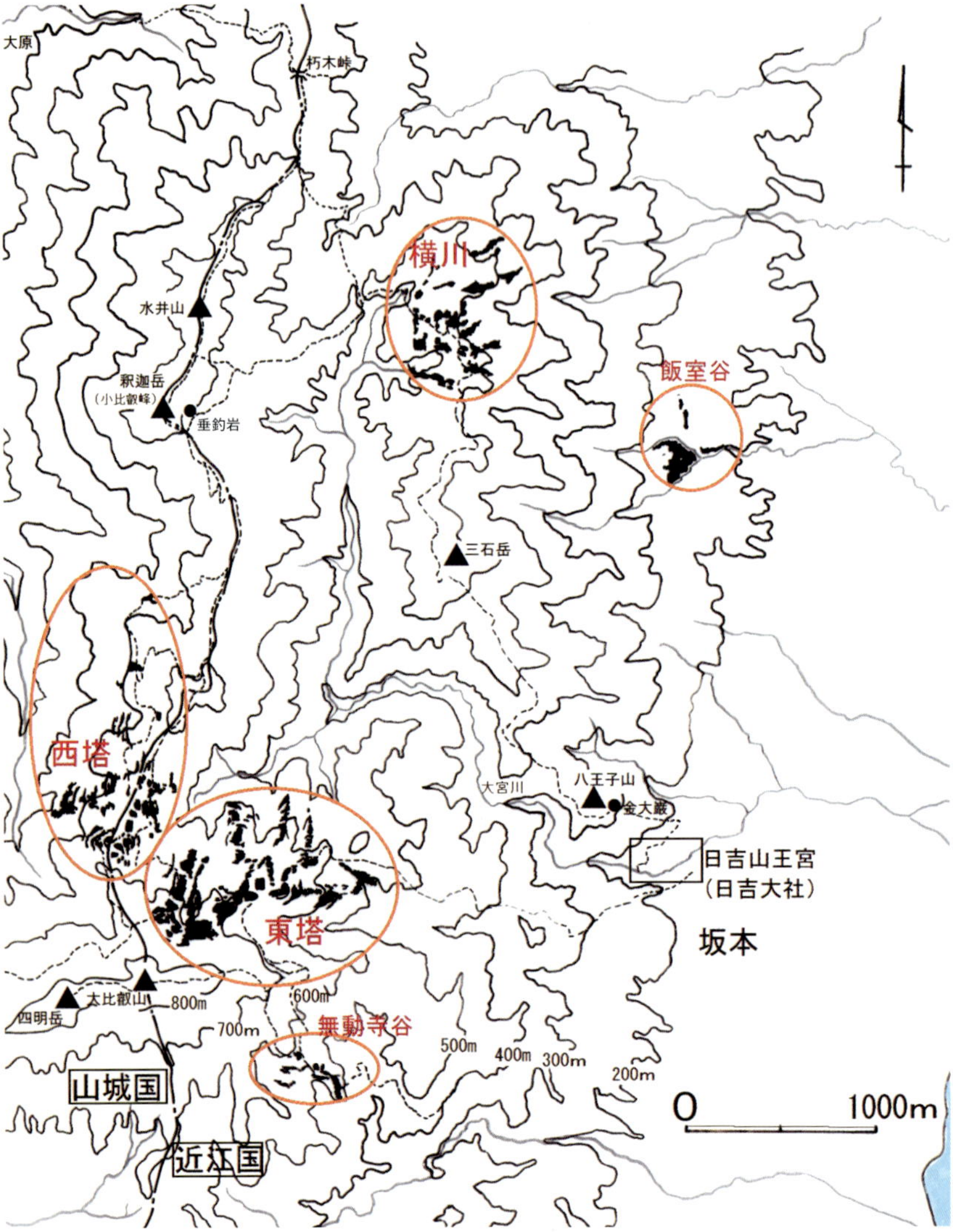

図１　比叡山全域図

比叡山の四至結界は概ねこの図の範囲でその中に東塔・西塔・横川の三塔という地区が設定され、十六の谷（組織）が設けられていた。近江側山麓には比叡山の鎮守日吉山王宮が位置している。図には東塔の無動寺谷、横川の飯室谷の二箇所を特に示した。

（弘仁九）の太政官符という朝廷の公式文書で「東は江際（琵琶湖）を限り、南は富谷を限り、西は水飲を限り、北は横川を限る」と示され、東西南北それぞれの結界（四《しい》至《し》という）が設定されたことがわかるが、その実態や根拠は明らかになっていない。

四至が明確に示されるのは良源が九七〇年（天禄元）一〇月に僧侶の行動規律を定めた「二十六箇条起請」が最も古く、これには僧侶の贅沢を戒め、武装することなどを禁じ、結界内に籠る籠山《ろうざん》という日常の修行に対しても細かく規定し「東は悲田を限り、南は般若寺を限り、西は水飲を限り、北は楞厳院を限り、これを出ることのないように」と示している。比叡山では開祖の最澄が弟子に対して結界内での十二年間の籠山行を課しており、山内と山外の境を明確にしておく必要があったわけだ。

写真６　廻峰行の起点　無動寺谷明王堂

写真７　琵琶湖を見下ろす無動寺谷の屋並

次に比叡山で現在も行われている山中修行の廻峰行《かいほうぎょう》と葛川参籠《かつらがわさんろう》を紹介しておこう。廻峰行というのは、霊場内に多数存在する聖地や拝所を廻り、樒などの常緑樹を供え（供華《くげ》）ながら拝む修行のことで、最も基本となる山の修行形態である。

山岳霊場では地形上の境目となる山並みの稜線や、そこから枝分かれした尾根筋を廻るのが一般的で、そこを一人が通行可能な三尺（約九一㎝）幅だけ刈り込み「三尺道」を設けて行者道とする。谷筋や斜面という地形に逆らった場所に道を設けると地滑りや浸食により、定期的に大掛かりな補修を加えないと維持することができないが、尾根筋はその必要がないので必然的にそこを通ることになる。廻峰行の道を定期的に廻ることは、山中修行だけではなく、聖域内の樹木を始めとする資源が侵入者により乱されていないか監視する役割も大きかった。

比叡山の廻峰行は円仁の弟子、相応《そうおう》（八三一―九一八）により始められたとされるが、現在の形になったのは近世復興期以後のことで、比叡山では一山の住職となるために「百日廻峰行」が課せられており、七年間で千日祈りを捧げる「千日廻峰行」はよく知られている。

これは相応が廻峰行の拠点として開いた東塔の南端無動寺谷の本堂明王堂を起点に山内約二六〇箇所の拝所を礼拝する三〇㎞ほどの行程で廻峰行路間の高低差は五五〇mに及び、これを六時間で駆け廻る。その行程は無動寺谷明王堂―東塔―西塔―横川―八王子山―日吉山王社―無動寺谷明王堂というもので、山上の三塔主要部と山麓の天台の守護神日吉山王社を巡拝する。

廻峰行の本質はその場に自らが赴き礼拝することにあり、礼拝対象には仏を祀る堂塔や諸神を祀る小祠の他に大樹、霊木、滝、岩などの自然崇拝に基づくものが意外と多く、これらを分析することで、その山の信仰の根源を探ることができる。比叡山廻峰行の拝所で私が特に注目する場所が二箇所ある。一箇所目が小比叡峰とも呼ばれる釈迦岳（七六七m）東斜面六八〇m地点にある「垂《たれ》釣岩《つり》（通称鯛釣岩）」という磐座で、そこは大宮川水源地の一つでもあり廻峰行者のメモ（『回峯手文』）に「**二宮夷本地薬師社小比叡有杉木下有社大巌**」と記され、日吉大社側の史料「山上山下巡拝絵巻」では俯瞰した山の絵に「波母山　小比叡」の山名が記され、山中には「二宮権現」と記した社と鳥居の下に「垂釣」と記した磐座が描かれている。

現地を丹念に調べると磐座の山側六九〇m地点には山頂を背負う形で二宮権現の社殿跡と付属建物を設けるため人工的に造成された平場があり、水源地の磐座祭祀から社殿祭祀へと移り変わる形を見事に留めていた。「二宮夷」とは日吉山王社東本宮の主祭神である二宮権現（本地は薬師如来）の山宮祭祀場であったわけだ。

もう一箇所が山麓の日吉山王社背後に聳える神体山の八王子山（三八一m）九合目三五〇m地点にある「金大巌《こがねのおおいわ》」という磐座で、向かって右手には一五九五年（文禄四）建立で懸造りの八王子社（現在は牛尾宮という）が、左手には一五九九年（慶長四）建立で同じく懸造りの三宮社がそれぞれ設けられているが、「二宮夷」と同じように最初は直接磐座を祀る形から、後に懸造りの社殿を設けるようになり、社殿そのものが礼拝対象の主役となっ

写真10　懸造の三宮社(左)と八王子社(右)

写真８　二宮権現山宮祭祀場の人工平場

写真11　金大巌

写真９　廻峰行路中にある垂釣岩

写真12　大巌に直接構築された三宮社本殿

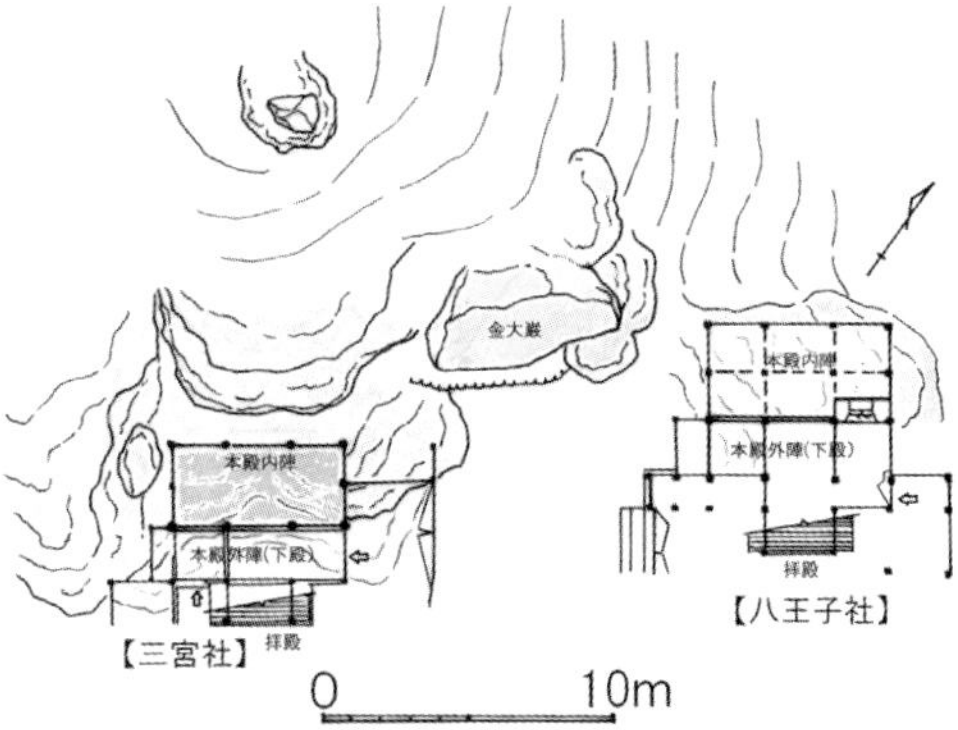

図２　八王子山三宮社・八王子社と巌との関係

三宮社本殿は大巌直載せで構築されるのに対し、八王子社本殿は大巌から完全に離れて構築されており、後から追加したものと考えられる。⇦は下殿の出入口たものである。

我々は構造物が存在すると、そこにだけ意識が向いてしまい原型となる磐座祭祀時の姿を見失ってしまう。金大巌とは幅三〇mに及ぶ岩塊で正面観は高さ一〇mを越える。八王子山山頂部にはこのような露岩が存在しないので、神霊を迎えて祀るのはこの巌ということになる。三宮社の社殿のうち本殿は張り出した岩上に直接内陣を乗せ、その床下には籠るための下殿《げでん》という部屋が設けられている。むき出しとなっている床下の巌の形状を観察すると巌は本殿内陣中央に向かって窪んでおり、下殿の奥壁では参籠者が女陰状に窪んだ奥壁と直接向き合うこととなる。これに対し礼拝を行う拝殿は床を張った懸造りで巌からは完全に分離している。向かって右手の八王子社は本殿・拝殿共に床を張った惣懸造りとなっていて、三宮とは対照的に巌からは完全に分離した構造である。

このように磐座の形状と建造物の関係に注視すると、金大巌の中で最も張り出し女陰状の亀裂となっている箇所は磐座祭祀においては神霊が宿る核心部分であり、これを特に意識して本殿を設けた三宮が本来の祭祀地点を踏襲しているわけである。磐座や岩屋（窟）に社殿等を設ける場合、その構造は信仰の根源となる対象を取り込む場合が多く、そのことを見落としてはならないと思う。日本仏教の大元と言っても過言ではない比叡山で今も行われている廻峰行の礼拝対象を見ると、山岳信仰が自然崇拝を根底とするものであることを改めて教えてくれる。

葛川参籠は廻峰行者（千日廻峰行および百日廻峰行を含む）が比叡山より北方約三〇kmに所在する葛川明王院に会し、廻峰行の創始者である相応《そうおう》の足跡をたどり、追体験するために行う参籠行である。相応は八五九年（貞観元）に比良山中葛川の地において一切の穀類を絶ち、三年間におよぶ草庵参籠の結果、渓谷内の三ノ滝において生身の不動明王を感得し、思わず滝壺に飛び込んで不動明王に抱きつき、岩座に引き上げて礼拝すると不動明王は桂の古木と化していた。相応はその霊木から三躯の不動明王像を彫り出し、一躯を葛川の草庵に、残りの二躯を比叡山東塔無動寺谷と琵琶湖東岸の伊崎寺に安置したとされる。

葛川参籠は、かつて旧暦六月の蓮華会と一〇月の法華会の二回行われていたが、現在は七月十六日から二十日

写真15　７月18日夜　明王堂で行われる太鼓乗り

写真13　相応和尚ゆかりの三ノ滝

写真14　三ノ滝の滝壺

までの五日間を蓮華会の「夏安居《げあんご》（夏季の参籠）」として行われ中日の十八日夜に太鼓乗り、翌十九日朝に三ノ滝参拝が行われている。

日本最大規模と言ってよい山岳霊場比叡山からは多くのことを学ぶことができる。まず山岳霊場というのは、単独の山で成り立つわけではなく、多くの山並みで構成されるように広がりを持ち、その総称が「比叡山」と呼ばれるものであった。三徳に対しても標高九九八ｍの三徳山という山塊だけを対象としていたのでは「山岳霊場三徳」に対する基本的な認識を見誤ってしまうだろう。

山岳霊場を設定するにあたっては、聖域に籠るということを前提に考えており、その範囲である四至を明確にし、結界設定が行われる必要がある。三徳においても、霊場としての結界設定が行われたことを考えておくべきである。基本的な山中修行として廻峰行が存在することから美作《みまさか》（岡山県東部）・因幡（鳥取県東部）・伯耆（鳥取県西部）という三国境をなす三徳の地形の特徴を踏まえ、そのルートを想定しておく必要がある。

八王子山の磐座では巌上に三宮社、八王子社の両社殿が設けられていたが、三徳においても三佛寺奥之院蔵王堂（通称投入堂）をはじめ山内には洞窟内に建物を設けた観音堂や、磐座に建物を設けた地蔵堂・文殊堂が存在するので、これらが設けられる以前の信仰の根源を探ることも三徳の山岳信仰の在り方を考える上で重要な視点となるだろう。

(2) 熊野三山

「熊野」という土地は一般的には本宮・新宮・那智のいわゆる「熊野三山」が所在する和歌山県南部を指すと思う人が多いが、イザナミの御霊が鎮まる、世界遺産花の窟の所在する三重県熊野市を中心とした三重県南部から和歌山県南部に跨る広範な地域を指している。

熊野三山というが最初から三社ではなく古くは「二社三神」として祀られていた。「海の熊野」を代表する那智・新宮は一社として扱われ、「山の熊野」を代表する本宮（証誠《しょうじょう》）と合わせて「熊野両所、証誠一所」といわれ、九二七年（延長五）に完成した『延喜式』神名帳《じんみょうちょう》には「熊野早玉《はやたま》神社大、熊野坐《くまのにます》神社名神大」と記されるように二社しか存在しなかった。

ところが十一世紀中頃になると那智・新宮はそれぞれ分離独立する。そして本宮と共に結ばれ、おのおのは他の二神を勧請して本宮・新宮・那智ともに「熊野三所権現」を祀る三山の連合ができ、これで一山となる組織が成立する。平安後期までは三山それぞれの御祭神は主神を異にするだけで、王子神や眷属を加えて十二所権現を祀り、各祭神には神は仏の化身であるという垂迹《すいじゃく》思想（本地垂迹《ほんちすいじゃく》）により該当する仏がそれぞれ配置されていた。ここでは三徳とゆかりの深い熊野本宮と新宮の神倉権現山を紹介しておこう。

熊野本宮の社地は、元は熊野川の中洲にあったが一八八九年（明治二二）に発生した未曾有の大洪水に伴う土石流によって倒壊し、その後近くの丘陵部に移築し現在に至っている。この旧社地を「大斎原《おおゆのはら》」と呼ぶが、本来の意味するところは「大いなる湯の原」であろう。

本宮周辺は湯治場として知られ、湯の峰温泉・川湯温泉が著名である。本宮参詣への湯垢離場であった湯の峰温泉には名称の由来となった湯の花が積み重なって仏の姿となり、かつては胸のあたりの穴から湯が噴き出していたという「湯の胸薬師」を本尊とする薬師堂、熊野九十九王子の一つ湯之峰王子と共に、室町期に説教節によって広まった「小栗判官《おぐりはんがん》と照手姫《てるてひめ》」の物語で、生まれ変わ

図３　紀伊半島に設けられた諸霊場と古道

紀伊半島南端の太平洋に臨む地域が熊野で、その中心には「山の熊野」の本宮、「海の熊野」の那智・新宮の熊野三山が所在し、イザナミの神霊が鎮まる「花ノ岩屋」が所在する三重県熊野市周辺も重要な地点として忘れてはならない。諸霊場は大辺路・中辺路・小辺路などの参詣道によって結ばれ、中央部の熊野本宮から吉野へ連なる大峰山脈の稜線上には峰入り修行を行う大峯奥駆道が通じている。紀の川北側の葛城山脈の稜線上にも、「葛城二十八宿」と呼ばれる修行路が通じている。

り清まる蘇生の湯として知られている(註1)。

熊野神を勧請した事例を諸国でみると「湯屋・湯谷」と記して「くまの」と読ませる事例、そのまま「ゆや」と読ませて熊野を指す事例が幾つも存在する。例えば西日本最大の修験霊山彦山では廻峰行の起点となる「大廻道《おおめぐり》場」の傍らに「湯屋権現《くまの》」が設けられ山伏達の守護神として熊野権現を祀っていた。奥三河(愛知県)の著名な山岳霊場鳳来寺山の山麓には湯谷《ゆや》温泉が所在しており、そこは鳳来寺山を開いた利修仙人により見出されたとされ、その背景には熊野本宮の温泉信仰(薬師信仰)との繋がりが指摘できる。

本宮は山岳修験のメッカ、大峰山脈での山中修行の起点でもあった。大峰の山中修行は「峰入り《みねい》」あるいは「入《にゅう》峰《ぶ》」と呼ばれる。この場合の「峰」とは大峰を指し「大いなる峰」という意味から特に「大峯」とも記される。

大峰山脈は熊野本宮旧社地の大斎原と熊野川を挟んで向き合う備崎から北方向に向かって山並みが吉野川まで延々と八〇kmにわたって続き、その途中には玉置山(一〇七五m)―釈迦ヶ岳(一八〇〇m)―八経ヶ岳(一九一五m)―弥山《みせん》(一八九五m)―大普賢岳(一七八〇m)―山上ヶ岳(一七一九m)―青根ヶ峰(八五八m)という主要な霊山が連なる。山中修行は南側の熊野本宮側の山並みと、北側の吉野側の山並みとで別々に行われていたものが一二世紀に結びつき、一三世紀には山中での修行形式と意味づけが確立し時代は下るが「修験道」という独自の宗教体系が誕生することになった。

大峰山脈には金剛界・胎蔵世界の金胎両部《こんたいりょうぶ》という密教独特の世界観である曼荼羅の思想が持ち込まれ、山々には曼荼羅を構成する諸尊が配置され立体曼荼羅に見立てられた。北側の吉野は金剛界、南側の熊野は胎蔵世界としてそれぞれが位置づけられ、境界には両部分けの拝所が設けられている。

峰入り修行は春と秋の二回にわたり行われる。春峰は胎蔵世界熊野から金剛界吉野へ向かう修行で、これを順《じゅん》峰《ぶ》と言い主に天台系の本山派という山伏仲間が行った。秋峰は金剛界吉野から胎蔵世界熊野へ向かう修行で逆峰《ぎゃくぶ》と言い主に真言系の当山方という山伏仲間がこれを行った。

本宮旧社地大斎原は熊野川を挟んだ対岸に延びる備崎丘陵と向き合っていて、この丘陵一帯が順峰修行の第一

金剛界曼荼羅

胎蔵世界曼荼羅

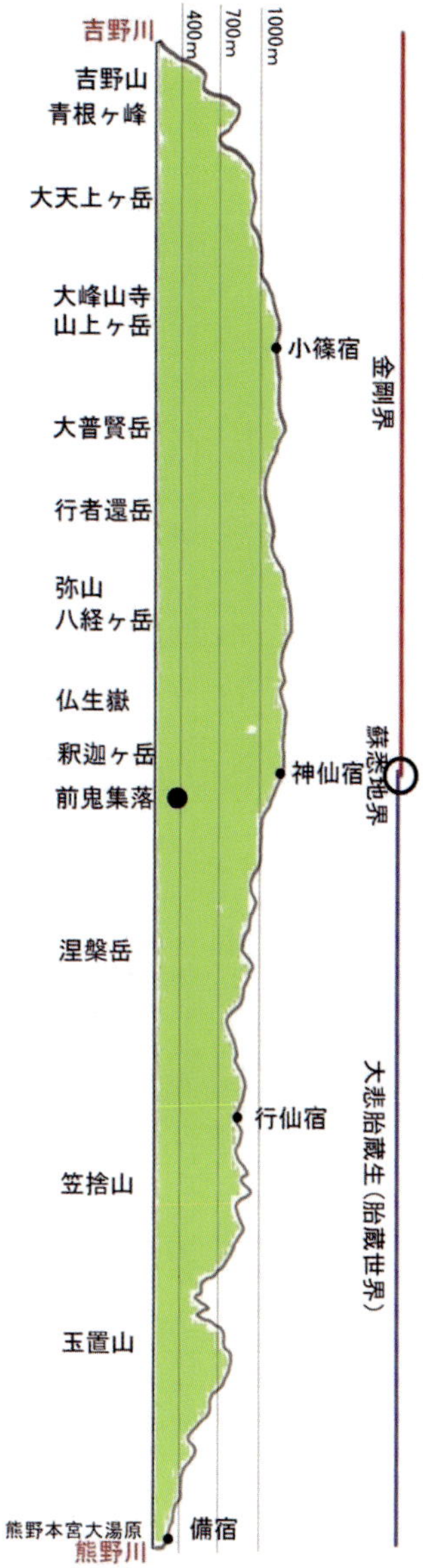

図４　両部の曼荼羅に見立てた大峰山系

熊野本宮から吉野に連なる約80㎞にわたる大峰山脈を金剛界・胎蔵世界という両部の立体曼荼羅に見立て、修行者はそこに身を置くことを試みた。天台密教は両部の中心に蘇悉地界という完全なる世界を設けるので、そこには特に神仙宿（深仙宿）を置いている。

宿の備宿である。

宿というと宿泊施設を思い浮かべるだろうが修験の「宿」にはお参りをするだけの宿（礼拝宿）と、そこに籠って神と向き合う宿（参籠宿）の二種類があり、数の上では礼拝宿の方が圧倒的に多い。峰入り道の途中に設けられた宿には「神が宿る場（聖地）」という意味があり、天体における宿星の「宿」もこの意味に通じる。宿では神と共に籠ることで神と修行者が一体化を遂げるという目的があった。では備崎丘陵を具体的に見よう。

備崎丘陵の稜線上には現在、大峯奥駈道と呼ばれる峰入り道がアップダウンを繰り返しながら通り、最高点となる一九五mピーク手前の鞍部を造成して参籠所が設けられており、西側には裾部に列石を巡らす径六m規模の経塚一基が造成されていて、ここから熊野川までの稜線上には七段にわたり夥しい数の経塚群が設けられている。その構造は大岩の傍らや磐座裾を掘って地山や岩盤を露出させ、そこに経典を納めた経筒を置き、これを覆うように河原の礫や板石を積み上げ、その石積がむき出しのままになった特殊な構造のものがほとんどを占めており聖地に経典を納めるという表現がふさわしいものである。

熊野川に面した石積経塚群の北側斜面には大巌が集中する箇所があり、修験道の開祖に仮託された役行者《えんのぎょうじゃ》一千日参籠の伝承を持ち「大黒島」と呼ばれる。ここには重なった花崗岩の隙間からなる二箇所の並んだ岩屋とその礼拝所、修験道特有で「サイトウ」と呼ばれる屋外護摩を焚く二箇所の平坦な護摩焚き岩、岩陰に石積を伴う磐《いわ》座《くら》などで構成されている。

私は「修験道」という独自の宗教体系と教団が成立する一五世紀代を境にして、それ以前の仏教の一部として扱われていた段階を「山岳修験」と呼び、できるだけ両者を区別している。一二世紀代には熊野から吉野までの大峰山脈を南北に縦走する峰入り修行が成立し、道中では多くの礼拝所・行場・宿が整備されるが、険しい山中では現地調査を行うことすら困難なことから、参籠宿がどのような構造なのかは、ほとんどわかっていなかった。

備崎は熊野川の清流を挟んで中洲大斎原の本宮社殿群と向き合う位置関係にあることが最大の特徴であり、現地調査を通じて、参籠宿は修行者が数日間にわたって籠る参籠所（大宿《おおじゅく》という）だけではなく、神が宿る磐座な

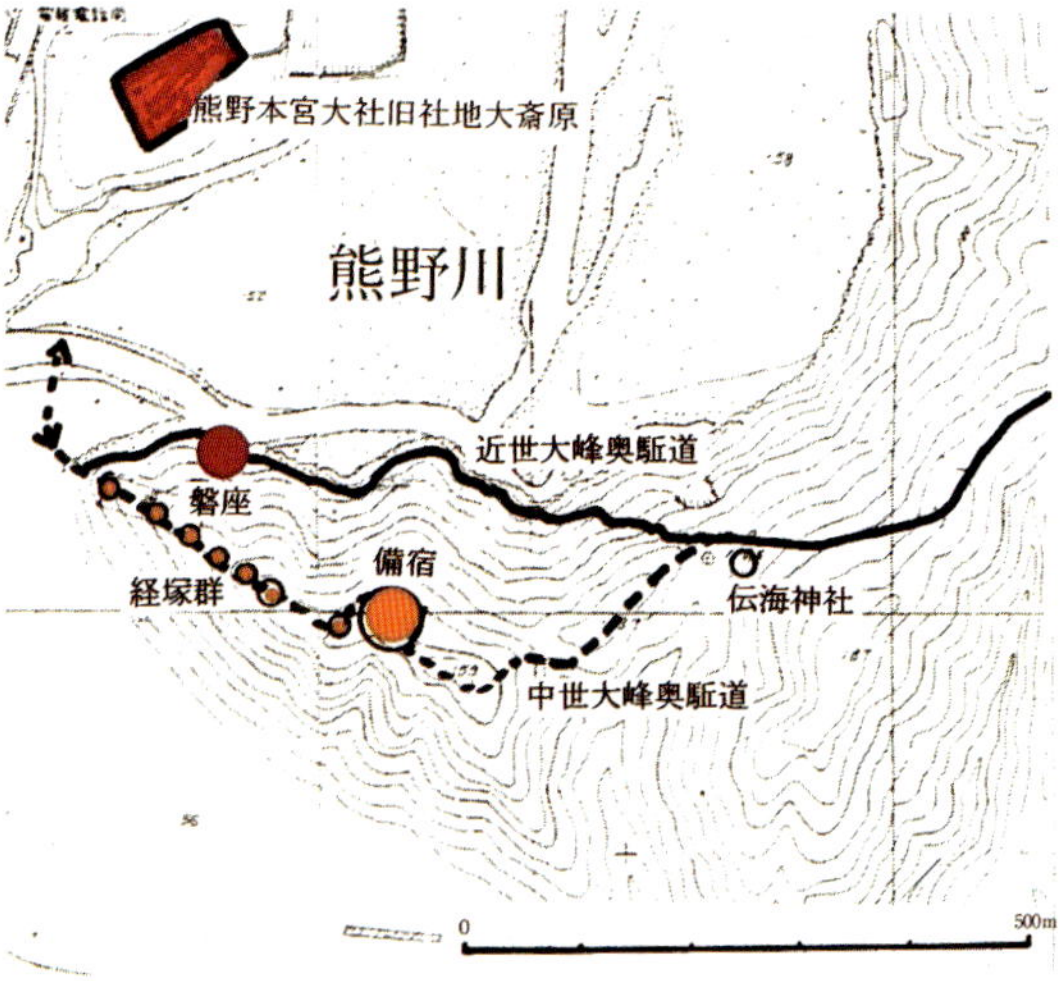

図５　熊野本宮大齋原と備崎の関係

本宮大齋原は熊野川を挟んで備崎遺跡群と一体となった構成となっており、密接な関係であったことが読み取れる。

写真18　復元された備崎経塚の外観

写真16　岩屋の石躰

中には神霊依り代となる先端の尖った立石を据えている。

写真19　典型的な備崎の経塚

大岩裾の隙間を掘りくぼめて経筒を置いたのち礫を積み上げこれを覆っている。

写真17　現在の熊野本宮社殿群

ど自然崇拝の祭祀場、備崎では夥しい数の積石経塚（大規模な石積経塚群は神地大斎原から熊野川を挟んで正面に見ることができる）という複数の要素で構成される聖域であることを学ぶことができた。

順峰修行第一の「備宿」とはその名の通り、峰入り修行初経験（新客《しんぎゃく》という）の行者が山中で行なわなければならない修法・礼拝の仕方という基本的な諸作法を数日間にわたって教え込まれ、新客が娑婆と別れ、異界にこれから身を置く（擬死再生）決意を行い「心を備える宿」なのである。備宿の持つ機能は、諸国の山岳霊場に峰入り修行が導入されるのに伴って広まり、例えば豊前国彦山の峰入り道には最初の参籠宿として同名の「備宿」が設けられている。

熊野本宮を起点とする大峰山脈での峰入り修行は、本宮の「長床《ながとこ》」という細長い拝殿（山伏や修行者の参籠所としても使われる）を拠点に活動した「熊野本宮長床衆」を中心に行われた。鎌倉初期に編纂された『諸山縁起』には吉野までの峰入り道には一二〇箇所の宿が記され、江戸時代には那智と新宮を加え「七五の靡《なびき》（註2）」が設けられる。

大峰山脈の峰入り道には行者を守護する金剛童子という地主神《じぬし》が主要な吹越《ふきこし》（除魔《じょま》童子）、多和《たわ》（後世《ごせい》童子）、水呑《みずのみ》（慈悲《じひ》童子）、玉置《たまき》（悪除《あくじょ》童子）、篠《しの》（剣光《けんこう》童子）、深《じん》仙《せん》（香精《こうせい》童子）、禅師《ぜんじ》（検増《けんぞう》童子）、笙《しょう》の窟《いわや》（虚空《こくう》童子）の八箇所の宿に大峯八大金剛童子として祀られた。このうち熊野本宮と密接な関わりを持つ玉置山（一〇七六m）を紹介しよう。玉置山の山頂からは熊野灘が遠望でき津舟見岳・沖見岳などの別称を持つ。山頂部には峰入り道が通っており、そこは修験道で神樹とされるシャクナゲ群落帯となっている。山頂から玉置神社に向かって下ると尾根筋が始まる起点には霊石を祀った「三石社《みついししゃ》」、地主神の丸石（玉石）を祀った「玉石社」があり、いずれも社殿を伴わない露天祭祀の形態を留めている。これを下ると玉置神社の社殿群にたどり着く。

玉置山は明治初期の神仏分離後に神社となるが、それ以前は熊野本宮奥之院として修験道本山派が支配し、高《たか》牟《む》婁院《ろいん》という別当《べっとう》（寺務を司る責任者）が置かれ、重要文化財の社務所が当時の建物として残る。江戸時代の吉野から入る峰入り修行では玉置山を結願所、修行の終了地点としており、出峯《しゅつぶ》の「出成《でなり》の笈渡《おいわたし》（註3）」、弓神楽な

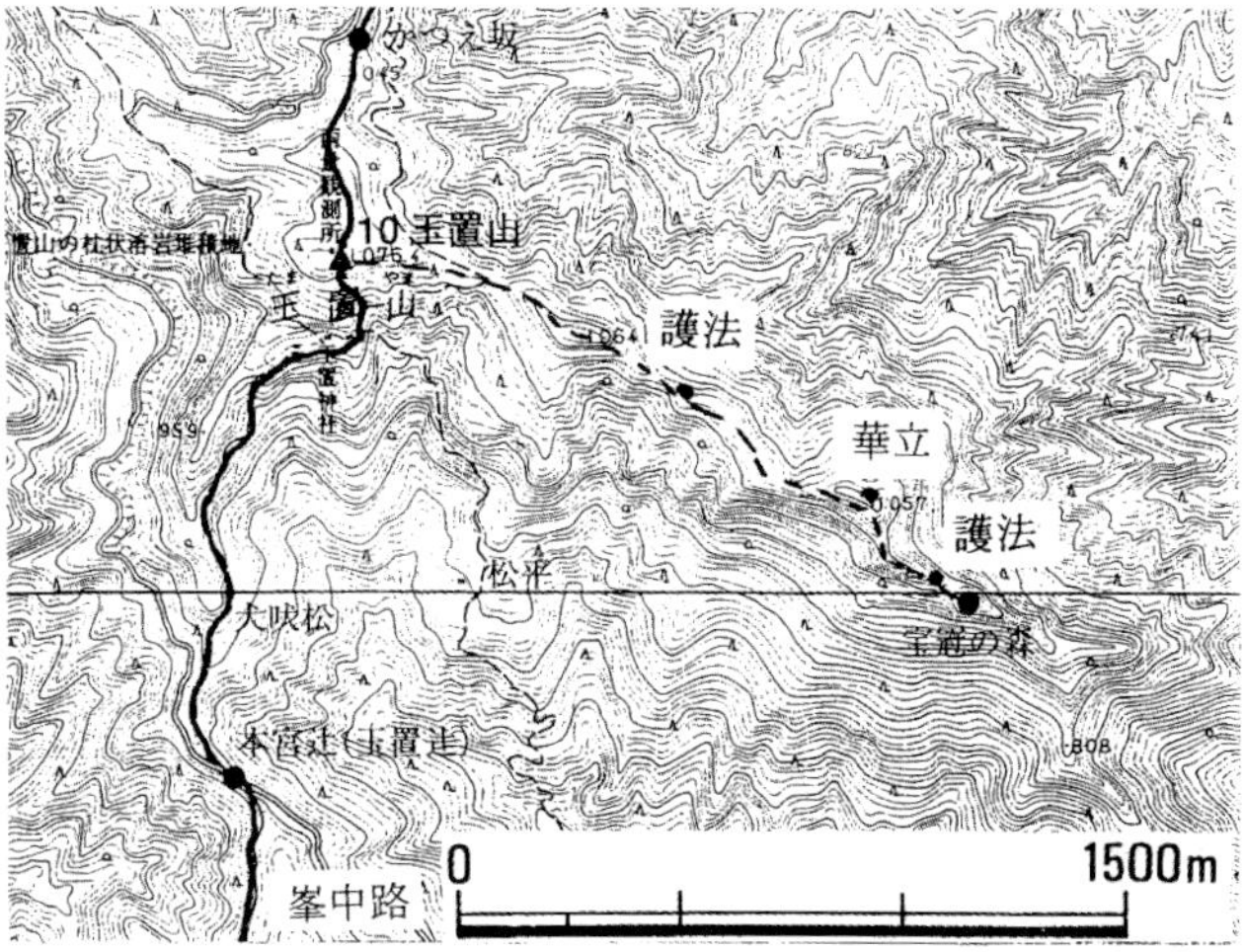

図6　霊場玉置山とその周辺

熊野本宮の奥ノ院とされる玉置山は大峯峰入り修行路中に設けられた玉置宿という参籠宿であり、山頂から東南方向に1.5km延びた尾根の先端には「宝冠の森」と呼ばれる磐座祭祀に基づく礼拝宿（行場）が存在し、今も多くの修行者が訪れる聖地である。

写真22　玉置山の呼称由来と考えられる枕状溶岩堆積の露頭

写真20　本宮辻から望む宝冠の森への稜線

礼拝宿・参籠宿を結ぶ尾根筋の行者道には拝所の「華立」、守護神が宿る無数の「護法」が祀られている。

写真21　宝冠の森の磐座

中央部に神霊依り代の石躰が据えられている。

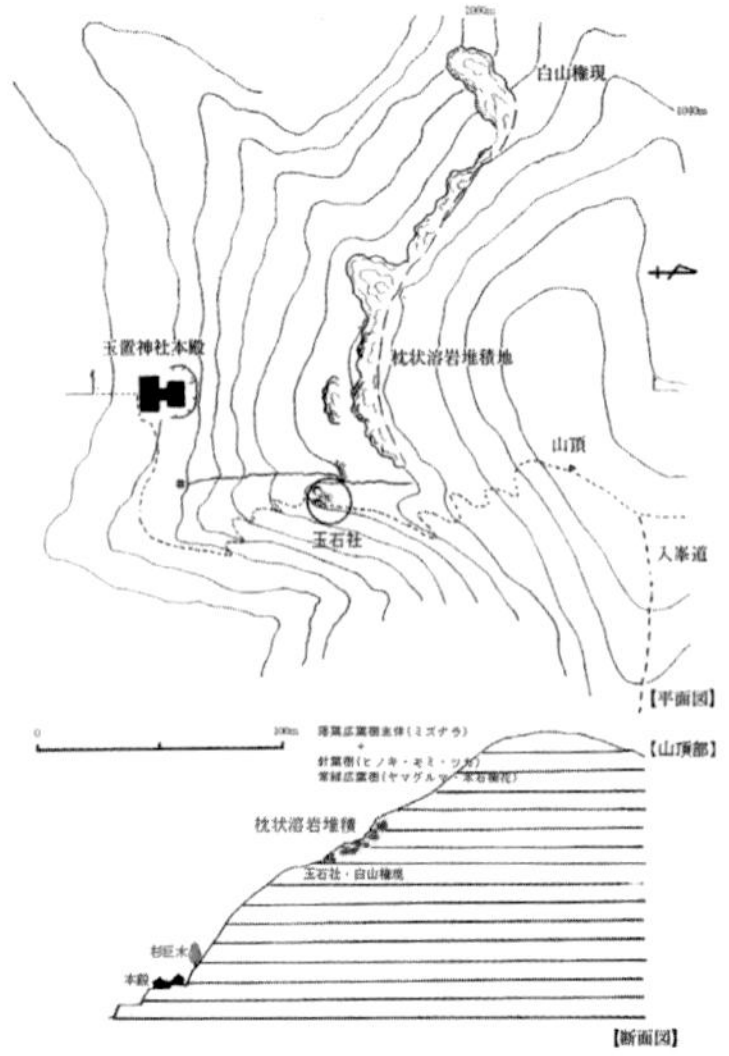

図7　玉置山中心部の構造
山岳霊場の空間構成は自然植生と地質の在り方を基本としている。

どが行われていた。このため、これより南の峰入り道が峰入り修行で使われることはほとんどなく、麓の竹筒村に下山し、そこからは船で北山川を新宮に下るか、本宮に向かうことが多かった。中世には峰入り修行の参籠宿である玉置宿（玉木宿）が置かれている。

　では実際の山の構造はどうなっているのだろうか。玉置山は山頂を除く西面、標高一〇〇〇〜一〇四〇m付近には、奈良県指定天然記念物に指定された枕状溶岩堆積地が存在している。これは、海底火山の噴火で噴出した玄武岩質の溶岩が水中に流れ出して急速に冷えて固まり、不規則な楕円体または曲がった丸太状をした岩石が積み重なり枕状に見えることからこの名がある。

　この岩質が存在することから山頂周辺の植生はブナ林地帯であるにもかかわらず、山頂だけはミズナラなどの落葉広葉樹を主体とする中に、ヒノキ・モミ・ツガなどの針葉樹、ヤマグルマ、ホンシャクナゲなどの常緑広葉樹を交えた特異な群落が発達している。周辺部とは異なる特異な植生と、岩質からなる景観の違いは、神仏常住の空間で結界内と認識され、それが玉置山を神体山として崇拝し、山岳修験の一大行場となった根源である。枕状溶岩の露頭は場所によっては縦方向に綺麗に重なり、その姿は玉を重ねて置いた「玉木」「玉置」のように見え、宿名、山名はこの露頭帯が由来となっている。

　枕状溶岩のまとまった露頭は東西約二〇〇m、南北約八〇mの範囲に及ぶ。このうち西端の張り出した巌は「乳岩」と呼ばれ乳のように水が垂れ、白山権現を祀る磐座となっている。対する東側の尾根には稜線に沿って峰入り道が通り、途中には現在「玉石社」と呼ばれ地主神の山御神の祭壇が設けられているが社などの人工構造物は

写真23　新宮社殿群から見る千穂ヶ峰（権現山）

写真24　神倉山から駆け降りる「上り子（のぼりこ）」（御燈祭２/６）

写真25　ゴトビキ岩の基盤となる流紋岩の一枚岩

写真26　神倉社御神体のゴトビキ岩

無く、地面から生え抜きの枕状溶岩塊を御神体としている。このように玉置山における宗教施設全体の配置を見ると、現在の社殿群の位置は背後の枕状溶岩の露頭を磐座と認識し、礼拝対象とした位置に置かれていることが見てとれる。しかし、露頭の直前は傾斜が急で地滑りを起こしやすく、平場を造成し建物群を設けるには無理があることから、傾斜が緩やかになる現在の場所まで標高を下げたのであろう。

玉置山は山岳信仰の崇拝対象が人工物からなるのではなく、周辺部とは異なる山頂周辺の特異な植生帯や、玉樹のように見える枕状溶岩の露頭という自然界の造形にあることを教えてくれる。

新宮は現在、熊野川河口部右岸の川岸に社殿群が設けられているが、はじめは社地南側に隣接する神蔵山（神倉山）を祭地として祀っていた。この山は、現在は千穂ヶ峯（権現山）と呼ばれ、その形状は半島状で南北方向に張り出した峰で最高点の北側の千穂ヶ峰（二五三ｍ）と南側の神倉山（一九九ｍ）の二つのピークが連なる地形をなしている。

神蔵山から東に張り出した尾根の標高約八〇ｍ地点に

は火成岩類で流紋岩の一枚岩が露出した岩盤があり、その上に球形に風化したコアストーンが重なる「ごとびき岩」と呼ばれる奇岩があり、この奇岩が醸し出す神秘的な景観が原初の神域となった。神倉（神蔵）とは「神を迎える磐座」を示しており新宮早玉社の山宮である。

信仰の根源となった、ごとびき岩の岩陰や周りからは、これまでに三基の経塚が発見されており一二世紀後半から一三世紀前半にかけての数多くの出土品が知られている。神倉山は修験者たちの山籠の聖地であったと考えられており、中世の神倉社を支配したのは新宮に所属する清僧（非妻帯の学僧）で、その下に山中の管理運営や修理造営を担当した神倉本願が置かれ、両者は合わせて「神《かんの》倉聖《くらひじり》」と呼ばれた。

美徳には全国的に著名な三朝温泉という温泉があり、温泉神としては定番の薬師如来への信仰が存在し、三徳山に関連した開湯に関する白狼伝説（註4）が残されている。山岳霊場と関わりを持つ温泉は、箱根権現と湯本温泉、伊豆山権現と熱海走湯、立山連峰と室堂や山麓の温泉群など幾つもが知られる。

美徳参詣ではその入り口にあたる三朝温泉は熊野本宮と湯の峰の関係のように湯垢離の場としての繋がりを考えておく必要があるし、美徳の別所の一つに日本海へと繋がる天神川流域の水運を押さえた温谷《ゆたに》（湯谷）別所がある。「湯谷」とは熊野本宮を表す呼称である。

三徳山南面の小鹿川流域には神倉集落があり、地名の由来となった「冠巌《かんむりいわ》」という大巌を御神体とする神倉神社が所在するが、その成立を含め、海の熊野を代表する新宮神倉聖との繋がり抜きには語ることができない。これらの事例は一部に過ぎないが、美徳と熊野との繋がりは想像以上に深いものがある。

(3) 英彦山《ひこさん》

西日本最大規模の修験霊山として名高い英彦山は、北部九州の福岡県と大分県に跨った山であるが、旧国単位でみると豊前国・筑前国（以上は福岡県）、豊後国（大分県）の三国境に位置する境界の山でもあった。

多くの霊山がそうであるように、「英彦山」（註5）という単独の山は存在しない。それは標高一一九九mの中岳、一一九二mの北岳、一〇七一mの南岳という三つのピークを頂点にして山麓に及ぶ一塊の山並みを指しており、現在の行政域ではその多くが福岡県田川郡添田町に

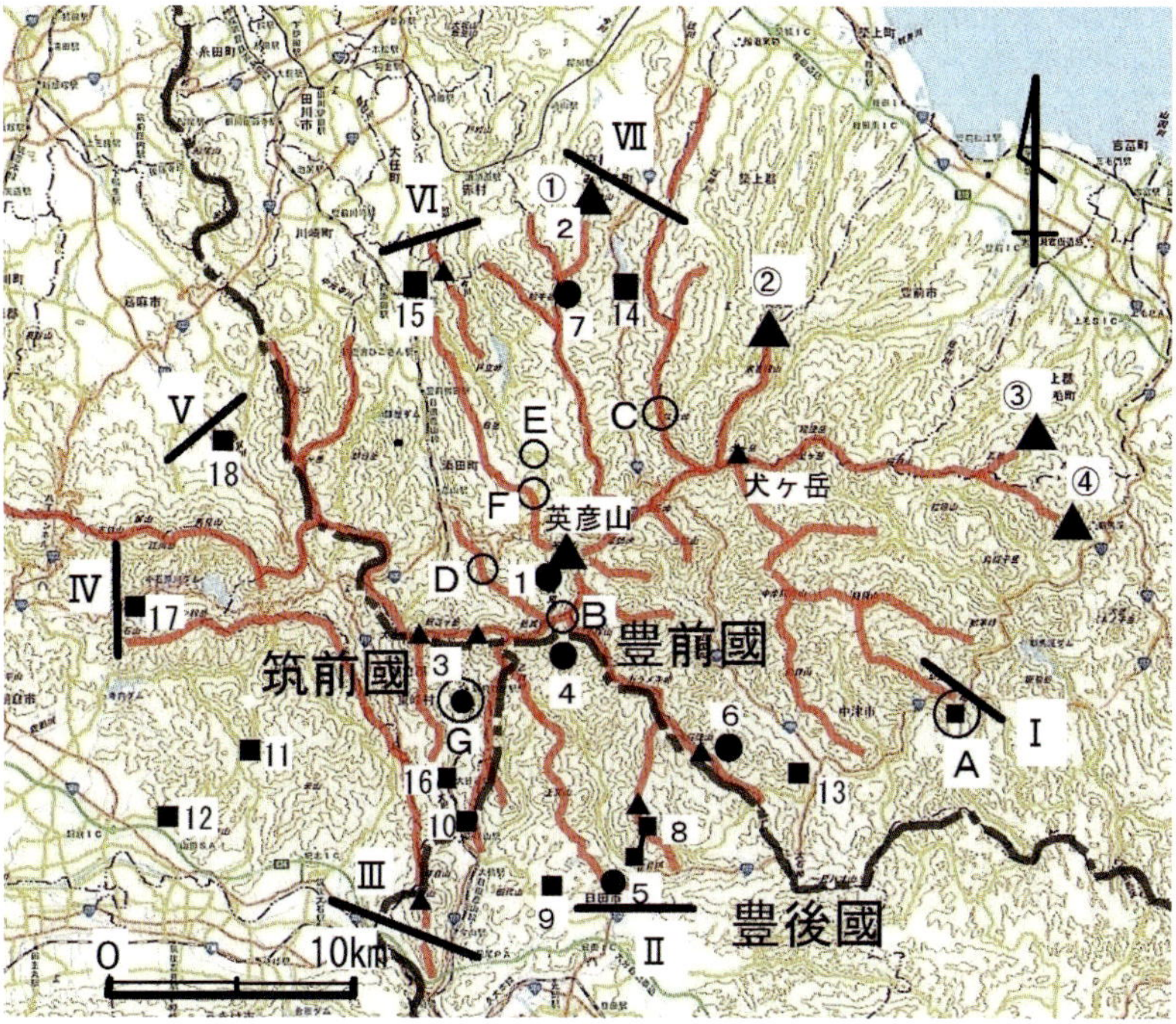

図８　山岳霊場「彦山」の四至と霊場を構成する主要な要素

『彦山流記』に記す四至　主尾根稜線

Ⅰ 豊前國上毛郡雲山国中津河（大分県中津市山国町庄屋）
Ⅱ 豊後國屋形河壁野（大分県日田市壁野）
Ⅲ 筑前國上座郡内把伎（杷木）山（大分県日田市三日月山・針目山）
Ⅳ 筑前國下座郡内圓幸浦尻懸石（福岡県朝倉市江川）
Ⅴ 筑前國嘉麻郡八王子ノ道祖神（福岡県嘉麻市宮野）
Ⅵ 豊前國田河郡巌石寺（福岡県添田町岩石山）
Ⅶ 蔵持山法躰嶽（福岡県みやこ町蔵持）

○四門七口
A 東方　山國鳥居越　B 南方　小野峠　C 北方　伊良原　D霊仙見
E 津野口　F 落合口　G宝珠山口

●主要な彦山四十九窟
1 五窟（彦山惣大行事窟）　2 蔵持山窟　3 宝珠山窟　4 法華窟　5 壁野窟
6 大星窟　7 鷹窟

■主要大行事社
［山麓七大行事社］
8 林村（戸山大行事社）　9 鶴河内村（山田大行事社）　10 福井村（福井大行事社）
11 黒川村（黒川大行事社）　12 須川村（須川大行事社）　13 守実村（龍権現社？）
15 添田村大行事社
［その他の大行事社］
14 伊良原村大行事社　16 宝珠山村大行事社　17 上秋月村大行事社　18 宮野村大行事社

【彦山六峰のうち】▲①蔵持山　▲②求菩提山　▲③松尾山　▲④檜原山

属し、一部大分県中津市山国町に及んでいる。この範囲は豊臣秀吉による九州平定を経て江戸時代初めに確定した彦山の境界であるが、それ以前には英彦山という山を中心とした神領が広がっていた。

『彦山流記《ひこさんるき》』という一三世紀代に成立した彦山に関する最古の記録に、彦山自身が主張する東西南北四方向の境界（四至《しいし》）が記されており、これを示したのが図8である。現在の地名でいうと東はⅠ大分県中津市山国町庄屋、南はⅡ大分県日田市壁野とⅢ大分県日田市三日月山・針目山、西がⅣ福岡県朝倉市江川とⅤ福岡県嘉麻市宮野、北がⅥ福岡県添田町岩石山とⅦ福岡県みやこ町蔵持であり、その範囲は東西約三五㎞、南北約三〇㎞という広範囲に及ぶ。これらの地形的特徴は英彦山に向かって延びる細長い谷地形がほとんどで、その両側には山並みが続き、山域が多くを占めている。このなかに彦山四十九窟《くつ》と呼ばれる修行窟群と、彦山大行事という彦山の守護神が分布している。

「彦山」と一口に言っても鎌倉時代、室町時代という中世と江戸時代以後では、その範囲と広がりは全く異なる。私が三徳山と美徳とを使い分けているのは、英彦山のように、中世に独自の神領を持ち、領主としての自治を行っていた時代の範囲と、これを取り上げられ宗教活動だけが認められた江戸時代の霊場や寺の範囲が全く異なるからで、三徳山というと、標高八九九mの山頂を頂点とする山塊そのものを指し、美徳というと、中世の広大な美徳神領全体を指すというわけだ。

では、霊山としての英彦山の特徴を具体的に紹介しよう。英彦山は山頂部の中岳を「女躰権現《にょたいごんげん》」と呼び本地仏が千手観音、垂迹神がイザナミノ命、北岳を「法躰権現《ほったいごんげん》」と呼び本地仏が阿弥陀如来、垂迹神がアメノオシホミミノ命。南岳を「俗躰権現《ぞくたいごんげん》」と呼び本地仏が釈迦如来、垂迹神がイザナギノ命をそれぞれ祀る。このように列記すると読者は混乱するかもしれないが、神と仏が融合した日本では一〇世紀頃に本地垂迹説と言い、仏が本来の姿なのだが、人々の前には馴染みのある日本人の姿をした神に化身して姿を現すという本地垂迹《ほんちすいじゃく》思想が広まり、この思想が元になって一一世紀以降には山の神を「権現」と呼ぶようになる。権は仮にという意味で「神が仮に姿を現す」と理解すればよいだろう。院政期真っただ中の一二世紀には諸国の霊山の神々が権現として祀られるよ

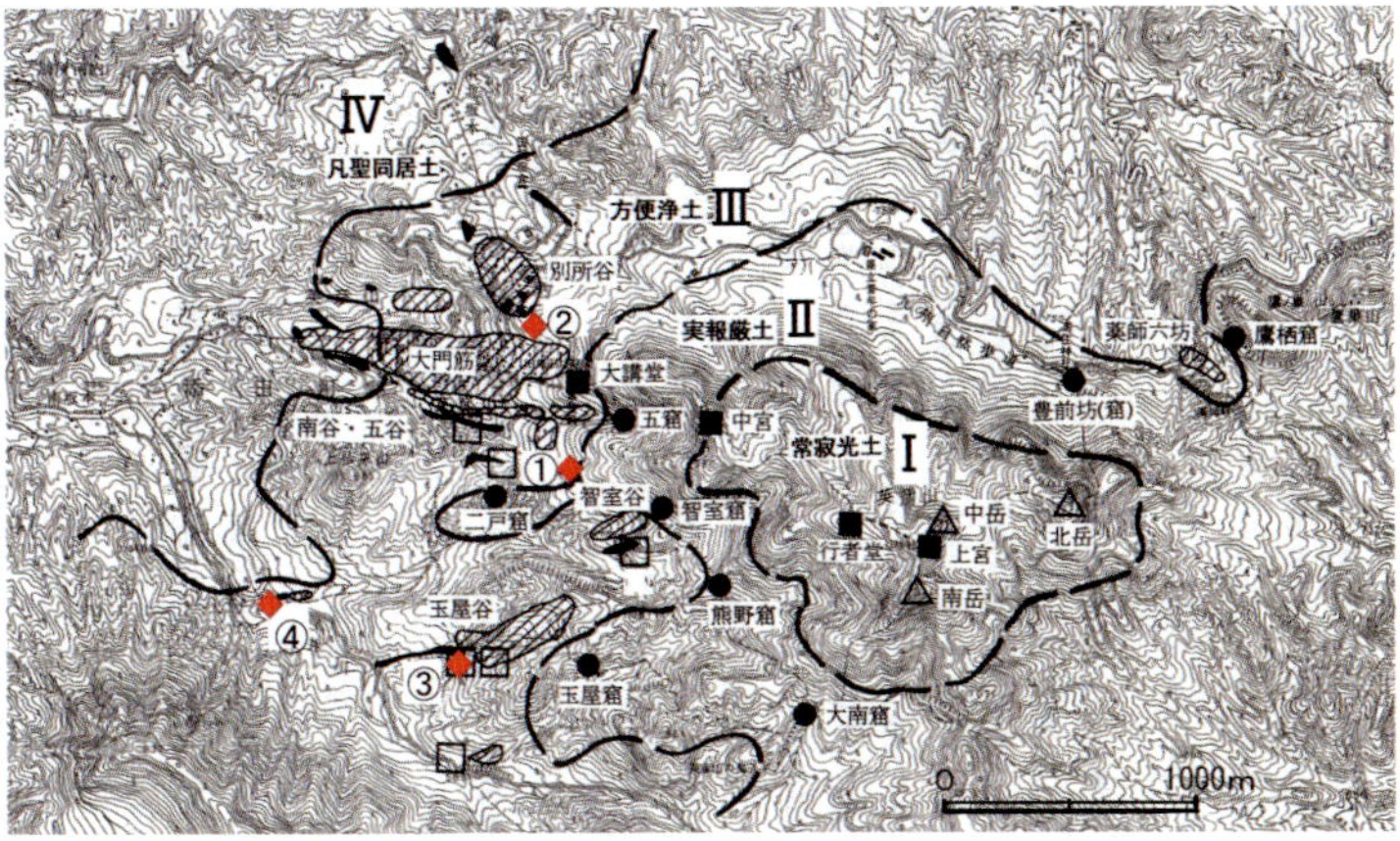

図９　四土結界思想による英彦山内の配置

Ⅰ 常寂光土（仏界）：唾・鼻・大小便禁止（植生護持、上宮を除き人工構築物を設けない）
Ⅱ 実報厳土（菩薩界）：牛馬不使役・死穢を忌む（植生護持、彦山四十九窟の主要窟はこの中に存在し山籠と回峰行（小廻）を行う空間）
Ⅲ 方便浄土（声聞・縁覚界）：出産禁止（堂舎・住房・墓地を設ける空間）
Ⅳ 凡聖同居土（六道界）：殺生禁制・五穀栽培禁止　南坂本（10戸）・北坂本（20戸）の百姓集落が存在、坊中の婦女子はここに下って出産を行う

うになる。英彦山だと女躰権現・法躰権現・俗躰権現でこれを総称して「彦山三所権現」と言う。同じものを仏式で言うと千手観音・阿弥陀如来・釈迦如来となり、神式ではイザナミノ命・アメノオシホミミノ命・イザナギノ命となり、権現として呼ぶか、仏として呼ぶか、神として呼ぶかの違いであり、全てが同じものを現わしているわけだ。

英彦山の特徴について最初に挙げるのが、標高差に対応した四重の結界が設けられ、それぞれにタブーが存在する事例についてで、これは彦山守静坊《しゅじょうぼう》という山伏の末裔で私の修験道の師でもあり、駒澤大学教授を務められた長野覺《ただし》先生の研究を基にしている。では図9をご覧いただきたい。

三所権現の化身とされる英彦山山頂部から標高一一〇〇m弱の範囲までは神仏常住の浄土で「常寂光土《じょうじゃくこうど》」とされる。ここでは一木一草でさえも持ち出しが禁じられ、唾を吐くこと、鼻をかむこと、大小便を行うことが禁止される。地質は両輝安山岩（筑紫溶岩）層で三つのピークではこの露頭が顔を出し、権現を迎える磐座と認識して経塚が営まれている。植生はブナの純林で地表にはクマイザサが覆う。

標高約七二〇mから約一一〇〇mの間は菩薩界で「実報厳土《じっぽうごんど》」とされる。ここは岩屋籠りと峰入り修行の参籠を中心とした山中修行が行われる空間で、牛馬の使役が禁じられ、死の穢れを忌む。地質は古期台地集塊溶岩層及び成層集塊溶岩層（耶馬渓層）という硬い溶岩層の上に柔らかい溶岩層が堆積しているので、その境目が浸食を受けて洞窟状の窪みが無数に存在し、そのなかでも南面して日が当たり、籠るのに適した規模の洞窟を修行窟として利用した。これを弥勒菩薩が住む四十九院の浄土に見立てて「彦山四十九窟」と呼び、その主要なものがここに存在している。植生はブナを中心にミズナラ、イヌシデ、シオジ等の落葉樹林で林床はスズタケが広がる岩場となっている。

標高約七二〇mから約五〇〇mの間は声聞《しょうもん》・縁覚《えんがく》界で「方便浄土《ほうべんじょうど》」とされる。ここにはほとんどの堂舎をはじめ、山伏の住まいである坊集落全てと、彼らの墓地が営まれている。山伏の最大の特徴は妻帯していることで、奥方は産気づくと自坊を離れ、麓の百姓集落に移って出産を済ませてから再び自坊に戻っていた。植生はカシ・タブ・シイなどの照葉樹林帯である。

標高約五〇〇m以下で山麓にかけての範囲は六道界で聖と俗が入り混じる「凡聖同居土《ぼんしょうどうごど》」とされる。ここには北坂本・南坂本という二箇所の百姓集落が営まれている。山伏の奥方が自坊から下って出産を行う場でもあるが、霊場内であるため殺生並びに五穀栽培は禁じられた。

英彦山は四重結界の境目のなかでも、多くの参詣者が通行する山頂への道筋に三つの異なる材質の結界門を設けた。下から説明すると六道界と声聞・縁覚界の境目には「銅鳥居《かねのとりい》」を、声聞・縁覚界と菩薩界との境目には「石鳥居」を、菩薩界と神仏界との境目には「木鳥居」を据えている。この配置は俗から聖へという思想を反映しており、銅は高価だが人間が作り出したにすぎず俗なるものの代表、石は自然界の材質だが生きてはおらず、しかも朽ちることなくいつまでも形を留めているので中間に、木は命があり山中では幾らでも手に入れることができるが、数十年で朽ちてしまい形を留めていないので最も神に近く尊い、という考えで、これこそ山岳修験の本質を現わしていると言ってもいいだろう。

英彦山はこの石鳥居の手前に山内最大規模の大講堂

写真27　異様な山容を見せる英彦山

写真28　最も神聖な木鳥居
ここから上は神仏常住の世界となる

写真29　大講堂（現奉幣殿）と石鳥居
菩薩界と声聞・縁覚界との結界門

写真30　銅鳥居
六道界と声聞・縁覚界との結界門

（神仏分離後は奉幣殿となる）を設け、山内の山伏や僧侶が集まり、一山全体に関する重要事項を合議という話し合いを行い決定していた。山岳修験や修験道は自然崇拝を基本としているので、仏教寺院と違い本尊を祀り儀礼の場である本堂を持たないのが特徴だ。大講堂前の広庭《ひろにわ》では山内最大神事である松会《まつえ》の諸儀礼が行われた。

結界の石鳥居を潜るとそこから上の世界は二重目の菩薩界となり、参詣道に沿って下宮、中宮、上宮という社殿と例外として峰入り修行の参籠所は設けられるものの、それ以外の人工構築物は一切設けられず、御山そのものが神常住の空間であった。

このように英彦山では山頂の神仏界から山麓の六道界まで四重の結界設定がなされており、その境目は岩質変化と植生の垂直分布に基づいている。自然現象で生じた景観の違いは「自然結界」と認識され、山内を生活の場とする人々によって植生の護持が図られたわけであるが、多くの霊山は明治初期に自らの山領を失い、自然植生は人工林と化すことによって聖性が失われてしまった。残念だが今の姿を見ていても信仰の本質は見えてこない。

修験霊山の典型的な在り方が英彦山だとすれば、山中での土地利用の在り方を三徳山と比較すれば三徳山の性格がよくわかる。現在の三徳山には三佛寺という天台宗寺院が所在し境内の最も高い標高三二〇数mに本堂が設けられ、そこから上には文殊堂、地蔵堂、観音堂などを経て標高五二〇mの奥之院蔵王堂（投入堂）が最も高所の建造物となっている。しかし山頂が八九九mの三徳山全体からすれば六合目に相当するものの、そこから山頂までの範囲に対してはこれまで一度も検討されたことが無い。多くの山岳霊場は岩質の違いと、植生の垂直分布による自然結界を護持した山中利用がなされており、三徳山でもこのような在り方の具体的検討が必要となる。

　次に紹介するのは彦山修験を最も特徴づける「岩屋に籠り廻る信仰」についてである。英彦山から東南方向の大分県中津市域の山国川流域（耶馬渓《やばけい》渓谷）を経て国東《くにさき》半島に至る範囲には、阿蘇の火砕流が冷えて固まった溶結凝灰岩の堆積があり、これが浸食を受けると硬い部分は岩峰や奇岩となり、柔らかい部分は浸食を受けて洞窟を形成し、その窪みを利用したのが岩屋（窟）である。

　私は岩屋を「自然の浸食作用で形成された洞窟や鍾乳洞、あるいは巨岩の隙間・岩陰を利用して神仏を迎え、祀り、参籠や礼拝などの宗教活動が行われたもの」と定義している。溶結凝灰岩が分布する英彦山周辺や北部九州では、これが浸食を受けることによって大きく抉れた洞窟を形成するので、岩屋に対して洞窟を表す「窟」の字を用いて「いわや」と表現するが、硬い花崗岩質地帯ではこのような浸食は生じないので、重なった花崗岩の隙間や岩陰を岩屋として利用することとなり、神仏の岩の住まいを表す「岩屋」という字を用いるのが一般的だ。

　彦山四十九窟のことを記した最古の資料は一三世紀代に成立した『彦山流記』で、これに全ての窟名と守護神が記されている。その所在調査は一九七〇年代に精力的に進められたものの、なにぶん鎌倉時代の記述なので、いまだ三分の一が不明である。残りの窟の所在を探索する作業は窟名を特定する根拠がないので、あえて行わず、廻峰行や峰入り修行のルートに隣接したことから近年まで信仰が続いた窟と『彦山流記』に詳細が記されたことで所在地が特定される窟に絞り詳細な現地調査を進めてきた。ここでは四十九窟の根源である第一般若（玉屋）窟と四十九窟で唯一全面的な発掘調査を実施した第三宝珠山窟の事例を紹介しておこう。

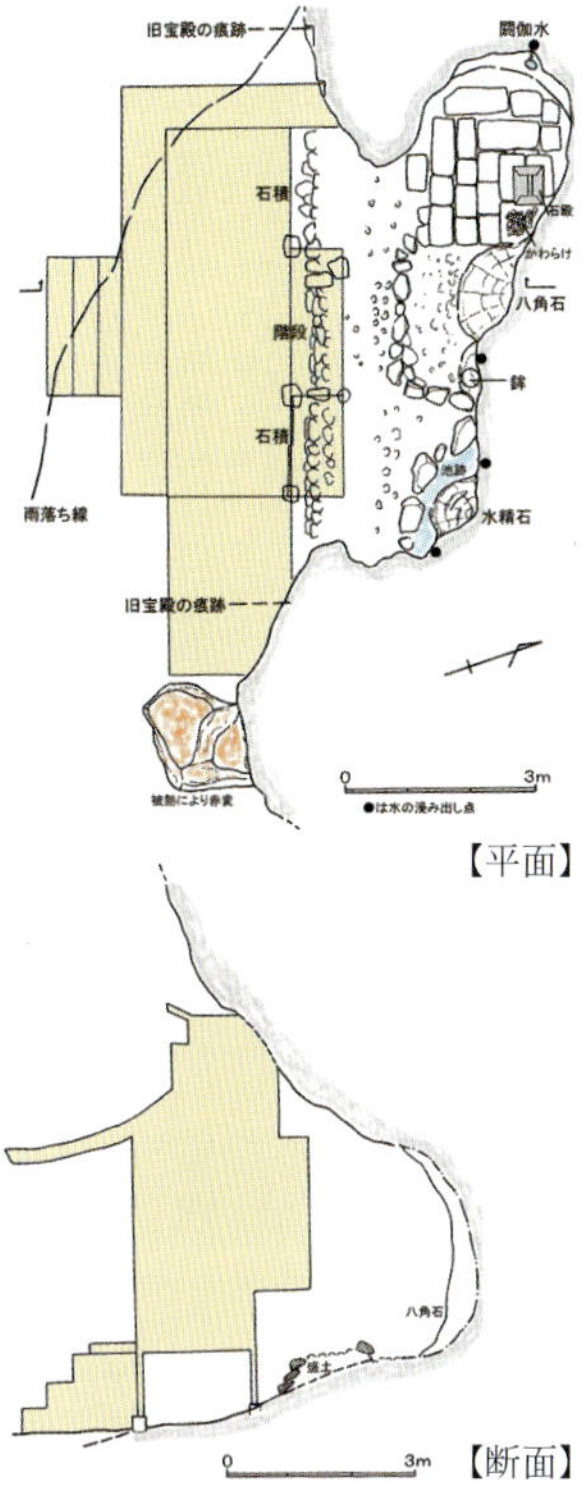

図10　般若窟の構造

洞窟入口を宝殿が完全に覆い密閉された空間を造り出している。

写真31　屏風岩の裾に設けられる般若（玉屋）窟の宝殿

インドから飛来した権現の神霊は最初、屏風岩上の磐座に垂迹し岩中を通り抜けて洞窟内中央の石鉢（八角石）に宿る。

▲石殿　▲八角石　▲神泉　▲水精石

写真32　秘窟　般若（玉屋）窟内の状況

中央にせり出すのが八角石、右側奥壁からは聖水が染み出し（黒変部）裾の神泉に溜める構造で神泉中央には如意宝珠が出現した水精石がある。

般若窟は英彦山山頂から南西方向に営まれた「玉屋谷」という坊集落に隣接する四王寺谷のうち標高七〇〇m前後の所に所在している。洞窟本体は南面する三〇mほどの屏風岩断崖裾の窪みに、東から閼伽《あかば》場（神仏専用の水場）・鬼神社・玉屋神社の大小三つの洞窟が並び、単独の洞窟だけではなく屏風岩の断崖まで含めた空間全域を「岩屋」と認識し、『彦山流記』ではこの空間を「廊」「廊内」と記している。つまり「窟」というのは洞窟を核とする神聖な空間を示す用語であった。

般若窟は英彦山だけではなく熊野信仰や八幡信仰のルーツに関わる問題を解く幾つものカギが潜んでいる。長寛年間（一一六三―四年）には成立していた紀伊熊野に関する最古の縁起（由緒）に『熊野権現御垂迹縁起《こすいじゃくえんぎ》』というものがある。これには「熊野神はインドから権現として日本に飛来し、最初は彦山に現れ高さ三尺六寸（一・一m）の水晶石に宿られ、その後、四国の石鎚山、淡路の諭鶴羽峰などを経て最後に熊野本宮大湯原に鎮まった」という内容が記されている。権現が降り立った（垂迹）彦山の水晶石というのが般若窟内の依り代（石躰《せきたい》という）「八角石」なのである。

『彦山流記』には宇佐宮弥勒寺の法蓮上人が一二年間般若窟に参籠してひたすら金剛般若経を読誦《どくじゅ》した結果、奥壁から倶利伽羅龍が出現し、口からあらゆる望みを叶えるとされる如意宝珠を吐き出し、上人に与えるという奇瑞が生じる。八幡神はこの宝珠を欲しがり、上人との数度に及ぶやり取りの結果、法蓮を宇佐宮の神宮寺である弥勒寺の責任者に迎えるという約束をかわして、ようやく手に入れることができた、という内容である。この故事から般若窟を玉屋窟と呼ぶようになった。

『熊野権現御垂迹縁起』はインド由来の権現が最初に彦山般若窟に宿り、最後は本宮に鎮まることを記して、英彦山が熊野権現のルーツであることを暗示し、『彦山流記』は彦山が八幡惣本宮である宇佐宮の僧侶（社僧）たちの山中修行の場であり、しかも般若窟がその開山に関わる聖地であることを暗示している。

このように特別の由来を持つ般若窟は現在も山内で残された唯一の秘所として、関係者以外は窟内への立入りを禁じており、旧暦六月に「池浚《いけさらえ》神事」という洞窟奥壁から染み出る水を蓄えた神泉を汲み、参詣者に分配する神事を、形を変えながら続けている。

現在の玉屋神社は一九世紀中頃に設けられた社殿が奥壁を残して洞窟を塞ぐように設けられる。崖面裾に開口する洞窟は雨が落ちる「雨落線《あめおちせん》」を結界としており、その内側が神聖な場となる。洞窟本体の規模は間口約七m、中心部での奥行は六・四mで平面形は中ほどでいったん狭まり、奥壁近くでは再び広がるので、狭まったところを境にして密教寺院堂内のように入口側を外陣、奥壁側を彦山権現の神霊が宿る内陣として使い分けていたとみている。

奥壁中央には壁からせり出した権現の神霊が宿る「八角石」の石躰があり、裾には縁石を並べ結界を設けている。その右側には壁から染み出る霊水を貯めた「神泉」が設えられ、その中央には頂部の窪んだ小さな山形の「水精石」が存在する。八角石の左側床には一面に切石を敷き詰め中央に石殿を据える。観音開きの石殿内奥壁には彦山三所権現本地仏の梵字、キリーク（阿弥陀如来）、バク（釈迦如来）、キリク（千手観音）が刻まれ、左扉内側には一七〇二年（元禄十五）御神水宿一宇を建立した、という内容が刻まれているので、この時に窟内の整備が行われたことがわかる。

彦山四十九窟第三の岩屋とされる宝珠山窟は旧筑前国に所在する唯一の岩屋で、福岡県東峰《とうほう》村宝珠山岩屋に所在する。この岩屋を語るにあたっては、彦山の峰入り修行についての予備知識が必要なので先に説明しておこう。

山岳霊場は結界設定を行うことにより聖なる空間と俗なる空間を分け、聖なる空間は密教の曼荼羅観によって胎蔵世界と金剛界という立体曼荼羅に見立てられる。山伏などの修行者は立体曼荼羅の中に自らの身を置くことによって曼荼羅世界の神仏と一体化する。私は、これが峰入り修行を行う思想的な原点だと考えている。自然崇拝を根底に置く山岳修験では四季に対応する山中修行が行われる。春には春峰修行、夏には夏安居《げあんこ》と夏峰修行、秋には秋峰修行、冬には通称「晦山伏《つごもり》」と呼ばれる岩屋籠りがある。

彦山では大廻り、小廻りと呼ばれる廻峰行と、春峰・夏峰・秋峰という三季の峰入り修行が存在した。英彦山を胎蔵世界に見立て、西方の大宰府宝満山を金剛界に見立て英彦山を起点に宝満山へと向かう春峰修行と夏峰修行が行われた。これに対して胎蔵世界英彦山から北方に所在する福智山系を金剛界に見立て、福智山系を起点に英彦山へ戻る秋峰修行が行われた。

宝珠山窟は春峰修行・夏峰修行に組み込まれ、「玉木宿」と呼ばれる参籠宿でもあった。この呼称は先にふれた熊野本宮奥之院の玉置山上に置かれた玉木宿と同名である。彦山の峰入り修行は大峰山脈で完成された修行形態を導入することにより成立しており、峰入りルート上には大峰山中の宿や岩屋と同名のものが散見される。

地質は変成岩の基盤層に溶岩流が被さって台地を造ったのち、浸食によって硬い岩塊が残り、奇岩群が集中するという独特の景観を醸し出す丘陵部が出現したもので、その範囲は東西約六〇〇m、南北約三〇〇mに及ぶ。十数m規模の石柱の根元に開口する浸食面のうち、南面して日当たりがよく、面積の広いものを岩屋として利用し「権現岩」「熊野岩」と呼んで窟内に神を祀る宝殿《ほうでん》が設けられる。

権現岩の宝殿は一六九八年（元禄一一）に建立され、一七七五年（安永四）に改築された建造物で、熊野岩の宝殿は一六八六年（貞享三）に建立された建造物で、英彦山修験道に関わる建造物として共に重要文化財指定を受けている。老朽化に伴い二〇〇六年から翌年にかけて解体修理が行われることになり、このタイミングを狙い宝珠山村史編纂担当の岩下新一さん、太宰府市の山村信榮さん、私の三人を中心としたボランティアの調査団を編成し発掘調査を実施した。

本殿を解体し視界を遮るものが無くなると奥壁中央部に直径一mを超える安山岩の円礫が、あたかも壁から湧《ゆう》出《しゅつ》するような形で出現した。『彦山流記』は「この窟に如意宝珠有り」と記すが、奥壁の円礫こそ如意宝珠なのだろう。

出土遺物は多岐にわたる。特筆されるのが仏器として使用された八世紀中頃の鉄鉢型《てっぱつがた》の土師器《はじき》で、これは岩屋内での参籠修行の存在をうかがわせる。他には皇朝銭の富寿神宝（八一八年初鋳）、雨乞用の土馬があり、八世紀から一〇世紀まで続いたのち空白期間となり一三世紀後半から再び出現し一五世紀後半まで続くという結果が得られた。

建造物としての宝殿は二時期分を確認した。一期は一五世紀代で、宝殿前面に高さ一m程の石積基壇を設け、正面と左右側面の三面に壁を設けるが、奥壁はむき出しのままで壁を設けず如意宝珠石を祭祀対象としている。

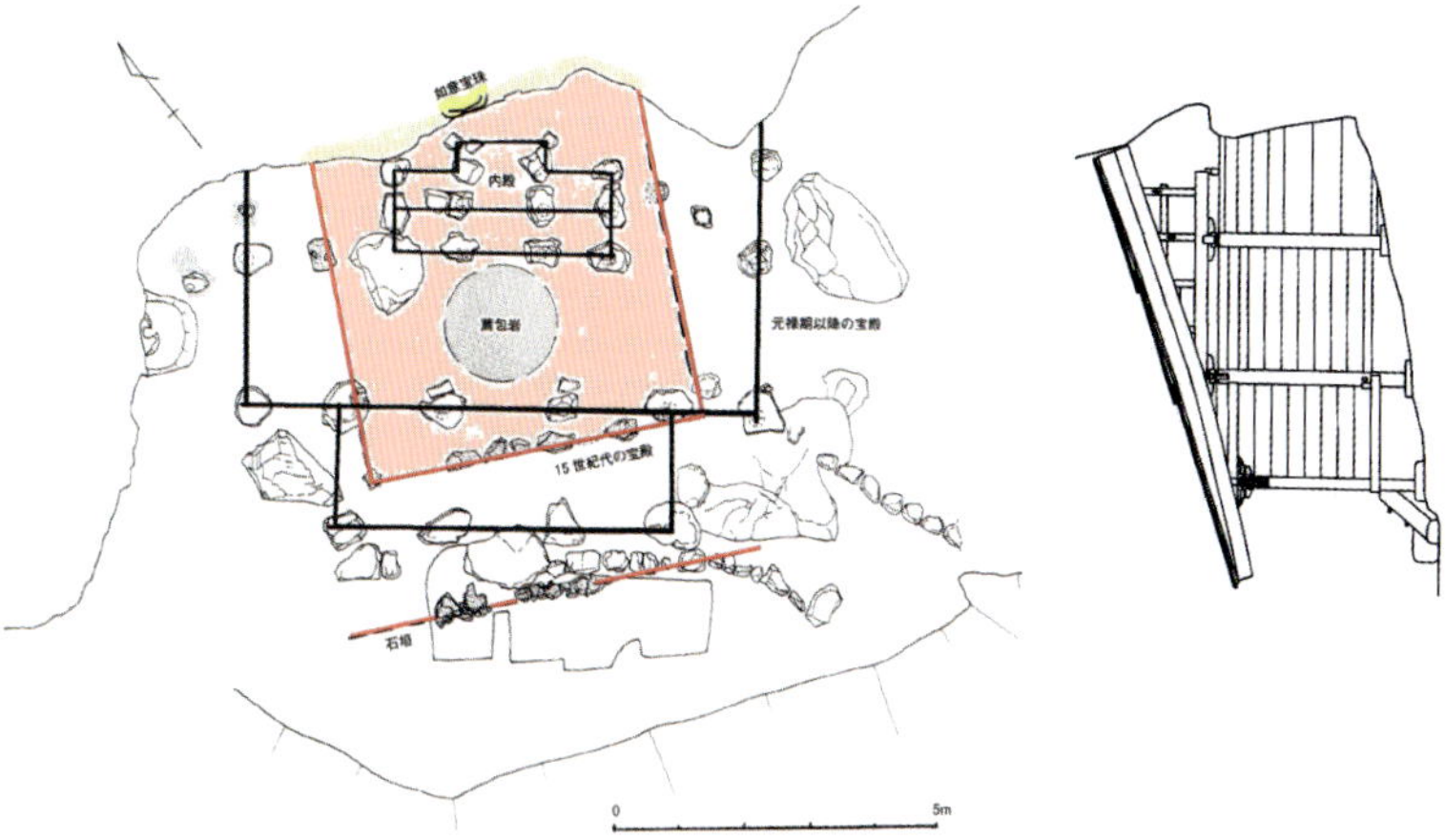

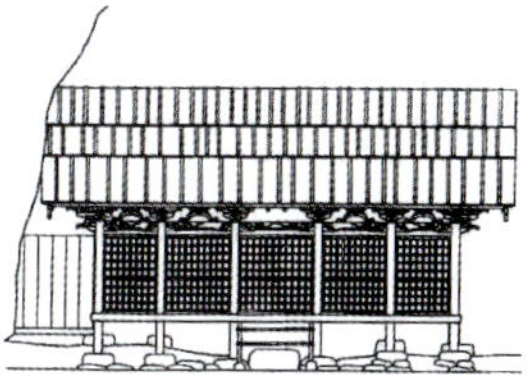

一期（色塗りの範囲）は奥壁の「如意宝珠石」を信仰対象とし、宝殿規模は洞窟内で収まる。二期（黒線及び復元図）は床中央に設けられた「薦包石」を信仰対象とするように変化し、建物の主軸も左方向へと変わる。

図11　宝珠山窟内権現岩宝殿の構造

写真34　権現岩奥壁の「如意宝珠石」
奥壁から湧出する。手前囲いは解体修理中むき出しとなる「薦包石」を隠している。

写真33　宝珠山窟内権現岩全景
権現岩の石柱の根元に開口する洞窟を利用し宝殿を設け岩屋としている。

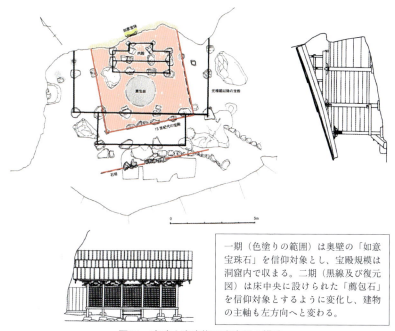

床面は土間で宝殿は雨落ち線の内側で完結している。二期は一六九八年（元禄一一）の宝殿で主軸を西方向に約一四度振り全面に床板を張る。身舎《もや》（建物の中心部）は桁行五間、梁間二間で内殿とし、その前に桁行五間の庇（向拝《こうはい》）が造られ、片流れで板葺きの屋根が設けられた。この時床中央に人工の依り代「薦包石《こもつつみいし》」が据えられ、祭祀対象が奥壁湧出の「如意宝珠石」から宝殿中央に据えられた人工の「薦包石」へと変化している。

以上、般若窟宝殿と宝珠山窟権現岩宝殿の構造を紹介した。両岩屋に設けられた宝殿の特徴は、洞窟を塞ぐようにして設けられた壁が正面と左右側面にしかなく、奥壁には壁を設けず剥き出しの壁面のままで、般若窟では「八角石」「水精石」が、宝珠山窟では「如意宝珠石」という権現垂迹の依り代となる「石躰」が存在している。これらの宝殿では屋根構造も入口の雨落ち部だけで、天井も壁面が剥き出しである。私はこのような洞窟内壁面剥き出しの宝殿構造は、岩屋籠りの本質が母神の胎内とされた岩屋内に修行者が奥壁の暗闇に向かってひたすら向き合い、石躰に垂迹する権現を観想するところにあり、岩屋内剥き出しの宝殿構造が山岳修験特有のものであったと考えている。同じ宝殿構造には、遺跡化して建造物は残らないが彦山四十九窟の多くの岩屋に見られ、現存する希少な事例として大分県宇佐市院内町龍岩寺奥之院礼堂、島根県出雲市別所町鰐淵寺奥之院を挙げることができる。

三徳山三佛寺奥之院蔵王堂（投入堂）は国内で唯一残る平安時代後期の懸造りの建造物としてあまりにも知られた存在であるが、これまでの研究は建築史の視点からで偏っている。山岳信仰の世界を探求してきた私の眼には、そこには、まず突出した巖塊の中に窪んだ洞窟があり、これを岩屋として運用するために懸造りの建物が設けられたというように見える。蔵王堂手前の観音堂も洞窟内に設けられた岩屋であり、中腹にある地蔵堂・文殊堂は磐座信仰から展開したものであるが、このような考察は存在しない。三佛寺諸堂を山岳信仰の原点である岩屋・磐座という視点からとらえ直したなら、どのように位置づけられるのかを考察していく必要がある。

最後に峰入り修行に欠かすことのできない「宿」の事例を紹介しておこう。先ほど述べたように修験道霊山としての英彦山の峰入り修行には、春峰・夏峰・秋峰とい

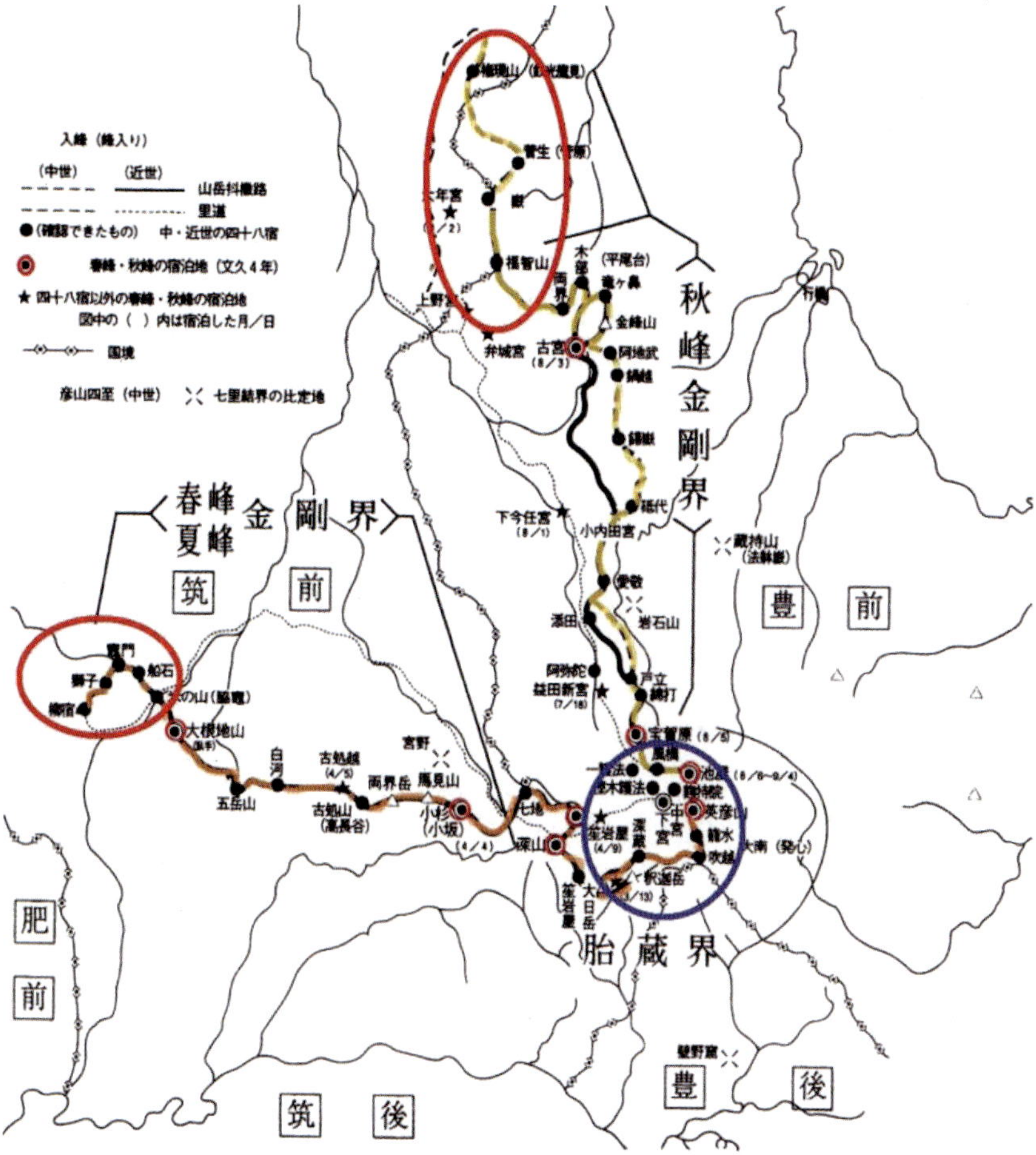

図12　英彦山修験三季の峰入りルートと金胎両部の配置
長野覺「英彦山修験の峰入り」『峰入』1994年より加筆引用

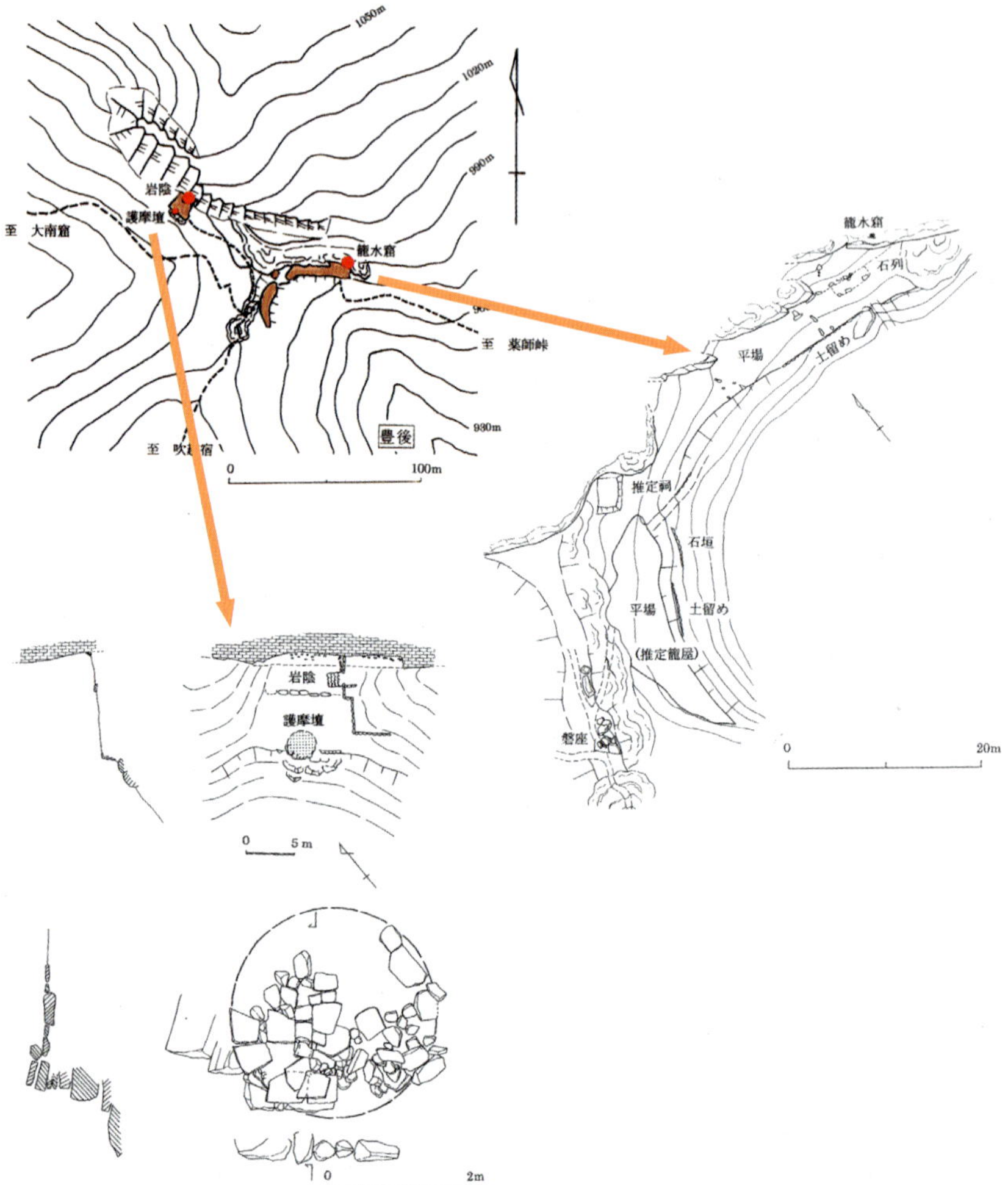

図13　籠水宿の構造

役行者が聖水を封じ込めたという伝説の小窟が名称の由来で神聖な空間内に幾つもの施設が整然と配置されている。尾根を挟んだ東側が参籠空間、西側が儀礼空間と明確に分けられている。

う三季入峰が存在した。これは一四世紀代前半には行われ、明治初期の神仏分離までの約五〇〇年間にわたり、世情不安定による中断や変遷を経ながらも続けられた。そのルートを示したのが図12で、胎蔵世界英彦山と金剛界宝満山を往復する約一三〇㎞の春峰・夏峰と、金剛界福智山を往復する約一三〇㎞の秋峰で、それぞれに四八宿（註6）ずつの行場が設けられ、峰入り修行のたびに十界修行（註7）が積み重ねられた。

宿間の距離は山中では約二㎞毎に設けられ、その場所は山頂ピーク・峠・岩屋・巨岩・滝・堂社が充てられている。礼拝宿では読経・真言・札打などの勤行を行って通過するが、一週間前後の参籠修行を行う参籠宿では、先導役を勤める先達や初参加の新客が三時の勤行（註8）と仮眠をとる「大宿《おおじゅく》」、強力《ごうりき》を務める度衆《どし》（註9）の控所兼炊飯所の「柴宿《しばじゅく》」、峰入り修行の必要具などを調整する「細工場」から構成された簡素で清浄な建屋であったが、現存するものは残念ながら一つもない。

集団で峰入り修行を行う山伏達が参籠宿を清浄にしていたことはよく知られており、護摩の灰も残さないように掃除を行い大先達自ら入念に検分したうえで立ち去ったので、参籠宿跡からは遺物の採取はまず期待できない。

英彦山内に設けられた春峰・夏峰修行の参籠宿の一つに「籠水宿《こもりみずのしゅく》」というものがある。この宿は春峰修行の成立とともに参籠宿として設けられた本格的な宿であったが、江戸時代になると急速に衰退して、一つ手前の大南宿に籠りそこを拠点に立ち寄り伝札・戸張《とばり》・御供（註10）だけが行われる礼拝宿となった。

籠水宿は英彦山南岳の東南方向、標高九七〇〜八〇〇ｍの場所にあり、現在の行政区では大分県中津市山国町と福岡県添田町に跨るものの、いまだ県境が確定していない。この宿は東西約一五〇ｍ、高さ約三〇〜五〇ｍに及ぶ断崖裾に設けられ、峰入り道を挟んで東西両側に遺構が存在する（図13）。東側の平場は東西二面が造成され、斜面側には土留めの石列と石垣が一部に設けられる。東端の断崖には役行者が封じ込めたという伝承の「籠水」を溜めた小窟があり、その前は石列によって結界された磐境となっている。これに付随する平場は大宿・柴宿が設けられた参籠所跡である。

西側の平場は断崖裾の岩陰前面に造成され、石列内側には宝殿が設けられていたようである。岩陰裾には二〇基以上の自然石板碑があり、中には一五一六年（永正一三）の年号を刻んだ入峰碑伝《にゅうぶひで》（註11）、一五二〇年（永正一七）の彦山のトップである座主有厳が納めた入峰碑伝もみられ、谷側には露岩上に石を積み上げた護摩壇も設けている。山伏による山中修行では要所で必ず「サイトウ」（註12）という護摩を焚く、これは炎の力により浄化や滅罪を祈る仏教の護摩とは異なり、生木の枝を積み上げて燃やし、立ち上る煙に祈りを乗せるというように烽火《のろし》の役割があり、参籠宿にはサイトウの壇や炉は欠かせない設備であった。次に秋峰修行の参籠所を紹介しよう。峰入り修行は修験道教団にとって最も重視される独自の山中修行であるが、全てが口伝《くでん》により継承され、しかも他言は許されなかったので、具体的な内容は謎に包まれている。英彦山においてもこれが記録されるのは江戸時代後期以後であり、ここで示す日程もこの時代に限定したものである。

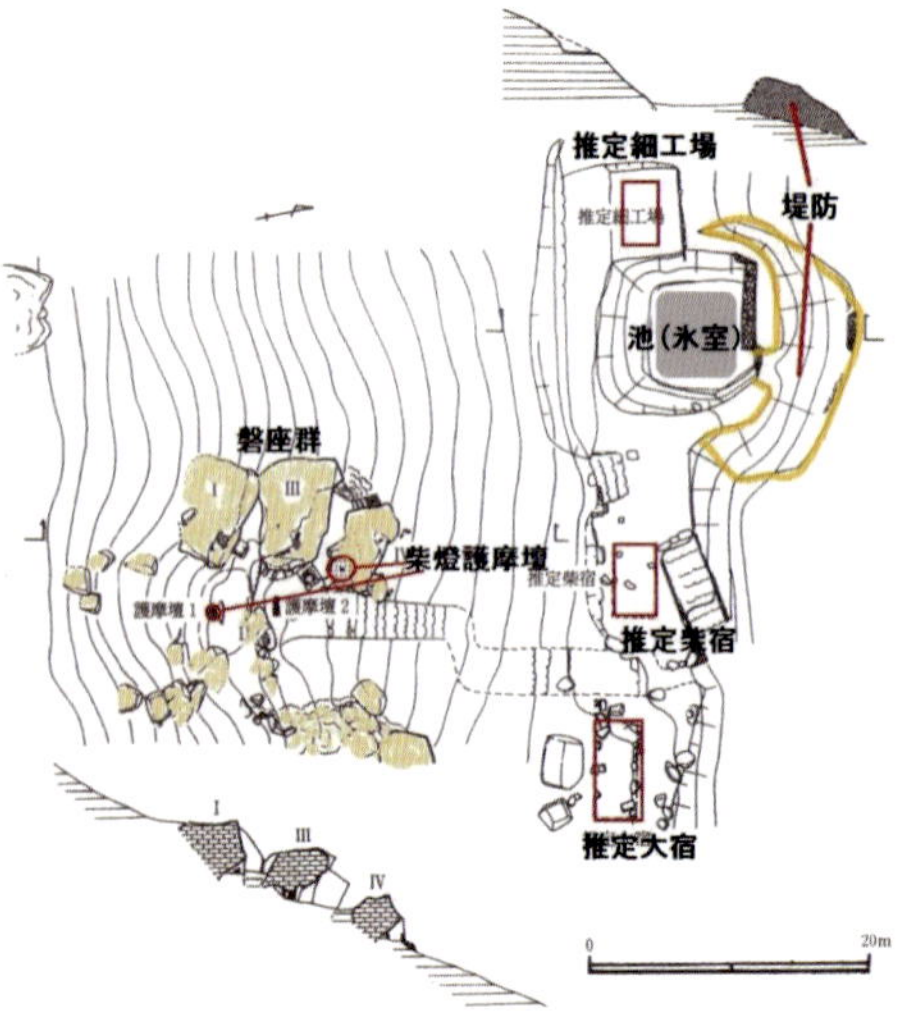

図14　池ノ尾宿の構造

神ごとでは標高の高さにより聖と俗の区別を付けている。大岩が折り重なる祭祀場の下に参籠所の建物が整然と配置され、その中には氷室（雪穴）が存在している。

秋峰修行は合計三五日かけて行われ、七月晦日《みそか》に英彦山を出発し里道をたどりながら三泊して金剛界福智山に登り山中の峰入り道を通って七日間で英彦山に戻り、その後は八月六日から池ノ尾宿で参籠したのち、九月四日に出峰している。

池ノ尾宿は秋峰修行では唯一の参籠宿で英彦山北斜面の宿谷と呼ばれる標高七二〇～四〇m付近に営まれている（図14）。この宿の中心は大岩（磐座）が縦に三石重なる空間と岩陰で、磐座を聖域とし、その下方に人工の方形池、大宿・柴宿・細工場の三宿が建つ人工平場が設けられている。磐座Ⅰの岩陰には三〇cmほどの小さな石鉢

（依り代）が据えられ、背後には一五世紀から一七世紀に及ぶ、かわらけが納められている。磐座Ⅲは岩陰に一五七六年（天正四）の年号を刻んだ生前に自分の冥福を祈った逆修板碑を最古にして複数の板碑が添えられ、サイトウの炉も二箇所で認められる。

下方の人工池は上面で一一m四方の規模を持ち、谷側では高さ三～五・五m規模の堤防を築き石垣で護岸した本格的なものである。「池」とは氷池を指し冬季に雪を詰めて茅などの緩衝材で厚く覆い夏まで保存して氷を作る「雪穴」のことだと考えている。宿の名称になっているところからみて、宗教的な意味合いが強いようだが、残念ながらそれを示す記録は残されていない。

三徳山では三佛寺本堂を越え、奥之院へ上がる登拝道の最初に「宿入橋《しゆくいりばし》」という結界を渡す橋が架けられ、これを渡り、木の根道を這いあがると「行者屋敷」と呼ばれる二面の人工平場が存在する。私はその構造から、そこは参籠宿だと考えている。南の神倉地区では通称「イケガナル」「湯」と呼ばれる地点で氷室（雪穴）と参籠宿と考えられる遺跡の調査を行っており、その配置や構造の解明は英彦山を始めとする山岳修験の遺跡と比較することによって糸口が見つかるだろう。英彦山に関しては私の研究歴が長いので多くのページを割いてしまったが、現地に即した山岳修験の調査が最も進んだ霊場であり、美徳を紐解くうえで多くの示唆を与えてくれる存在なので、この後もたびたび登場することになる。

⑷白山―美濃馬場長滝寺《ちょうりゅうじ》と美濃禅定道―

「加賀の白山」という言葉を聞いたことがないだろうか。白山は加賀国（石川県）の山という意味なのだが、実際はそんなに簡単なものではない。白山は加賀にあるという表現は加賀百万石の成立に伴い、白山山頂部が前田藩の管轄下になってから喧伝されたことが大きい。山岳霊場としての「白山」も、単独の山としては存在せず、山頂部は御前峰（二七〇七m）、大汝峰（二六八四m）、剣ヶ峰（二六七七m）の三峰からなり、北方には妙法山（一七七六m）、三方岩岳（一七三六m）、笈ヶ岳（一八四一m）、奈良岳（一六四四m）、南方には別山（二三九九m）、三ノ峰（二一二八m）等の二〇〇〇m前後の峰々がほぼ南北方向に連なって「白山」を構成している。

この稜線は越中国（富山県）・加賀国（石川県）・飛騨国（岐阜県）・美濃国（岐阜県）越前国（福井県）という

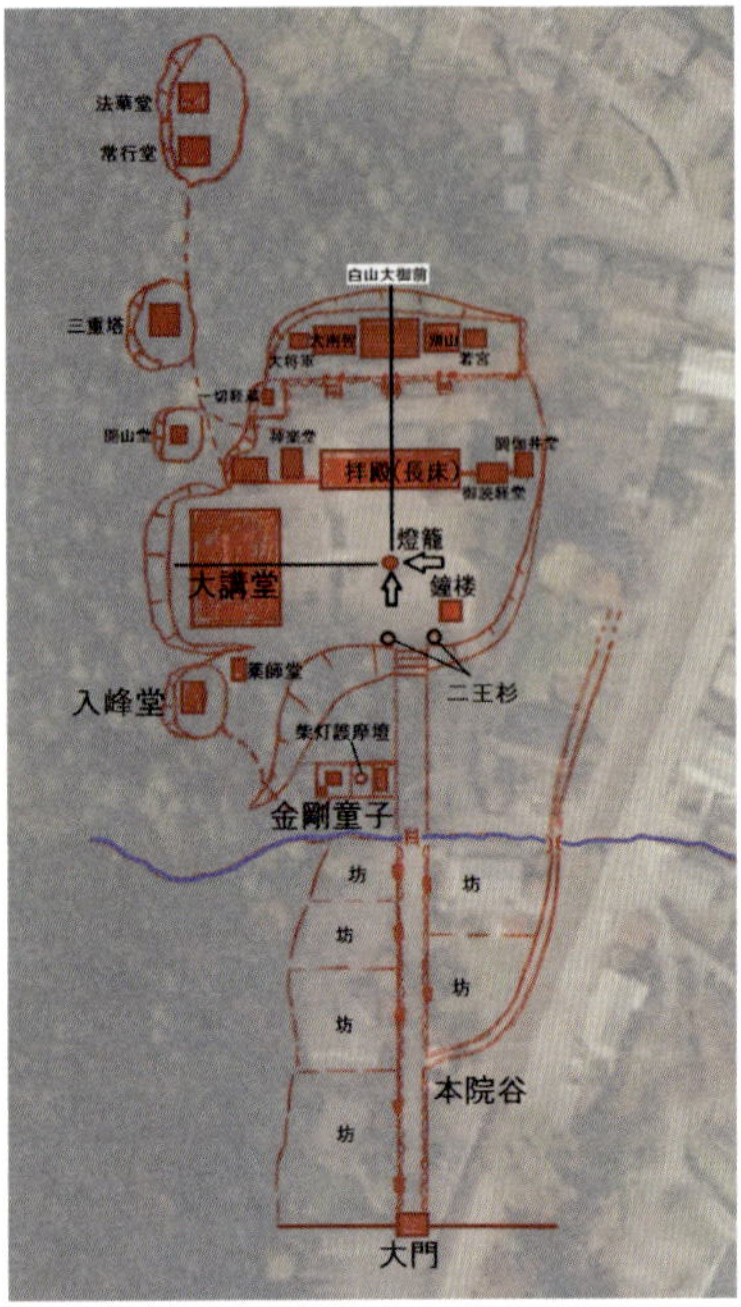

図16　白山中宮長滝寺の伽藍配置

燈籠を中心に正面には長床と社殿群（神）、左側正面には大講堂をはじめ右側に仏教建築群が、手前には金剛童子社・入峰堂（修験）が整然と配置されている。

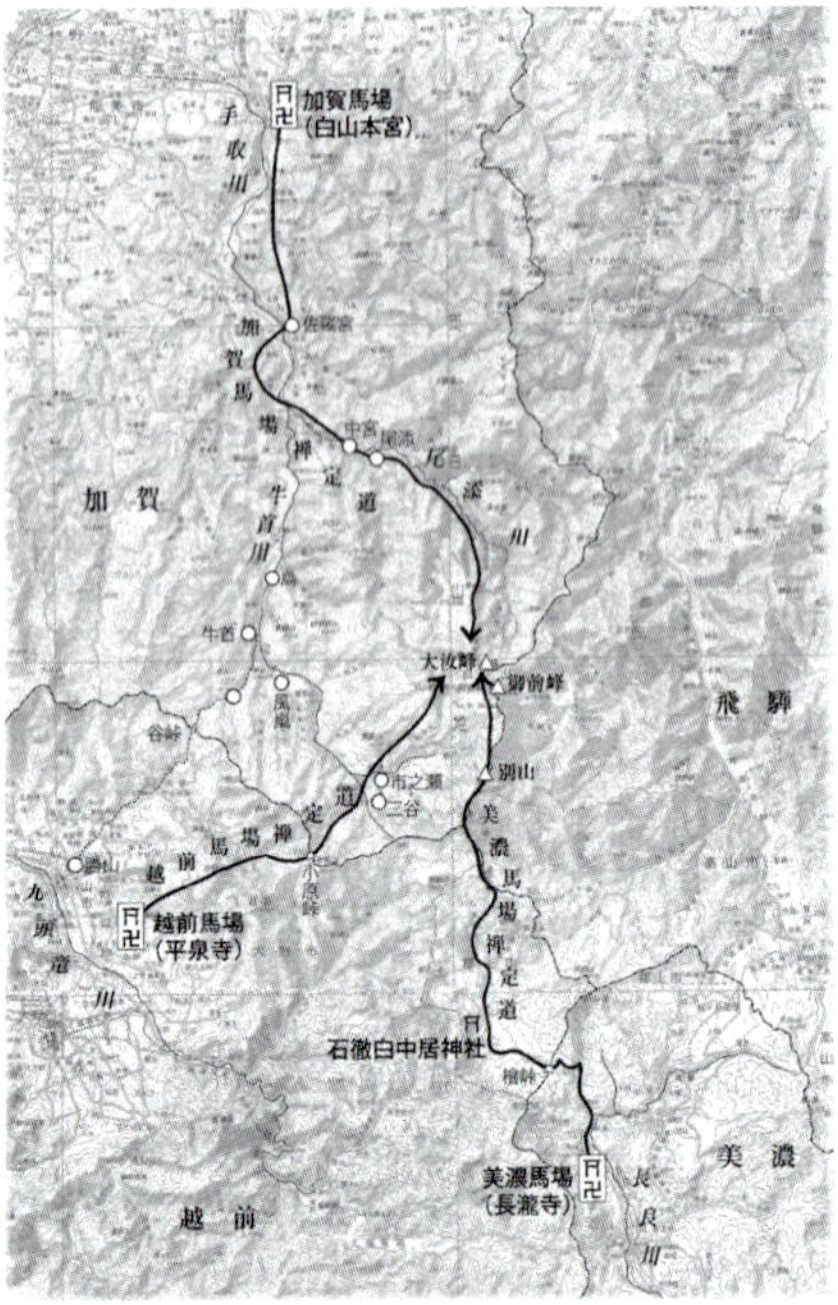

図15　三馬場と白山との関係

三馬場からそれぞれ白山山頂（御前峰）に登拝道が通じていた。

立山博物館『三つの山巡り』より引用

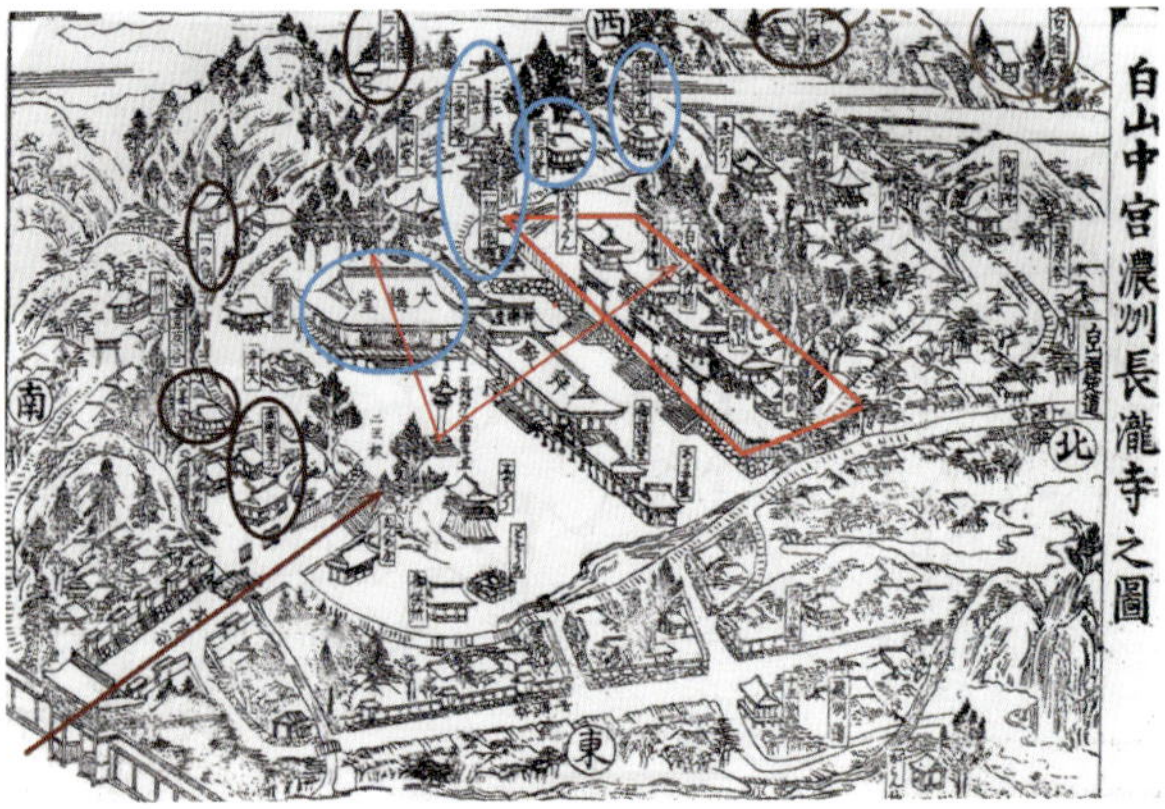

図17　「白山中宮濃州長滝寺之図」

神仏分離以前の境内を俯瞰した図を用いて神道（赤）・仏教（青）・修験道（茶）の三つの施設を色分けして示した。

五国境をなしており、歴史的には「越之白山」と呼ばれていた。現在は音読みで「ハクサン」と呼ぶが、これは寛文年間（一六六一～七三）以降であり、古くは「シラヤマ」と呼ばれていた。

私が「越之白山」に関わるきっかけは、二〇〇四年一一月に和歌山県新宮市で開催された日本山岳修験学会熊野三山大会で「彦山中における宿遺跡の検討」というテーマの発表を行い、その後の懇親会の席で岐阜県郡上郡白鳥町在住の上村俊邦先生から声をかけていただき、「今度はぜひ、白山美濃禅定道の峰入り道と宿について調査をしてもらえないだろうか」という依頼を受けたことから始まる。というのは、修験道の峰入り修行と宿というテーマで現地を探索し、調査を行っている研究者は当時は皆無であったので、私の英彦山での考古学と地理学の手法を用いた調査は先生にとって衝撃的だったようだ。

奥美濃は豪雪地帯なので雪解けを待って翌年三月に上村先生のお宅を訪問し、先生が自費出版された「石徹白《いとしろ》郷シリーズ」を何冊か頂戴し、これまで行ってこられた調査の苦労話や疑問点、僅かにすぎないが残存史料についての説明など多くのアドバイスを受けた。このとき先生はシリーズ五冊目となる『白山修験の行者道』という調査記録を既に出版されていたが、これを拝読すると、拠り所となる史料と先行研究が無いなか、よくここまで探求できたという以外に表現のしようがなく、頭が下がる思いであった。

二回目の訪問時は、車で近くまで行くことができる長滝寺上方の「一之宿」、石徹白《いとしろ》郷の「国境宿《くにさか》」、神仏分離に伴い石徹白郷の総鎮守であった中居社《ちゅうきょ》の仏像・仏具を守るために建立した大師堂（この大師とは、白山開山の泰澄《たいちょう》のこと）を案内していただき、管理者の上村修一氏を紹介していただいた。この日をきっかけにして私の奥美濃通いと、調査のための登山が二〇〇五年から本格的に始まった。

越の白山への登拝拠点には美濃国・越前国・加賀国の三箇所があり、これを「馬場《ばんば》」と呼んで信仰上の本宮・中宮《ちゅうぐう》が古くから形成された。美濃馬場には長滝寺《ちょうりゅうじ》中宮（岐阜県郡上市）が、越前馬場には平泉寺中宮（福井県勝山市）が、加賀馬場には白山本宮（石川県白山市）がそれぞれ核となり、山頂登拝のための参詣道である禅定道や山上施設を整備していった。ここでは、伯耆大山と美

写真35　現在の長滝白山神社社殿群

写真36　1899年焼失前の白山大御前社

写真37　常行堂跡から遥拝する大日ヶ岳

写真38　1889年焼失前の大講堂

徳間の伯耆・美作国境の山々を往復する峰入り修行を考察するための参考となるので、美濃馬場の白山中宮長滝寺（現在は長滝白山神社）と、長滝寺を起点とする鳩居《はとい》入峰、さらに美濃禅定道を紹介しておこう。

美濃馬場長滝寺は長良川に面して山裾が迫り、南北方向に細長く伸びた河岸段丘上の中心部に伽藍が設けられ、これを取り囲むように多くの坊院が配置されて、中世には「六谷六院　神社仏閣三〇宇　衆徒三六〇房」と呼ばれるほどの規模を誇っていたという。

長滝寺の中心伽藍は南端の大門から北西方向に向かって直線道を設け、その正面には長床（拝殿）を置き背後には向かって右から若宮・別山・白山大御前・大南智・大将軍の五社殿が横一列に並び、長床手前左側には一四間×一八間規模で欄干付きの大講堂（一八八九年焼失）を配置していた。英彦山の項で紹介したように、山岳修験の霊場や修験道の寺院には仏教寺院の本堂にあたるものがなく、中心には権現を祀る社殿が設けられ、仏教施設では一山の構成員（衆徒）が集まって合議を行う大講堂が中心であり、長滝寺も同様の伽藍配置となっている。

三馬場のうち、神仏融合した本来の姿を今も留めるのは、長滝寺だけであり貴重な存在となっている。越前馬場平泉寺は仏教建築物を全て壊して平泉寺白山神社に、加賀馬場も同じく白山比咩神社となったのに対し、長滝寺は建物には手を付けず境内地を神社境内と、寺院境内に分割したので残ることになった。

大講堂の主尊は胎蔵世界の大日如来で、脇侍に阿弥陀如来・釈迦如来を従え、その廻りを四天王が取り巻く配置となっている。長滝寺の伽藍配置で最も重視しなければならないのが、伽藍の主軸が背後に聳える大日ヶ岳を遥拝するように設計されているところにある。この山並は広大な濃尾平野を形成した木曽三川の一つ長良川の水源である。美濃馬場からは白山の主峰を直接見ることはできず、伽藍中央正面に並ぶ五社殿は屏風のようにそびえる大日ヶ岳を背負う格好となっている。

大講堂の主尊が胎蔵世界大日如来であることを考え合わせれば、美濃馬場における信仰の根源とは長良川の水源祭祀であり、この地における「白山（シラヤマ）」とは、我々が地図上で思い描く御前峰、大汝峰、剣ヶ峰という白山山頂部を構成する三峰ではなく、直接遥拝することができ、水源でもある大日ヶ岳のことである。

次に歴史的な変遷を概観しておこう。一二世紀以降になると美濃国衙に出仕する役人層や有力者の寺社領寄進により長滝寺の財政基盤である河上荘が成立して伽藍が次第に整えられ、一三六八年（応安元）には延暦寺東常《じょう》行堂《ぎょうどう》の末寺となり繁栄するが、一五世紀以降になると荘園は崩壊に向かい、これに真宗の勢力拡大が加わり、奥美濃各地に広がっていた長滝寺の末寺は次々と真宗に改宗して失われ伽藍は荒廃した。

江戸時代になると幕府による寺院統制が行われて本末制度に組み込まれ一六六五年（寛文五）に越前馬場平泉寺とともに東叡山寛永寺の末寺となるが、白山に対して持っていた権益や諸国に広がっていた檀那場（受け持ち地域）も次第に失い、実際の経済基盤と、それに見合う組織に縮小せざるを得なくなる。

長滝寺は長く天台別院として本寺を持たない独立寺院であった。このため長滝寺の寺院組織のなかでも白山山中を活動の舞台とする修験集団は独自の峰入り儀礼や次第（順序）に加えて組織を持ち、近畿の中央霊山とは多くの点で異なっていたと考えられる。例えば室町時代には「鳩居《はとい》峰《みね》行者」と呼ばれる実践主体の行者集団が存在

写真39　阿弥陀ヶ滝（長滝）とセットとなった岩屋（右側）

し、彼らは真言系の山伏集団の当山方に属している。しかし、経済基盤の衰退に伴って中世以来維持してきた山中修行を実践する組織が崩壊したことから、峰入り道に設けられた修行場・拝所・礼拝宿・参籠宿の多くが荒廃し、禅定道上の施設は一般の白山参詣者を対象とする施設へと変質し、衰退した修行場・拝所には伝説が付与され今日に伝わるというわけである。

　では禅定道と峰入り道について見ていこう。「長滝寺」の名称であり、その起源となった阿弥陀ヶ滝は、美濃禅定道のルートからは直接外れているからか、これまでほとんど考察されることはなかった。落差約六〇mの阿弥陀ヶ滝は白山を開いた泰澄が七二二年（養老六）にこれを発見して「長滝」と名づけ、下流に長滝寺を建立したと伝えている。その後、真宗勢力が隆盛となりこの地にまで及ぶと古くからの白山の阿弥陀信仰と、真宗の阿弥陀信仰とが融合した結果、長滝が阿弥陀ヶ滝と呼ばれるようになったと考えられるが、いずれにせよ、この滝が長滝寺の奥之院にあたる場であったことが重要なのである。

　現地は滝壺に面して正面右側に岩屋が付随している。岩屋は間口一三・五m、奥行六・五m、最高所の高さ二・五mの規模を持ち、中ほどから奥は高さが低くなり、その境目には土留めの石列が設けられ、その内側には賽の河原を思わせるように全域に石積みがある。ほとんどが新しい石積だが、奥壁寄りのものは方形区画をして奥壁に対し西に一八度触れて整然と並び、床面には火葬骨が散布しているので、中世に遡る集石墓であることがわかる。長滝寺開山当初は奥之院として参籠岩屋であったものが、後に墳墓窟（岩屋）として利用され、浄土信仰と相まって阿弥陀滝となったのではないだろうか。滝と岩屋の組み合わせが奥之院の信仰の根源であった。

では長滝寺の山伏（鳩居行者）がおこなう鳩居峰の峰入り道と、参詣道である美濃禅定道について見ていこう。鳩居峰の峰入り経路は長滝寺境内の金剛童子社→入峰堂から始まり、白山と石徹白の境とされる神鳩宿《かんばた》との間に一之宿・二之宿・三之宿・多和宿・国境宿・千ノ宿・大日宿・中洲宿・こうはせ宿・神鳩宿の一〇宿が設けられ、美濃禅定道中には神鳩宿から長滝寺の間に今清水宿・美《び》女下《じょげ》宿・中居（泰澄）宿・神明宿・一之瀬宿・床並《とこなめ》宿・

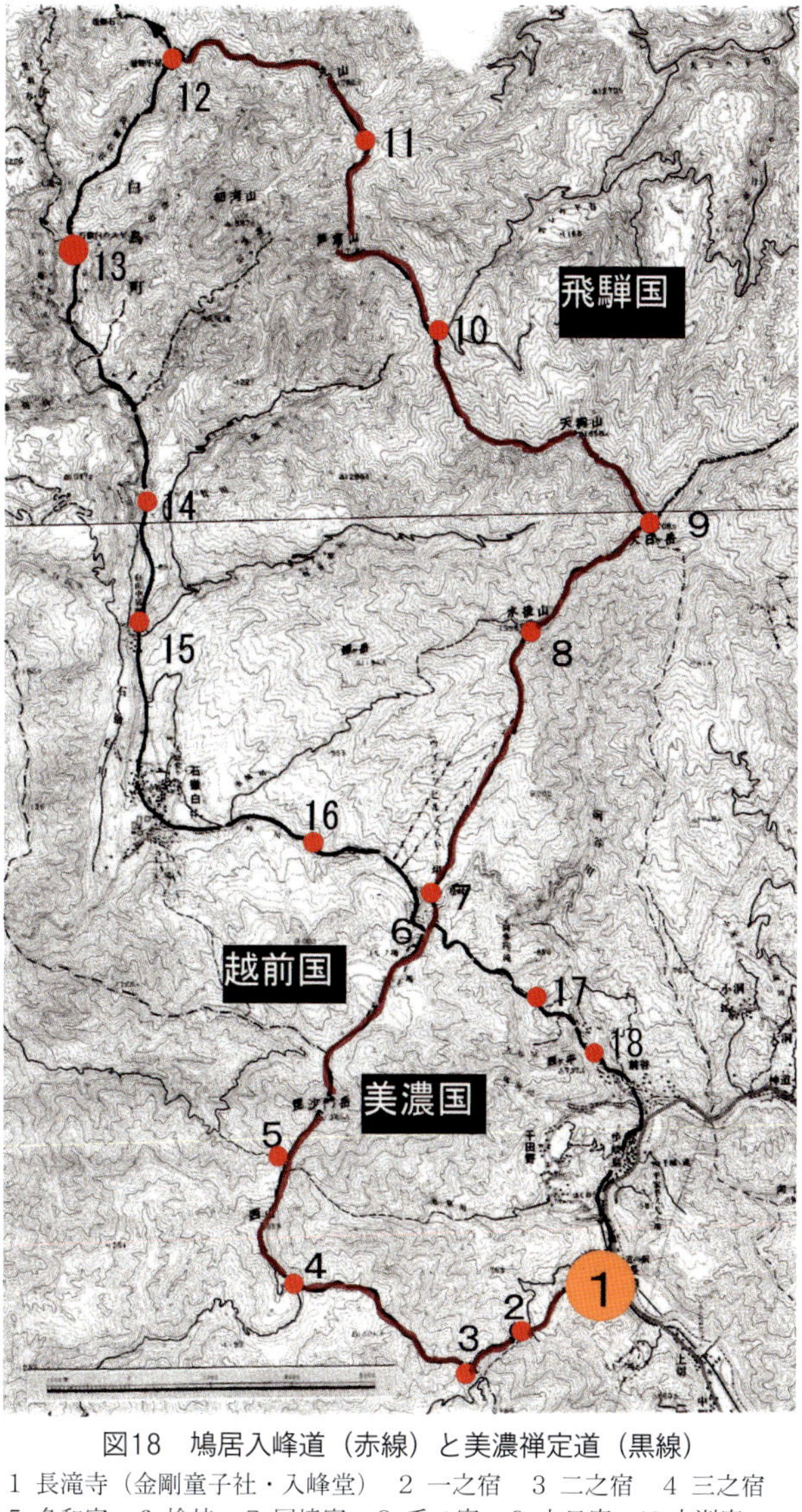

図18　鳩居入峰道（赤線）と美濃禅定道（黒線）

1 長滝寺（金剛童子社・入峰堂）　2 一之宿　3 二之宿　4 三之宿
5 多和宿　6 檜峠　7 国境宿　8 千ノ宿　9 大日宿　10 中洲宿
11 こうはせ宿　12 神鳩宿　【以上が鳩居入峰道上】※下線は参籠宿
13 今清水宿　14 美女下宿　15 中居宿　16 神明宿　17 一之瀬宿
18 床並宿【以上が美濃禅定道上】
長滝寺を起点に越前国と美濃国・飛騨国境をなす山並の稜線上を通行する修行路が入峰道（鳩居入峰）で長滝寺を起点に石徹白集落を通る里道が美濃禅定道（参詣路）で両者は神鳩宿で交差する。

大杉宿・滝宿・伽藍宿・十王宿など一八宿が記録から知られる。

長滝寺境内の金剛童子社を起点にして神鳩宿までの美濃国・越前国・飛騨国境稜線上の峰入り道を「神鳩一〇宿」、これに神鳩宿から戻る美濃禅定道中の一八宿を加えた平面状「8」の数字を描く経路上に存在する参籠宿・礼拝宿を合わせて「神鳩二八宿」と呼んだ。神鳩宿から先の白山山頂までの経路は、銚子ヶ峰（一八一〇m）一ノ峰（一八三九m）、二ノ峰（一九六二m）、三ノ峰（二一二八m）、別山（二三九九m）という飛騨国・越前国・加賀国の三国境となる稜線上の約一〇kmをひたすら登る。別山山頂より南西方向に六〇〇m、高さで一六〇mほど下った別山平には三二m×二八m規模のコ字状に築かれた石塁に囲まれた「三の室」と呼ばれる石室《いしむろ》（石積の宿泊所）が設けられていた。

実際の宿遺跡として確認されたのが一之宿・多和宿・国境之宿・中洲宿・神鳩宿・今清水宿・美女下宿・中居（泰澄）宿・神明宿・一之瀬宿・床並宿の一一宿で、このうち既存の神社を充てたのが中居宿、小祠を充てたのが美女下宿・神明宿・一之瀬宿・床並宿の四宿で、これ

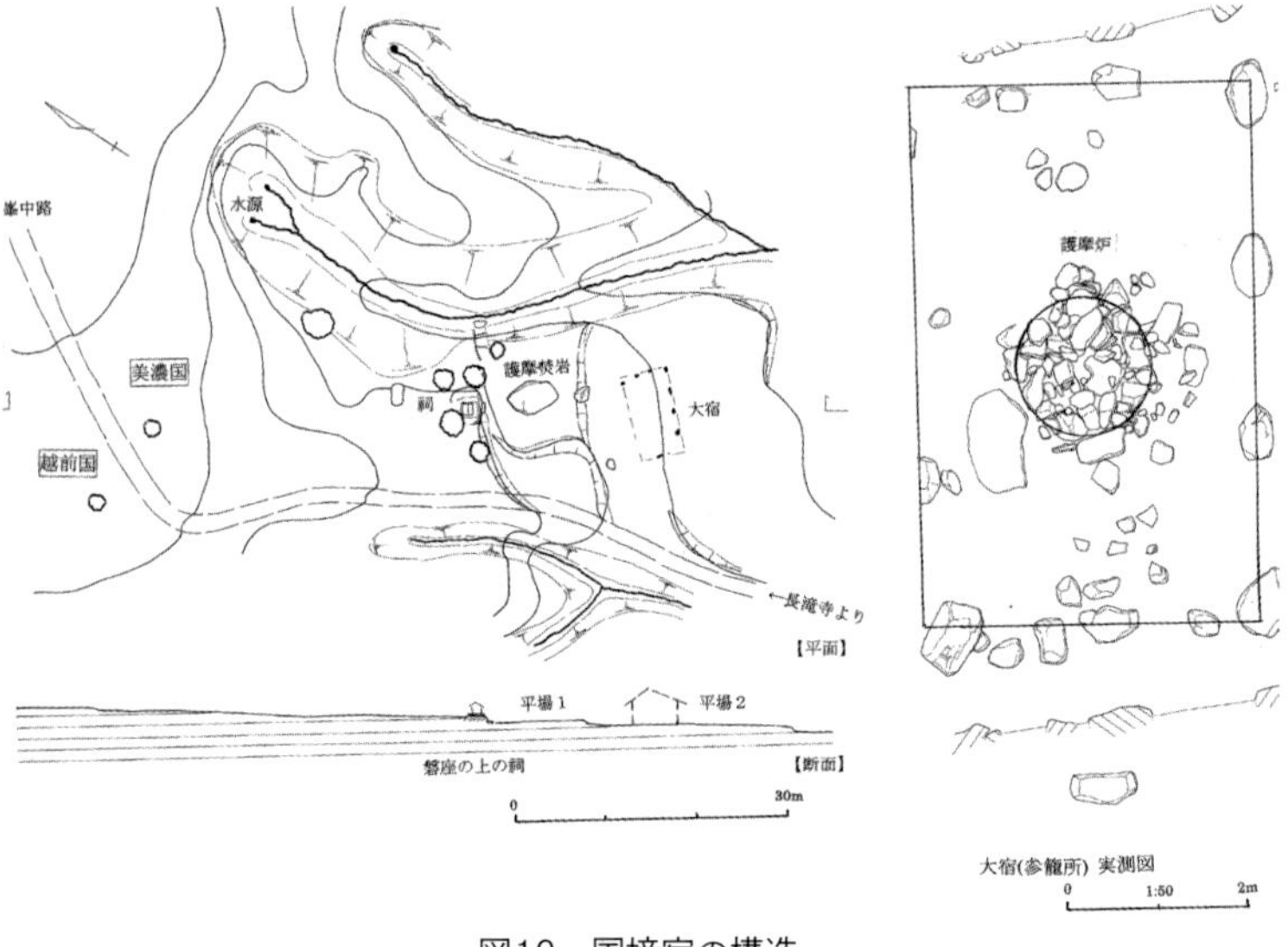

図19　国境宿の構造

越前国・美濃国の両側にまたがり、杉巨樹が集中する森の中に水源が存在して祭祀空間に金剛童子を祀る。祠、護摩焚岩、参籠施設（大宿）などが整然と配置されている。

らは勤行を行い通過する礼拝宿である。これに対し山中に特設されたのが一之宿・多和宿・国境之宿・中洲宿・神鳩宿・今清水宿の六宿である。これらは最も奥まった高所に小祠を設け、その前側に人工平場一、二面を造成し、屋内炉を持った参籠所を設けた参籠宿である。ここでは代表例として、国境之宿と今清水宿を紹介しよう。

国境之宿はその名のとおり、美濃国前谷と越前国石徹白郷の境をなす「宿の平」と呼ばれる標高九六〇m前後の平坦地に所在している。この宿は阿弥陀ヶ滝の水源となる湧水が信仰の根源となり、傍らの磐座上に祠を据え、前面には一〇m四方の平場を設け、中心に四×二・五m規模の護摩焚岩が据えられ、その前面には二〇m四方の平場を設け、中央には参籠所で行屋となる二間×三間規模の大宿建物の礎石が並び、建物内中央には屋内炉の円形石組が残されている。宿周辺一帯の植生は巨杉の株が複数集中しているのが特徴で、巨杉の杜を護持することにより、参籠宿としての聖域環境が保たれていたことを知ることができる。

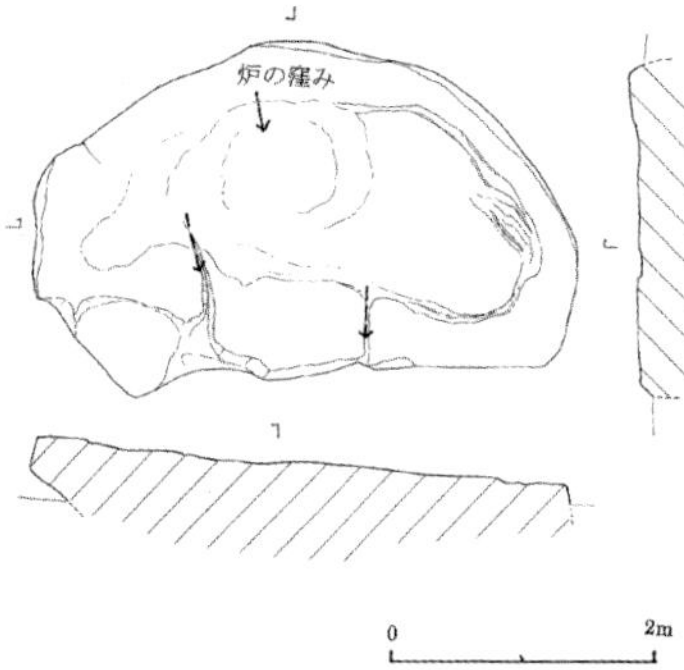

図20　国境宿の護摩焚岩

今清水宿は石徹白川上流左岸の斜面を上がりきった幅の広い尾根筋の緩斜面上、一〇四〇mの地点に所在する。その構造は最も高い一〇五〇m地点に護摩焚岩を設け、その前面に祠跡、裾には参籠所で行屋となる五間×三間規模の大宿建物の礎石が並び、傍らには度衆《どし》の詰所の柴宿、細工場を設けた平場を伴い、地形を巧みに利用した構造となっている。参籠宿の反対側には「今清水」あるいは「熊清水」と呼ばれる水源と、周りには杉の巨木が集中する杜が残され、その中に一九五七年（昭和三二）に国特別天然記念物に指定された幹回り径約一四・五m、推定樹齢約一八〇〇年の「石徹白大杉」が立つ。年間を通じて、大杉を見に訪れる人は多いが、この大杉が参籠宿の聖域護持の結果、残されていることを知る人はいない。

今清水宿周辺の植生はブナ林帯であるが、この一角だけは杉の巨樹が集中し、独特な宿の景観を形作っている。

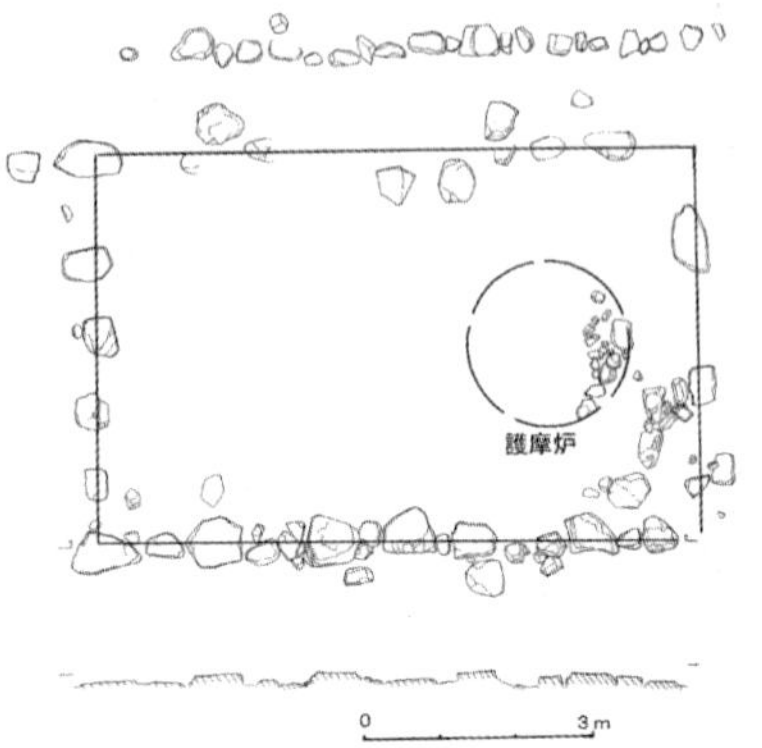

図22　今清水宿の大宿（参籠所）
豪雪地のため礎石は堅牢に造られ側柱受けも設けられている。

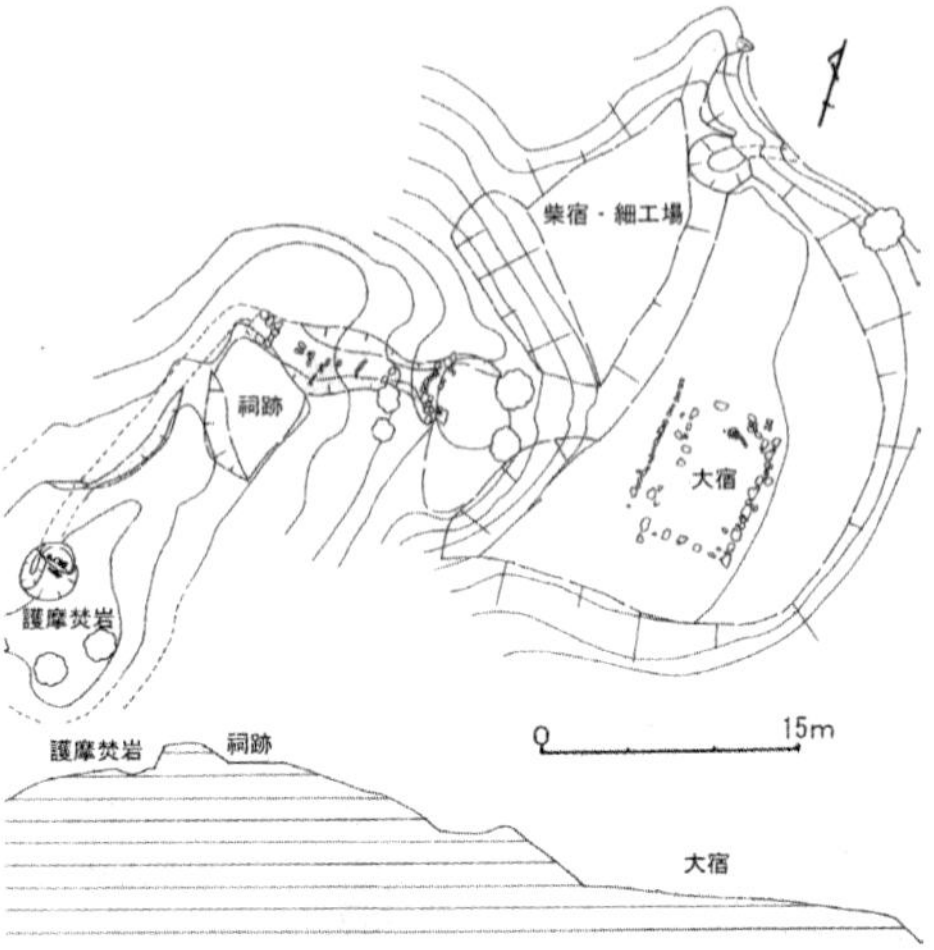

図21　今清水宿の構造
美濃禅定道が本格的な登山道へと変化する境界に設けられる。高所から護摩焚岩、祠（金剛童子社）、大宿（参籠所）が整然と配置され、柴宿・細工場も付随する最大規模の参籠宿であった。

写真41　今清水宿の聖域を構成する杉林
杉巨樹が集中する景観は禅定道からも認識することができる。

写真40　今清水宿のシンボル「石徹白大杉」
参籠宿の聖域を構成する杉林として護持された結果、このような大木が残された。

杉は「直木」とも書き、神霊を迎える聖樹として、山岳修験の世界では特に重視され、植林を行い、杉林による植生結界を保っている事例は多い。

中居神社から奥の美濃禅定道では、巨岩や特徴的な岩に対して伝承と個別の名前を持つものが点在する。中居神社の鳥居を潜り、杉の巨木群を抜けると「影向石《ようごういし》」がある。禅定道を進み、美女下平入口には「斧石《よきいし》」が、これを下ると「犬石」、今清水宿から神鳩宿への急坂を登り詰めた地点の「雨宿り岩」、銚子ヶ峰へと向かう尾根筋の「母御石《ははご》」、銚子ヶ峰北端の「雲石」「ももすり岩」、一ノ峰と二ノ峰の鞍部にある「鬼の鼻面石《はなつら》」などである。

これらの正体は聖域内のタブーの段階に応じた結界石や儀礼を行う修法石である。「美女下」とは、女人はここからは踏み込むことが許されず下れ、という意味で、古い女人結界であった。斧石は美女下宿南側の、犬石は北側の結界をなしていて、斧石は本体上面と南側に矢を打ち付けた痕が多数みられ、具体的にはわからないが峰入り修行に伴う儀礼が行われた痕とみている。

母御石は白山を開いた泰澄の母が、女人結界を犯して登り、石となってしまったという伝承を伝える。この巨岩は幅五・五m×四m、高さ二・七五mの規模を持ち、岩の上は平らで、その手前にテラス状の平場が伴い、典型的なサイトウを焚く護摩焚岩の形をしている。この岩がある場所は美濃禅定道が初めて尾根筋の稜線上に出る地点であると同時に植生が変化して笹原となり、一気に展望が開けて雄大な白山山頂への山並みと、これまでたどってきた石徹白郷を取り巻く山並みの双方を見渡すことができる。岩上でサイトウの煙を立ち昇らせ、山の神に祈りを捧げるには格好の場所なのである。

長滝寺を起点とし、白山山頂部へと繋がる神鳩入峰の峰入り道は美濃国・越前国の国境をなす山並みの稜線上をたどり、さらに飛騨国・加賀国の国境をなす山並みの稜線上を延々とたどるものである。

一般的に峰入り道は国境や郡境となる山並みの稜線に設けられる。この境界線上の道は、本来、人間が支配できる領域ではなく、神が支配し往来する道であり、これを修行者が通行することにより胎蔵世界立体曼荼羅の山々から金剛界立体曼荼羅の山々へ、逆に金剛界立体曼荼羅の山々から胎蔵世界立体曼荼羅の山々を巡る山中修行を繰り返すもので、これを「国峰修行《くにのみね》」と言い、平安時代

写真42　美濃禅定道に隣接する犬石

写真43　結界の護摩焚石と考えられる母御石

樹木がなくなり眺望が開ける。

末期から鎌倉時代にかけての時期には国毎に一組から二組の金胎両部の立体曼荼羅が設定されていたのではないかと考えられている。

伯耆国においても美作国との国境をなす山並みを通行し、胎蔵世界立体曼荼羅の美徳から、金剛界立体曼荼羅世界の大山（大いなる神仙郷）とを往復する「伯耆国峰修行」を想定するべきであり、これを復元するには長滝寺を起点とする神鳩入峰や、彦山で行われた三季入峰での礼拝宿・参籠宿の在り方を参考にする必要がある。

二　出雲の山岳霊場と伯耆大山

山陰地方を代表する山岳霊場といえば、広大な山裾が日本海にまで及ぶ一七〇九mの伯耆大山を第一に挙げることに異論はないだろう。大山は中国地方最高峰であるだけではなく、その外輪山の蒜山《ひるぜん》三座（上蒜山一二〇二m・中蒜山一一二三m、下蒜山一一〇〇m）まで含んで中国山地より北に外れてできた独立峰であり、その存在感は別格である。この節では大山を中核に据えながら繋がりの深い島根半島の山岳霊場を概観し、美徳が単独で存在しているわけではないことを示しておこう。

(1)二つの国引き神話

島根県は旧国では東部の出雲国と西部の石見国の二国から成り立っている。両国の国境に位置する一一二六mの三瓶山は『出雲国風土記』（以下『風土記』）の国引き神話では伯耆大山とともに国を引き寄せた綱を繋ぎとめた杭とされている。

出雲国における山岳信仰は、引き寄せられたと信じられてきた島根半島を中心に展開した歴史を刻んできた。古代の国引き神話は八束水臣津野命《やつかみずおみつののみこと》が出雲国を小さく作ってしまったので、さらに作り縫おうと宣言して始まる。最初に「志羅紀《しらぎ》」(新羅)の三埼(岬)の余った土地を鋤で取り分けて綱を掛け、引き寄せ縫い合わせる。これが「去豆《こづ》」(出雲市小津町)から「支豆支《きづき》」(出雲市大社町杵築)となり、引き寄せた綱は「薗《その》の長浜」(出雲市園町)となり、繋ぎ止めるための杭が「佐比山《さひやま》」(三瓶山)となった。同じように「北門《きたど》の佐伎《さき》国」(隠岐島前)、「北門の良波《えなみ》国」(隠岐島後)「高志《こし》の都都《つつ》」(能登半島先端の珠洲)の三埼から土地を引き寄せ縫い合わせる。このときに引き寄せた綱は「夜見嶋《よみのしま》」(弓ヶ浜半島)となり、止めるための杭は「火神岳《ひのかみだけ》」(伯耆大山)となり、現在の島根半島ができたとする。

神話というと古代というイメージが一般的かもしれないが、実際には中世という時代には古代以上に神話が活性化し、再生した時代であり、それを「中世神話」とか「中世日本紀」と呼んでいる。古代神話の舞台であった出雲は中世神話が生み出された聖地でもあった。その内容は「インドに霊鷲山《りょうじゅせん》という山があり、その一角が崩れて海へ流れ出た。その山塊は日本に至り、それをスサノヲが杵で突き固めた。それが「浮浪山」と呼ばれる島根半島であり、出雲大社が所在する杵築の地名の由来だ。」というものである。霊鷲山は釈迦が『法華経』を説いたとされる仏教の聖地で、その一角が流れ着き島根半島になったという。古代の国引き神話では切り取ってきた土地が日本海に面した周辺であったのに対し、中世の国引き神話では遥かインドの仏教の霊山ということになり、島根半島は、その一部という主張である。

日本天台宗を開いた最澄は、比叡山を霊鷲山に見立てることにより、時間と空間を超越して比叡山が『法華経』の説かれる聖地であるとし、仏法興隆の山岳霊場として位置づけた。中世の比叡山には霊鷲山の東南の隅が欠けて飛来したのが中国の五台山で、霊鷲山の北東の隅が欠けて飛来したのが比叡山だと主張し、比叡山を五台山と同等の聖地だと主張する伝承も存在した。

山岳修験の根本道場である大和金峯山では一〇世紀半ばには中国最大の聖地、五台山の片割れが五色の雲に乗って飛来したという伝承が語られ、中国の仏教類書『義《ぎ》楚六帖《そろくじょう》』日本国条には、「金峯山の蔵王菩薩は五台山の文殊菩薩のようである」と記していて、金峯山を唐の五台山に比する認識があったことがわかる。この伝承は中国

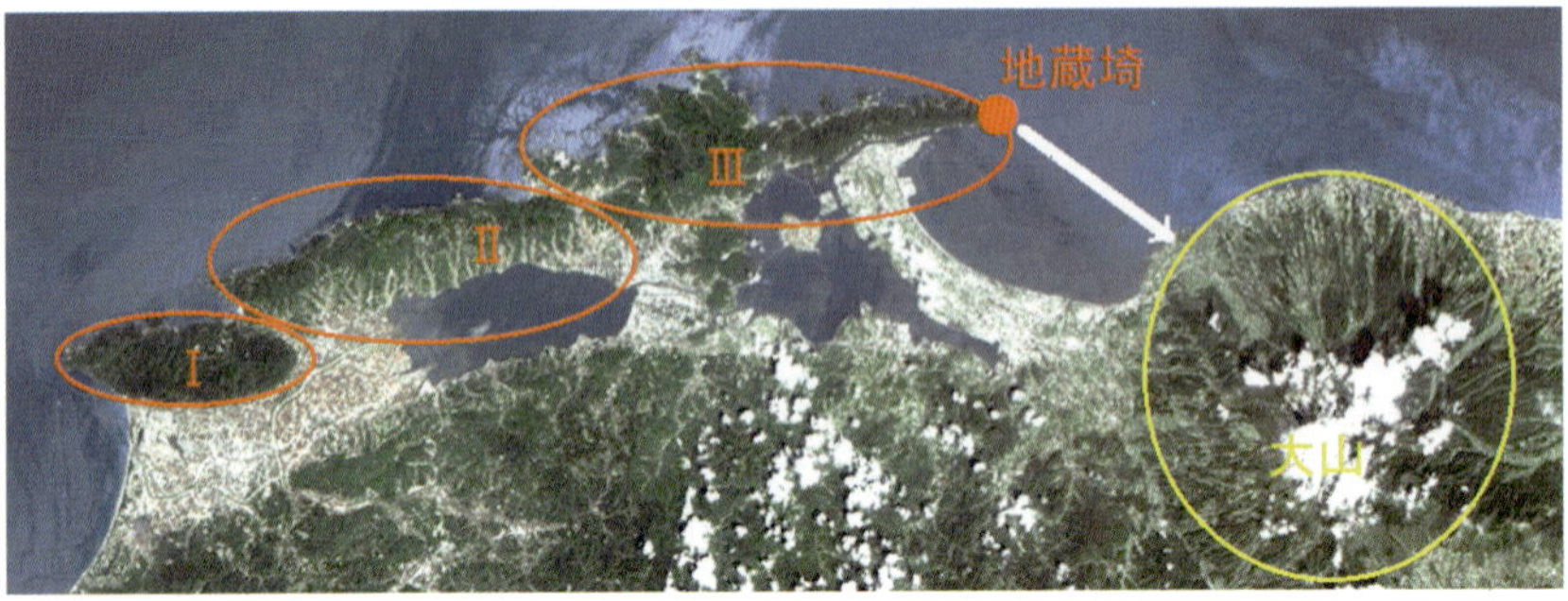

図23　上空より見た伯耆大山と島根半島

島根半島は山塊からⅠ日御碕・北山（鰐淵寺・日御碕社）、Ⅱ 大船山・朝日山（一畑薬師・佐陀社・成相寺・潜戸）Ⅲ 枕木山・美保関（枕木山・美保社）という３エリアから構成されている。このうち美保関東端の地蔵埼は海越しに伯耆大山の姿を遥拝するポイントで、両者の関りは深い。

の五台山から霊鷲山の辰巳（南東）の角が崩落して五雲に乗って飛来したというインド由来の飛来説話にすり替えられてゆく。

一節で紹介した英彦山においても『彦山流記』のなかで、インドマカダ国（霊鷲山のある国）の王子が東方に向かって五本の剣を投げ、一本目が般若（玉屋）窟の上に刺さり、権現が垂迹したと記している。このように日本の山岳霊場成立の伝承が、中国の霊山を離れてインド由来に変わるのは、一〇世紀以降の対北宋政策に起因し、世界を天竺《てんじく》（インド）・震旦《しんたん》（中国）・本朝（日本）という三国の動きの中でとらえ、中国を相対視する政策に基づくのだが、これについては終章で記すことになるので、これで止めておこう。

(2)山岳信仰の舞台―島根半島―

霊鷲山の片割れが出雲国に流れ着き、それをスサノヲが杵で突き固めて「浮浪山」（島根半島）になったという伝承は、中世の杵築大社（現在の出雲大社）と一体となった比叡山末寺の鰐淵寺《がくえんじ》とが共有する伝承（中世神話）であり、島根半島全域が特別な仏教の聖地霊場であるということを主張している。

出雲国における山岳信仰は蔵王権現を中心とする山の修験と、熊野三所権現を中心とした海の修験とが連動した構造をなしているのが特徴で、これを日本海に向かって東西六五㎞にわたって突出した島根半島でみることができる。半島の峰々は大きく三つの山塊から成り立ち、このうち西側出雲市域の北山山系は五〇〇ｍを超える山並みが東西方向に連なり、尾根筋を繋いで山中の聖地・行場を廻る廻峰行を行うには格好の地形的要因をなしており、その拠点として浮浪山鰐淵寺が存在する。

半島には、中世には多くの津や湊が営まれ西は北部九州、壱岐対馬に、東は丹後半島や北陸に繋がる海上交通の要衝であり、さらには中国・朝鮮半島との交流も盛んであった。このうち、伯耆大山との繋がりが濃厚なのが半島東端の三保ヶ関から先端の地蔵埼にかけての地域で、大山の開山伝承では、大山を開いた依道《よりみち》（金蓮上人）は、もとは出雲玉造の猟師で、地蔵埼まで金狼を追い詰めるが海中に逃げられてしまい、再び発見するのが海を隔てた対岸の大山山中であった。

では西から眺めてみよう。出雲市の北山山系は『風土記』に「出雲御埼山」と記された山塊で、東から旅伏山（四一二ｍ）・鼻高山（五三六ｍ）・天台ヶ峰（四五八ｍ）・弥山（五〇六ｍ）と五〇〇ｍクラスの山並みが連なり、途中で稜線は途切れるものの高尾山（三六七ｍ）を経由して半島西端の日御碕へと繋がっている。「出雲御埼山」は半島の他の山塊に比べて最も高く、稜線上を通る尾根道は、山岳密教による抖擻行を行うには格好の地形的条件を備えており、その南面山麓には杵築大社が、日本海に面した北面山中には鰐淵寺がそれぞれ存在している。この地形的要因を踏まえて両所の関係性を説明しておこう。

⑶鰐淵寺と杵築大社

中世出雲神話は、当時の杵築大社の祭神スサノヲを主人公とし、なおかつ本朝（日本）・震旦（中国）・天竺（インド）の三国世界観に基づく仏教説話として、『風土記』にのせる古代国引き神話を再構成したもので、その象徴となるのがスサノヲの国引きにより誕生したと語られた「浮浪山」（島根半島）であった。

島根大学名誉教授で中世史を専門とする歴史学者の井上寛司《ひろし》先生の研究によると、中世杵築大社の特徴の第一

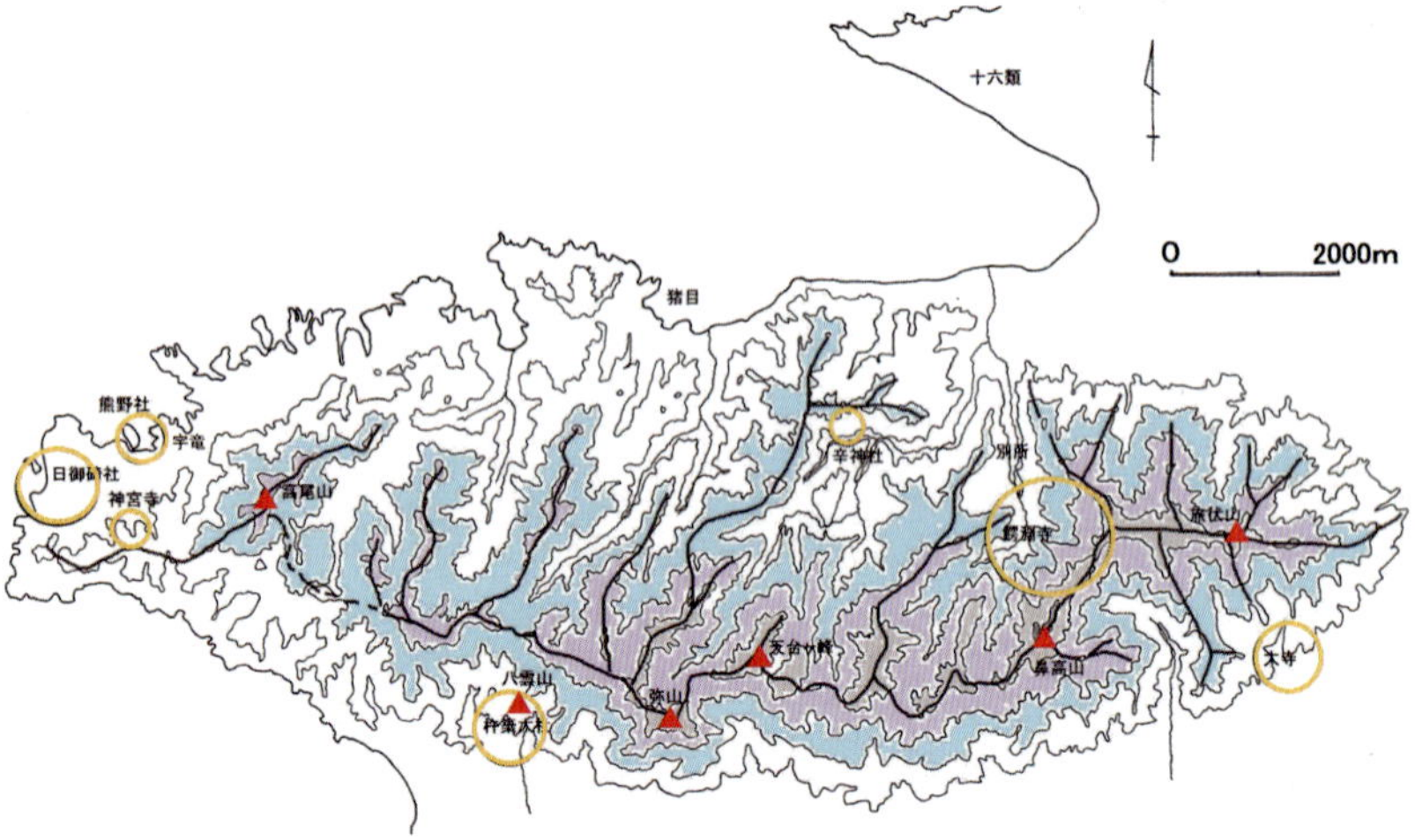

図24　尾根筋を中心とした出雲北山の地形と関連する宗教拠点

出雲北山は『出雲国風土記』に「出雲御埼山」と記された山塊で、海（浦）と峰が連動し一体となったモデルケースでもある。山岳修行は尾根稜線を繋いで峰々を渡る修行で鰐淵山から日御碕まで繋がっている。

は祭神が古代のオオナムチ（オオクニヌシ）からスサノヲに変わり、それが浮浪山鰐淵寺の本尊蔵王権現と同体、あるいは化身とされたこと。第二が出雲一国を守護する「出雲の国鎮守」（一宮《いちのみや》＝国中第一の霊神）とされたこと。第三は杵築大社が鰐淵寺と表裏一体の関係にあったことを指摘する。具体的には正月二〇日の大般若経転読と大社の年中行事の中心に位置づけられる三月一日から三日までの三月会の年二回は、鰐淵寺の僧侶が大挙して下山し大社の神前に出向いて神官と共に祭礼を行うが、それ以外はそれぞれが個別に独自の年中行事を行っていた。構成員も大社は神官のみ、鰐淵寺は僧侶のみと明確に区分され、大社の境内には一切の仏教施設は設けられなかった。これは寺院と神社というそれぞれの特徴を最大限に強調し、お互いに補完することによって国衙や守護所という政治権力に対抗し、自立するためであったと、井上氏は説明する。

中世という時代は神仏融合が進み、神社境内に仏教建築物が設けられ、社僧と呼ばれる僧侶が常住するのが一般的であったことからすると、大社と鰐淵寺のこの関係性は特異なものであった。しかしながら絶対的な権力を

写真44　鰐淵山金剛蔵王宝窟
浮浪滝と呼ばれる滝の背後に洞窟が開口し、その入口を塞ぐように宝殿を設けている。

図25　「金剛蔵王宝窟」平面模式図
鰐淵寺奥之院のこの岩屋は洞窟の入口部にだけ構築物を設け、洞窟内部は壁面むき出しのままの構造となっており、修験霊山彦山を中心とする、岩屋群の宝殿構造に最も近く、北部九州の岩屋信仰の影響を考えておく必要がある。

持つ尼子氏や毛利氏という戦国大名の登場と介入により、この関係性は崩されることになる。

出雲国守護代、後に守護となる尼子経久《つねひさ》は一五〇九年（永正六）から始まった大社の造営で護摩堂形式の拝殿と鐘楼を建立し、一五二四年（大永四）に大日堂、翌年に三重塔、一五三七年（天文六）に輪蔵（一切経堂）という自らが信仰する仏教施設を建立し、鎌倉時代以来国家や地域の祈りの場であった大社が、尼子一族の繁栄を祈る場として変質した。

(4)蔵王権現を祀る鰐淵寺の成立

杵築大社と一体的な関係にあった鰐淵寺は三徳山三佛寺と同じく、蔵王権現を祀る山岳霊場として成立しており、両者を成立させた歴史的背景を考えることは重要な課題となるので、具体的に見てみよう。

鰐淵寺に対する総合的な学術調査は、井上寛司先生を中心とする研究者グループと出雲市教育委員会が協力して二〇〇九年から一四年にわたって実施され、旧境内地の複数の地点から九世紀を上限とする須恵器片が出土するが、伽藍が整備され本格的な山寺の景観が出現するのは一二世紀の院政期まで下る。

現在の天台宗鰐淵寺の境内を流れる鰐淵川を遡ると、「鰐淵」の呼称となった伝承の舞台「浮浪の滝」があり、その背後に開口する洞窟の入口を塞ぐように設けられた宝殿を持つ岩屋にたどり着く。鰐淵の由来は「推古天皇の時代に鳥や獣の肉片に口を触れるだけで元の生きた姿に戻してしまう霊力を持つ智春聖人がいて、浮浪山の滝のほとりにたどり着くが、閼伽（仏に供える水）を汲む器を滝壺に落としてしまう、すると鰐が器を加えて出てきた」この故事によって「鰐淵」と呼ばれるようになったという。

岩屋内からは①滑石製の石製経筒（重要文化財）、②湖州鏡（径一四・四㎝）、③九世紀の特徴を持つ錫杖頭が発見されている。①の経筒は総高四八・三㎝で表面に「**釈迦文佛末法弟子僧円朗始自／仁平元年辛未二月卅日至同三年癸酉五月二日殊致精誠如法奉／書写妙法蓮華経一部八巻奉／安置鰐淵山金剛蔵王宝窟但／行法書写之勤礼拝供花之行／皆勤有心知識同殖无漏妙因乞／願有縁无縁共生一佛土法界衆／生同証三菩提矣**」という一一〇文字が刻まれている。僧円朗が定められた方式に則って一一五一年二月三〇日から五三年五月二日にかけて法華経一部八巻を書写し、これを「鰐淵山蔵王宝窟」に納めた、という内容だ。②の中国湖州で制作された輸入鏡の鏡面にも線彫りで「**奉施入　僧仁光／蔵王宝窟／仁平二年壬申六月十日癸酉**」と刻まれていて、「蔵王宝窟」に納められたことがわかる。③の錫杖頭は九世紀の特徴を持ってはいるが、伝世することを考慮すると、経典などと同時に納められたものだろう。

両者の銘文から、この岩屋が一二世紀半ばに金剛蔵王権現を祀る岩屋として成立したこと、法華経を根本経典とするのは天台宗であり、如法経書写は比叡山横川を中心として全国に広まった行法であるので、比叡山系の天台僧が「蔵王宝窟」開窟に関わり、これを奥之院とする浮浪山鰐淵寺を成立させたことになる。

(5) 島根半島西部―出雲御埼山と日御碕―

図24を注視してもらいたい。「出雲御埼山」を東西方向に延びる主稜線は島根半島西端の日御碕まで通じている。一二世紀に山寺として伽藍が整備される鰐淵寺が所在する別所谷は、地形的に見て日本海側の十六島《うっぷるい》湾に直結する谷間で「海に結び付く」という一面と「出雲御埼山」を横断する稜線上の尾根道に取りつく「山の交通拠

点」という両面を兼ね備えた霊場であることが見てとれ、ここが島根半島西側における山中修行の拠点であったと考えている。

出雲御埼山西端、日御碕の高尾山山頂（三五七ｍ）からは岬が一望できると同時に、尾根の稜線は岬先端の日御碕神社へと繋がる。この社はアマテラスを祀る日《ひ》沉《しずみの》宮《みや》（下の宮）とスサノヲを祀る神の宮（上の宮）から構成され、現在においても両所を構成する主要建築物がよく残されている。山麓には神仏分離で移転した神宮寺も所在し、薬師堂には秘仏だが旧日御碕神社薬師堂に祀られていた平安時代後期の薬師如来像も残っている。

日御碕には「宇龍津」という湊が存在する。ここは『風土記』出雲郡の記載に「宇禮保浦。廣さ二十歩あり。船二十許泊つべし」とある古くからの湊で、湾の中央には熊野権現を祀る権現島があり、これが波よけとなり、天然の良港として島根半島東端の美保関と並んで中世以来、半島西端の中核をなす湊として中国・朝鮮側の史料にも記されるほど繁栄した。

これらの存在から日御碕が半島西側における舟運の拠点であると同時に、海の熊野信仰の拠点であるという視

写真45　高尾山山頂より望む日御碕

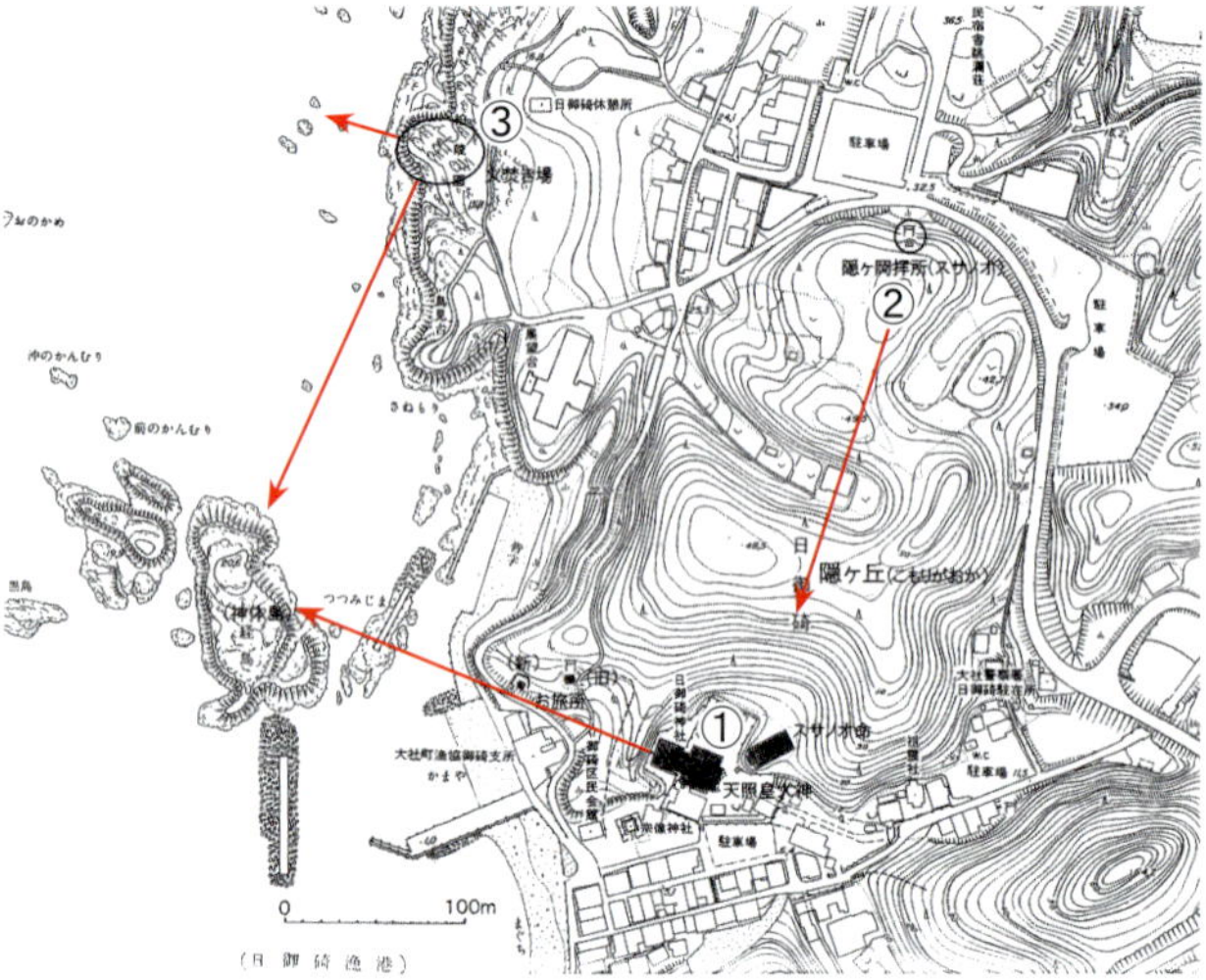

図26　日御碕における宗教施設・聖域の関係

①日御碕神社本殿－御旅所－経島（神体島）　②隠ヶ丘…遙拝所（鳥居）－籠ヶ丘→スサノヲ社
③火焚き場→海の彼方（常世）・経島（神体島）

写真46　日御碕神社下の宮本殿・拝殿

共に仏教寺院で主に用いられる入母屋造を残し神仏分離以前の形を留めている。

写真48　宇龍の権現島

写真47　経島夕陽の祭り

点が浮かび上がってくる。

日御碕先端では海の熊野信仰を支えた聖《ひじり》の活動を考える上で欠かすことができない常火《じょうび》（浄火）を焚き続けた痕跡を確認している。岬の地質は石英粗面岩からなる隆起海食台で、その中でも先端部の岩質は二〜三万年前に噴出した流紋岩の溶岩からなり、柱状節理がよく発達している。火焚き場の痕跡はこの露頭上だけに見られ、明確なもので四七箇所を確認している（図27）。

山伏が生木を燃やして煙を立ち昇らせ、祈りを神仏に伝える「サイトウ」についてはたびたび触れて紹介してきたが、この行為では火力や熱が地面に伝わらず、痕跡が残ることは難しい。これに対し岬の先端や海を見下ろす岩場で松を主体とする生木を一定期間、例えば一〇〇日間など燃やし続ける「常火」は、そこが岩盤であれば、赤変した痕跡を留める場合があり、私はこれまでに伊豆走湯《そうとう》修験による伊豆半島先端石廊崎《いろうざき》での熊野岩上の火焚痕、広島県厳島弥山山頂磐境での夏衆《げしゅう》による火焚痕など幾つかの痕跡を調査していて、これに類するものである。

後白河院が編者となり、一一八〇年（治承年間）前後に編まれた歌謡集『梁塵秘抄《りょうじんひしょう》』僧歌十三首のうち「聖の住所は何処〳〵ぞ、箕面よ勝尾よ。播磨なる、書写の山、出雲の鰐淵や日の御碕、南は熊野の那智とかや」の謡は出雲にも修験者（ここでいう「聖」とは、山伏・修験者）の拠点となる霊場があったと、この謡を根拠に指摘する文章をよく目にするのだが、なぜ山の霊場である鰐淵と、海の霊場である日御碕が並列で唱えられるのかを説明したものに出会ったことが無い。その理由は、両者が山岳修行の拠点と辺地《へち》修行、更には海運の拠点において一対の関係であったからである。島根半島西側の出雲御埼山（北山）とはこうした聖たちの活動拠点でもあった。

(6)島根半島中央部―朝日山・佐太神社―

島根半島北側のほぼ中央部に位置する潜戸《くけど》先端部に貫通した海蝕洞窟「加賀潜戸《かかのくけど》」は『風土記』には「加賀神碕」として記されるほど古くから著名な存在で、神の宿る御崎には岩屋があり、そこは出雲国二之宮とされる佐太神社（中世には「佐陀社」と称した）御祭神の佐太大神が生まれた聖地で、この岩屋そのものが母神の支佐加《しさか》比賣《ひめ》命の胎内であり、洞窟内には依り代となる岩が存在する。しかし、岩屋で誕生した荒御魂《あらみたま》の御子神、佐太大神の神霊は、この岩屋内には留まっていない。

火焚き場は流紋岩の露頭上に存在し明確なものだけでも47箇所で確認でき、その場所からA～Eの５地点に分けた。A・B・C・Eは海に向かって火を焚くと考えられるのに対し、Dは経島に直面しているので経島に向かって焚くのでなないか。現在８月７日夕刻に行われる「夕日の祭り」の原形を感じさせる痕跡である。

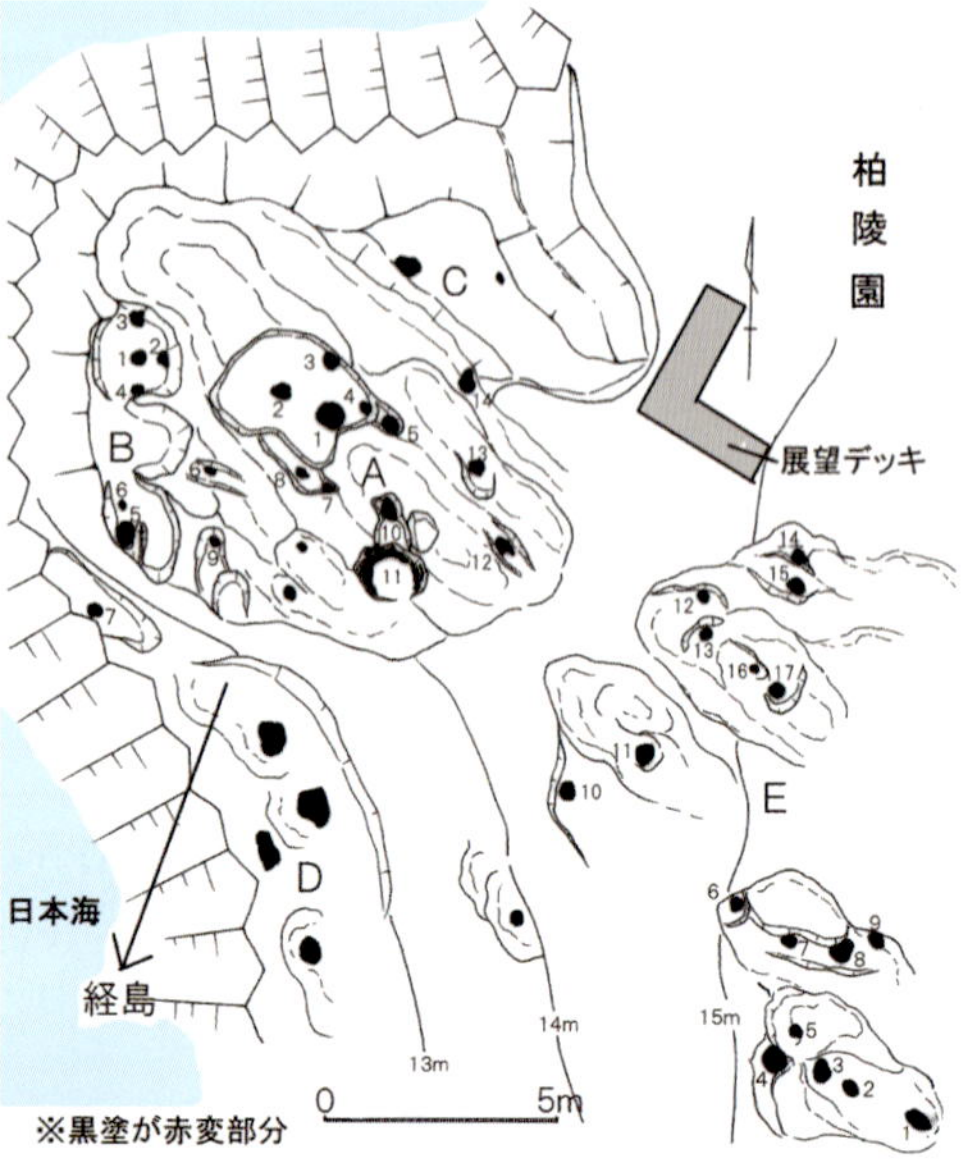

図27　日御碕先端火焚場配置図

写真49　火焚痕（A－10・11）

写真50　海を望む火焚痕

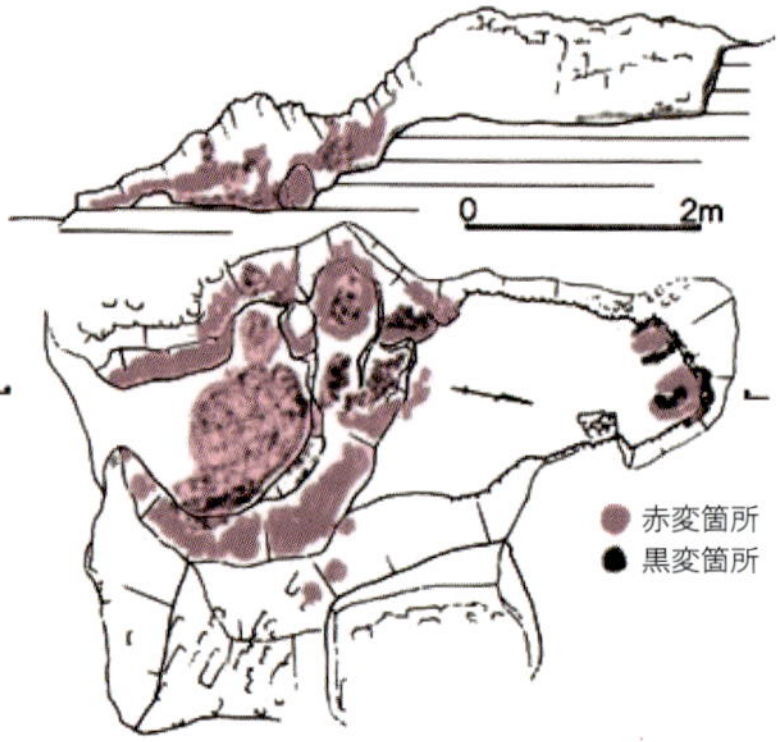

図28　火焚場実測図（A-10・11）

岩上の窪みを利用して中央部に皮付きの生木を組み上げて燃やすもので中央部はほとんど変化せず、熱を直接受ける周囲には円形に赤変部分が残る。上図は10・11の２箇所の火焚痕である。

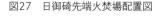

写真51　朝日山（秋鹿郡甘南備山）

写真52　朝日山より望む加賀潜戸

写真53　加賀潜戸の洞門

写真54　佐太神社本殿

神霊は、最初は潜戸から海越しに見える神名火山《かんなびやま》(註13)の朝日山（三四二m）に祀られ、最後は現在の佐太神社社地に鎮まり現在に至っている。そこには【潜戸（海のかなたより寄り来て誕生）→朝日山（神名火山に迎え祀る）→佐陀社（鎮まる）】という海→山→里という神霊の循環が存在する。

朝日山直下の東山山麓には佐陀社の別当寺で奥之院とされた真言宗成相寺《じょうそうじ》が建立され、寺院背後には鎮守熊野権現社が設けられた。中世の神仏融合により、佐陀社には神宮寺が設けられ、成相寺配下の社僧が詰めていた。神名火山の山宮は朝日観音堂となり、峰続きの山頂には経塚（経塚山）が設けられた。神仏分離により祀られていた平安時代から室町時代に至る二三躯の神像は成相寺に移され、一九六一年（昭和三六）に県指定文化財に指定されている。像には僧形神像や蔵王権現像など特色ある神像が含まれており、中世には佐陀社と一体となった真言密教エリアを形成していた。

(7)島根半島東部―枕木山・美保関・地蔵埼―

島根半島東端の御崎は『風土記』に「美保埼」と記されている。「みほ」とは『風土記』嶋根郡美保郷の記載に御穂須々美命《みほすずみのみこと》の神が坐すので美保というとあるが、私はその原義はミサキ先端の岩場の高まりで、海のかなたから神を招き寄せるために常火を焚き続ける御炎《ミホ》に由来すると考えていて、神仏融合が進む中世には「地蔵埼」と呼ばれるようになる。ここでいう地蔵とは、伯耆大山の本地仏の地蔵菩薩を指すのだろうと考える。その理由は、霊山は海から拝む姿が一番神々しく見えるからで、特に大山は海岸線から緩やかな弧を描いて山頂へと繋がるラインが際立って見えるのが美保関から先端の地蔵埼にかけての範囲で、ここが伯耆大山への最高の遥拝地点と考えているからだ。

　鎌倉時代に成立した『大山寺縁起』第七段に「出雲国玉作と云ふ所に猟師あり。名をは依道と云ふ。美保の浦過ぎけるに海の底より金色の狼出で来る。あやしみ追ふ程に此の山の洞に入りにけり」と、霊峰大山が仏法の霊地として開かれるさまが記される。ここには出雲国玉造の猟師依道《よりみち》が金色の狼を島根半島東端（地蔵埼）に追い詰めるが海中に逃げられてしまい、再び見出したのが大山の山中で、そこの洞窟に逃げ込まれてしまう、というように話が展開しており、地蔵埼と大山とが直接繋がる霊地であることを暗示している。

　島根半島東側のエリアは、半島西側の「出雲御崎山」と一対で認識する必要がある。半島東側における山岳修行の拠点が枕木山（四五三ｍ）で、もとは天台寺院であったが衰退し、現在は一六五七年（明暦三）に当時の藩主であった松平直政の命により臨済宗寺院として再興された華蔵寺が所在しているが、現状からは中世の山岳霊場としての姿を伺うことはできない。

　中世の枕木山は山頂付近の山上伽藍には薬師如来・観音菩薩を祀る仏堂を中心に天台宗守護神の山王権現、山岳修験の蔵王権現を祀る社殿が存在し、南側斜面中腹の標高一〇〇～一二〇ｍにかけての谷頭には「枕木別所」という活動拠点を設け、そこには惣鎮守として熊野十二所権現を祀る社を中心に「枕木山十二房」と呼ばれる聖たちの住居が存在し、中海に面した本庄の地には船溜りが存在していた。

　山麓一帯には源義経の従者として誰もが知っている武蔵坊弁慶ゆかりの伝承地が集中していて、松江市長海町には弁慶産湯の井戸跡をはじめ、弁慶の母を祀った弁吉女霊社、松江市野原町側には弁慶を閉じ込めた弁慶島、

写真55　地蔵埼より望む伯耆大山

写真56　中海の本庄から望む枕木山

弁慶森などが知られている。特に長海町は枕木別所と同じ谷筋の末端に位置しており地域的に切り離すことはできない。弁慶伝承が創られ、広められた背景には枕木山を拠り所にして活動した山伏や聖たちの存在抜きに考えることはできない。

美保関には美保神社が所在し、九世紀の出雲様式と呼ばれる虚空蔵菩薩・薬師如来を祀る浄土宗仏谷寺《ぶっこくじ》が現存するが、古くは「仏谷」と呼ばれ、真言宗三明院において祀られたと伝わる。仏谷は後醍醐天皇・後鳥羽上皇が行在所とした場所でもあり、一四世紀後半の凝灰岩製宝篋印塔、一五世紀代の大型五輪塔などが集中している。

伯耆大山のある東方向を正面とする仏谷の三明院は、同じく東側を正面とする美保神社社殿群の主軸方向と並行し、美保関は神と仏が一体となった神仏融合の空間であった。枕木山は山岳修行の拠点であり、美保関は海辺を廻る辺地修行の拠点というように認識できるなら島根半島西側の鰐淵山と日御碕の関係に通じることになる。

(8) 島根半島に敷かれた両部の曼荼羅

『大山寺縁起』には島根半島の峰々を「西に鰐淵寺、金剛蔵王の霊地なり。東に枕木山、医王善逝の霊場あり。

則ち金胎両峰の峰にて」と記し西方の出雲御崎山の鰐淵寺は金剛蔵王権現が守護する霊地であり、東方の枕木山は薬師如来が守護する霊地である。西方を金剛界の立体曼荼羅に、東方を胎蔵世界の立体曼荼羅にそれぞれ見立てることにより、島根半島全域を金胎両部の峰々として位置づけていたことを明記する。

島根半島に対するこの思想は、出雲中世神話においては、釈迦が『法華経』を説いたとされる天竺霊鷲山の一部が崩れて海中を漂い、流れ着いた山塊をスサノヲが杵を用いて出雲国の大地と離れないように突き固め、仏法世界の聖地「浮浪山」に該当させる神話を背景にして成立したものである。

半島東側には枕木山と美保関、中央部には朝日山と佐陀社、西部には鰐淵山・杵築大社と日御碕という諸霊場が両部の立体曼荼羅を構成しているが、この出雲国の立体曼荼羅には伯耆大山が大きく関わり、伯耆国の立体曼荼羅世界とを繋いでいたわけである。

⑼霊場大山寺

大山は中国山地の山脈からは北に離れた独立峰の火山で、中国地方最高峰である。主峰は弥山（一七〇九ｍ）、剣ヶ峰（一七二九ｍ）、天狗ヶ峰（一六三六ｍ）という連続する峰々と、三鈷峰（一五一六ｍ）、烏ヶ山（一四四八ｍ）船上山（六八七ｍ）等の総称で大山山系と呼ばれ、他の霊山と同じく単独の山というわけではない。植生は標高八〇〇ｍから一三〇〇ｍの間は西日本最大のブナ林に覆われ、これより上部では低木林や草原の高山帯となっている。

このうち山寺としての「大山寺」は山頂部北側斜面の標高九五〇ｍから八〇〇ｍの範囲に中門院谷、南光院谷、西明院谷という、僧房群が集まった三つの谷組織（「房中」という）の総称で、地元の大山町が国指定史跡登録を目指して二〇〇二年度に現地踏査を開始し、二〇〇八年度からは発掘調査を実施して、大山寺房中の街区については神仏分離以前の江戸時代の全体像がほぼ明らかにされている。

私は中世の霊場大山と霊場美徳とは山中修行において一対の関係にあったと考えているが、霊山としての大山への信仰と、これを背景とする山中修行についての研究は皆無と言ってよいほど手が付けられていないのが実情である。しかしながら美徳を理解するためには大山への

写真57　霊場大山を構成する峰々（下蒜山山頂より）

理解は欠かすことができないので検討を進めよう。まずは山中修行を支える大山寺一山の組織について、これまでの研究成果を参考にしながら説明しておこう。

一二一三年（建暦三）二月の史料「慈鎮重譲状案」によってこの時は出雲鰐淵寺とともに大山寺が比叡山別院の無動寺の所領であったことが知られる。一二三四年（天福三）八月の史料（「慈鎮所領注文写」）には最盛期の平安時代末には僧房が一六〇、僧兵が一六〇〇人居たと記しており、一二世紀後半までには西明院（谷）・中門院（谷）・南光院（谷）という房中を表す「谷」組織が成立していることがわかる。各谷は独自性が強く、それぞれの谷の最も高い尾根上には権現を祀る本社と本堂が設けられ、その下側に房院（江戸時代は子院）が地形に沿って配置されるという街区が形成された。

西明院谷には「院主」を、中門院谷には「別当」を、南光院谷には「座主」という責任者を置いて、それぞれの谷組織をまとめ、三院の話し合いによって一山の重要課題を決める「一山三院制」という合議が、広範囲に及ぶ寺領からの権益を基盤として行われた。

各谷のトップを院主・別当・座主と異なる呼称で使い

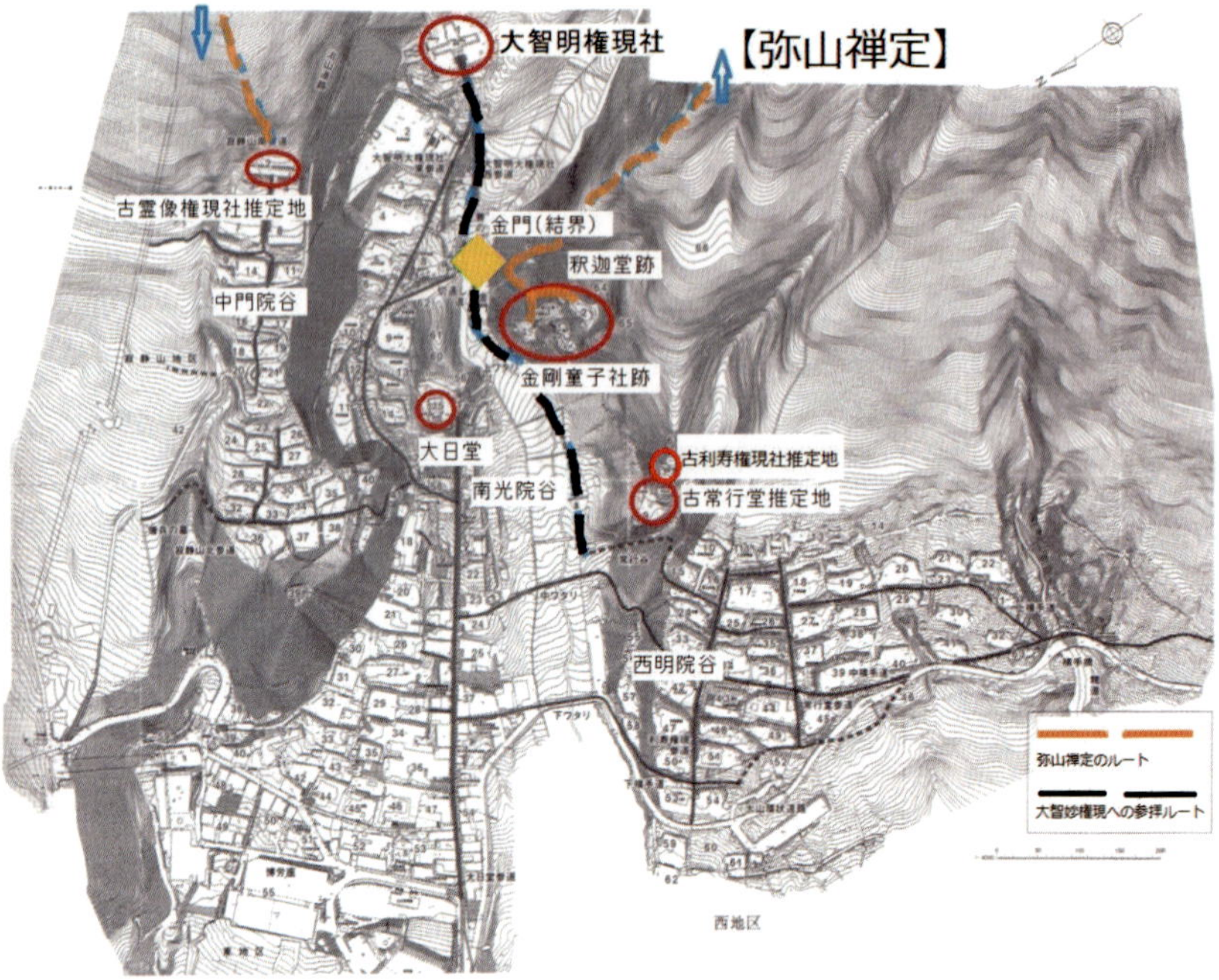

図29　大山寺の三谷（西明院谷・南光院谷・中門院谷）と各谷中心堂舎の関係

大智明権現社
（地蔵菩薩）

- [阿弥陀如来]
  常行堂 ― 西明院谷　（院主）
  （利寿権現社／文殊菩薩の垂迹）
- [大日如来]
  大日堂 ― 中門院谷　（別当）
  （霊像権現社／観世音菩薩の垂迹）
- [釈迦如来]
  釈迦堂 ― 南光院谷　（座主）
  （金剛童子社／薬師如来の垂迹）

図30　大山寺一山組織と祭神・本地との関係

分けていることから判断すると、常行堂を本堂とする西明院谷は「院主」に統率された天台教学を中心に据える学僧が集まり居住する谷組織（教学中心）、大日堂を本堂とする中門院谷は「別当」に統率された密教を中心に据える密教僧が集まり居住する谷組織（加持祈祷中心）、釈迦堂を本堂とし、修験者を守護する金剛童子を祀る南光院谷は「座主」に統率された聖や山伏が集まり居住する谷組織（山中修行中心）というように、性格の異なる宗教者達が谷毎に集まり、大山寺一山を運営していた姿を復元することができる。

三院の合議制は江戸時代にも引き継がれたが、世の中の仕組みが幕藩体制という封建社会へと大きく変化し、大山寺の広大な寺領が失われると内容は変化する。大山寺中興の祖とされる豪円の働きによって一六一〇年（慶長一五）に「大山寺領三千石並山林境内諸役等」の安堵という徳川家康のものとみられる朱印状を獲得し、これを財政基盤とする新たな一山の運営が始まり、現在残る大山寺の僧房群が形成されることになる。一六七〇年（寛文一〇）には「一山三院四十二坊」という新体制が成立する。各谷にはそれぞれ一四坊が置かれて計四二坊で編成され、これらの上に、豪円ゆかりの西楽院が本坊として君臨し一山を支配した。江戸時代に再出発した大山寺は天台宗単独の寺院であり、山内には山中修行を本業とする山伏集団は存在しない。

大山の主祭神である大智明権現（本地地蔵菩薩）への信仰は農業神、特に牛馬の守護神としての信仰が主体であり、その祭礼は地蔵縁日の二四日である。特に春の御幸《みゆき》行列は山内七社（大智明権現・金剛童子社・霊像権現・龍王宮・山王宮・利寿権現・下山権現）を祀る神輿が渡御する盛大な祭礼として行われた。

これに対し大山への修行的な儀礼として江戸時代になっても続けられたのが「弥山禅定《みせんぜんじょう》」と呼ばれるもので、これは神仏分離により明治初頭に一度途絶えたが、大智明権現社を改めて新たに設けられた大神山神社奥宮により弥山山頂の浄水薬草の採取を目的とした「もひとり神事」として現在も行われている。「もひ（垸）」とは水などを入れる食器の事で、これが転じて飲料水を表す。

江戸時代の弥山禅定は三谷が廻り持ちで行い、旧暦五月一日に年番三名（註14）が堂に籠って法華経の書写（註15）（堂内で稲草心の筆と赤土の墨を用い写経）を行い、旧暦

▲三鈷岩屋（金剛蔵王権現と岩屋上の三鈷鈔を描く）　▲阿弥陀川

▲三鈷峰　▲稜線（廻峰行路）役行者と前鬼・後鬼　▲馬頭の巌窟

図31　大山寺縁起絵巻（一部）（image：TMN image Archives）

六月十四日夜に弥山へ登拝して書写した経典を銅壷に納め、梵字ヶ池（地蔵ヶ池）の浄水を汲み、薬草（ダイセンヨモギ）を刈り、土と化した古い経典と共に翌朝持ち帰り、これを小分けにして登拝口で待ち構える参詣者に分け与えていた。霊峰大山は古来禁足の地であり、山頂を踏むことが許されたのは、弥山禅定を行う行者と供の強力《ごうりき》に限られており、現在のように一般者の登山が認められるようになったのは明治の終わり頃からなので、多くの信者がこの「仙薬」を求めて来山したという。

さらに古い時代の山中修行のようすは鎌倉時代の成立とされる『大山寺縁起』と、大山寺の僧であった嗒然《とうぜん》が一八四六年（弘化三）に記した『大山雑記』を合わせることによって窺うことができる。『大山寺縁起』巻上第五段には「天武十二年に役優婆塞来りて嶺峰に攀ぢ登り深山に入り、思惟仏道の行を立て三祇百劫の修行年を重ね給ひしに、東に行きては金剛蔵王を三胡の岩屋に拝み、西に帰っては大悲観音を馬頭の巖崫に見奉る。

凡そ大峰・葛木其の儀たがふ事なく、瑜伽・護摩の行儀旨是一なり。なをつみ水を汲み、只尺迦・菩薩の行をなぞらへ、菓をひろひ薪を取り、偏に阿私仙人の古に異ならず。去れば山林抖擻の行者たえずして、修験高徳他寺にこえたる者なり。」と記し、『大山雑記』には「呼て弥山禅定と曰う。納経と曰わずして之を禅定と曰うは、蓋し以あり。之を伝記に稽うるに、往古、修験行を修むる者は回峯七日にして皈る。その修行するや馬頭の秘峒に入り、三鈷の法岩に立ち、禅修観錬、往々にして悉地を成す者あり。世、降りてその人無しと雖も亦、是、その余風なり。」と記される。

この記述は中世に行われていた弥山禅定のようすを記したものと理解できる。弥山とは仏教の世界観の中心に聳える須弥山に例えたもので、厳島の弥山、石鎚の弥山など意識して探せば意外と全国的に広がっていることに気づく呼称で、霊峰大山の中心と理解すればよい。山岳修験では「禅定」は山中を廻る抖擻《とそう》を指しており、山神常住世界の山頂部へ踏み入ることを「禅頂」という。

「東に行きては」「西に帰っては」の比喩は霊峰大山を東曼荼羅の胎蔵世界と、西曼荼羅の金剛界という両部の立体曼荼羅に見立てていたことを示し、胎蔵世界の中心部には金剛蔵王権現を祀る「三鈷岩屋」があり、金剛界の中心には馬頭観音を祀る「馬頭巌窟」がある事を示している。こうした山中修行のさまを描いたと私が理解しているのが一三九八年（応永五）の記載がある「大山寺縁起絵巻」で、この中では立ち姿の密教法具の三鈷鈔をシンボリックに描く三鈷岩屋内に金剛蔵王権現が描かれ、右手には馬頭観音を描く馬頭の巌窟、尾根の稜線上を三鈷峰に向かって抖擻する役行者一行の姿が描かれる。

中世の弥山禅定とは、霊峰大山の山頂部、弥山に書写した如法経を納め、三鈷峰山頂部の岩塊を礼拝し両岩屋に参籠する七日間の廻峰行であったと推定する。では、実際の大山の地形と大山寺の堂宇、房中の配置を見ながら、さらに検討を加えてみよう。この場合の鍵になるのが「金門」と隣接する「金剛童子社」の存在である。

金門とは『大山寺縁起』に地蔵権現（大智明権現）が八大龍王に命じて巌を西向きに切り開かせ、その巌に「御金門」の扁額が掛けられてから金門と呼ばれるようになったという。その意味するところは結界を示す「禁門」であろう。金門が設けられたことから修験を志す者は山中修行に入ることが許され、それ以降、「大山（だいせん）」と呼ぶようになったと伝える。その意味するところは「大いなる神仙郷」からくるのであろう。金門直下に身を置くと、そこから唯一正面に遥拝することができるのが三鈷峰の三つのピークであり、この峰こそが、霊峰大山における山岳修験の根幹ということが理解できる。このように、山中修行と金門は切り離せない関係にある。現在は砂防ダムが設けられ、金門を通り抜けることはできないが、それ以前には参詣者はこの間を抜けて「賽の河原」を通り大智明権現社（現大神山神社奥宮）へ参詣していた。金門とは大山の神仏界と房中である菩薩界とを分ける惣結界であると同時に、弥山禅定の起点と考えられる。

写真58　両側に安山岩質の断崖が立ちはだかり切明状に開く金門

写真59　金門正面からは三鈷峰だけが見える

写真60　神仏分離まで石徹白中居神社に祀られていた金剛童子像
（石徹白大師堂／重要文化財　室町時代）

写真61　金剛童子社のサイトウ壇

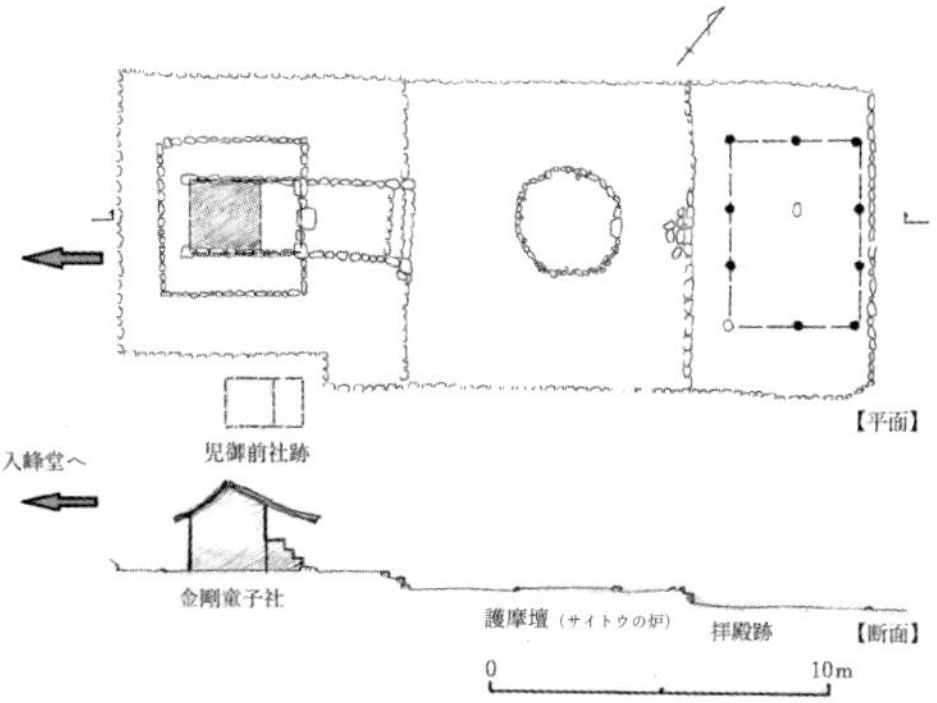

図32　美濃馬場長滝寺金剛童子社の構造
長床形式の拝殿、サイトウ壇（護摩壇）、金剛童子社社殿という３区画の施設が、少しずつレベルを上げて整然と配置されている。白山神鳩入峰はここから始まり、次に入峰堂へと駆け込んだ。

金門に向かって右手（南側）の高台には南光院谷の中核となる本堂の釈迦堂跡と、その傍らに金剛童子社跡、さらに前面には護岸の高石垣によって固められたサイトウ壇と推定している高まりがある。

金剛童子は山中修行を行う行者を守護する役割をにない山岳修験・修験道の峰入り修行にとって欠くことのできない尊格である。修験道の根本道場とされる大和大峯山の峰入り道中には「七十五靡《なび》き」という山の神の七十五眷属《けんぞく》神の数に合わせた聖地・行場が設けられているが、このうち主要な靡きに八大金剛童子という守護神を祀る。同じく葛城山では七大金剛童子を祀り、合わせて十五童子とも呼ばれる。

このような関係を具体的に見ることができるのが、越の白山三馬場の一つで美濃馬場長滝寺の入峰である。ここでは最初に金剛童子堂前に設けられたサイトウ壇で駆け入り護摩を焚き、次いで入峰堂へ参籠したのち、峰入り修行（鳩《はと》居《い》峰《みね》）へと入る。図16・17のように長滝寺は参道正面に長床《ながとこ》形式の拝殿を置き、白山大御前を中心にして左右に大南智・別山、若宮・大将軍の五社を配置し、燈籠から九〇度振った左正面には大講堂、その奥には開

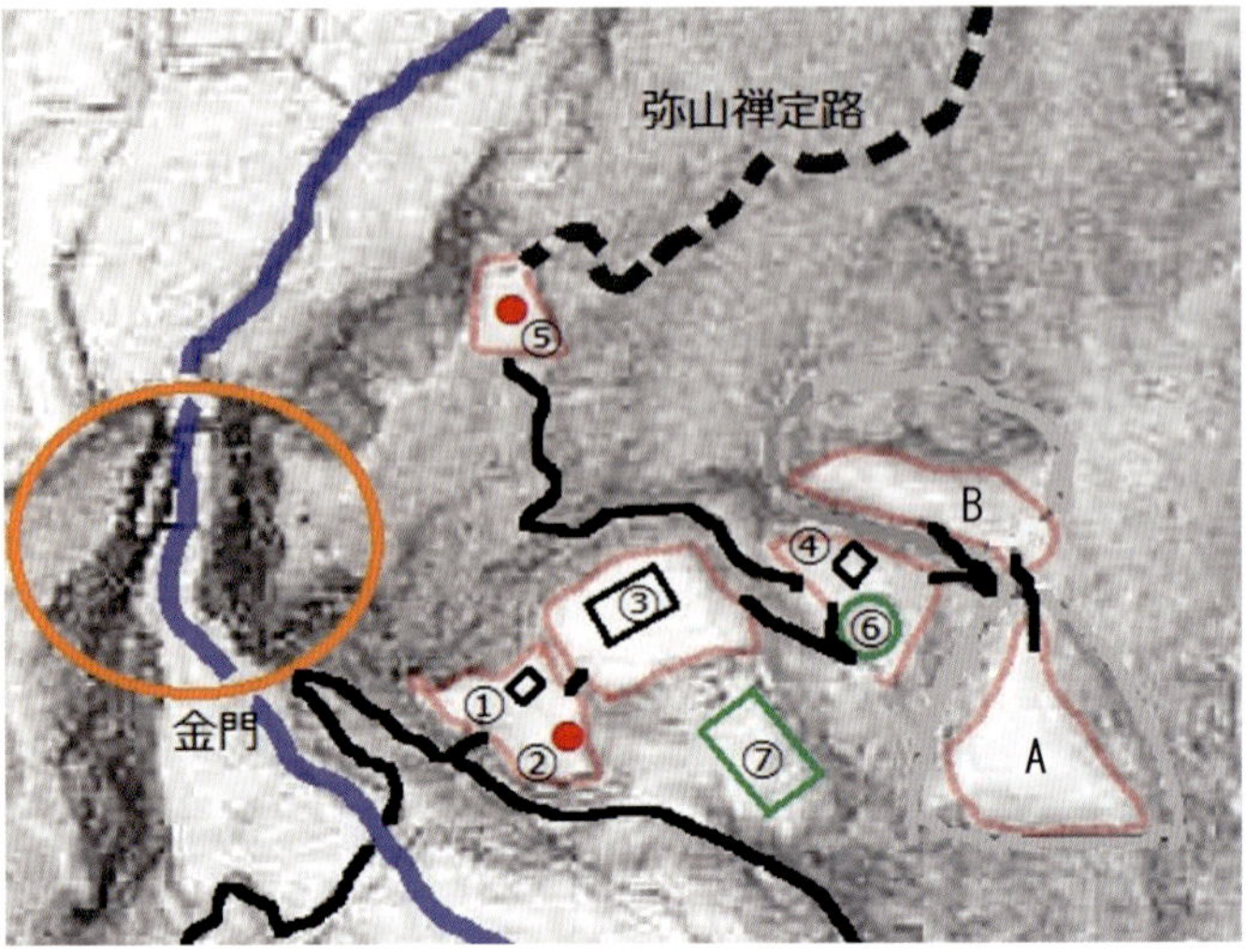

図33　南光院谷の金剛童子社を中心とする諸施設と禅定路との関係
①金剛童子社（本社）　②推定サイトウ壇　③釈迦堂（本堂）　④山護法　⑤天狗屋敷
⑥雪穴（氷室）　⑦氷室（新）　A人工平場（推定旧本社・本堂）　B人工平場
━━ 道及び踏み跡　━ ━ ━ 尾根道（推定弥山禅定路）

山堂・一切経蔵・三重塔・常行堂・法華堂と天台系（仏教）の建物群を配置し、参道途中には金剛童子社、山側に入峯堂という修験系の建物を配置し、入峯堂からは山へ入るというように、神・仏・修験という三者の堂社が整然と配置されている。

峰入り修行の起点となる金剛童子社は図32のように拝殿において勤行を行い、背後の護摩壇で煙を立ち昇らせて駆入護摩を焚き、そのあと山側の入峯堂に籠り、峰入り修行の準備と前行を行う。修験道では、熊野本宮や彦山のように参籠宿となる専用の「備宿」が置かれるので、入峯堂はあえて置かれない。鳩居峰中の参籠宿には、峰入り修行が盛んであった室町時代の青銅製金剛童子像が数か所で祀られ、神仏分離時に石徹白中居神社から石徹白大師堂に移された四躯の像（重要文化財）が、今も残されており、大山における山中修行（弥山禅定）と金剛童子との関係を知るヒントを与えてくれる。

大山での金剛童子の位置付けは高く、神仏融合時代の三院では大智明権現（本地は地蔵菩薩）を中心にいただきながら、西明院谷では利寿権現（本地は文殊菩薩）を本社とし阿弥陀如来を祀る常行堂を本堂とする。中門院谷は霊像権現（本地は観音菩薩）を本社とし大日如来を祀る大日堂を本堂とするのに対し、南光院谷では金剛童子（本地は薬師如来）を本社とし釈迦如来を祀る釈迦堂を本堂としていて、本地が薬師如来という菩薩より上の如来の尊格であることからも、大山三所権現の一つではないものの金剛童子を利寿権現、霊像権現と同格として位置づけており、一七九七年（寛政九）の絵図には金剛童子社は格の高い権現造の社殿として描かれている。

このような視点に基づき金剛童子社周辺の現地を細かく探索してみると図33のように①金剛童子社→釈迦堂→山護法→天狗屋敷→弥山禅定路という一連の導線が復元でき、金門周辺が大山における山中修行の拠点であったと結論づけることができる。天狗屋敷は行者屋敷とも呼ばれ、大山寺中興の豪円が籠って虚空蔵求聞持法を修めたとか、修験者が住んでいたという伝承がある。

現地は金門南側断崖に隣接する尾根筋の稜線を一一m×一七mの範囲で長方形に掘り込んで造成した平場で、山側の削平面には高さ一・五mの土留め石積を施し、西側斜面には護岸の石積を行って山護法からの出入り口を設けている。反対側の東南隅には幅二m弱の出口を設け、そこから延びる道痕跡は鞍部を抜けて稜線上に出る構造となっている。一九〇㎡ある平場には礎石や建物を設けるための基壇が存在した痕跡はなく、最初から広場だけの構造と考えられる。この位置が金門最上部に隣接すること、「天狗屋敷・行者屋敷」という呼称、さらに正面には三鈷峰の三ピークが望まれることから、弥山禅定への駈け入り護摩を焚く行場ではないかと考えている。このように金門南側の空間は大山の山岳修験の在り方を解明する鍵を秘めた最重要地点なのである。

⑽船上山

大山山系を構成する野田ヶ山から延びる矢筈ヶ山（一三五八m）―甲ヶ山（一三三八m）―勝田ヶ山（一一四八m）と続く尾根筋の先端には、古期大山火山の噴出によってもたらされた溶岩流が浸食によって削られ特異な山容をなす船上山（六一六m）が所在している。この山は鎌倉幕府倒幕を企てた後醍醐天皇が隠岐に幽閉されたが脱出し、これを名和長年が一三三三年（正慶二）にこの山上に迎えて幕府軍を撃退し、行宮《あんぐう》（仮宮）を設けた山としてよく知られる。

周りを取り巻く屏風岩と呼ばれる柱状節理の断崖上に

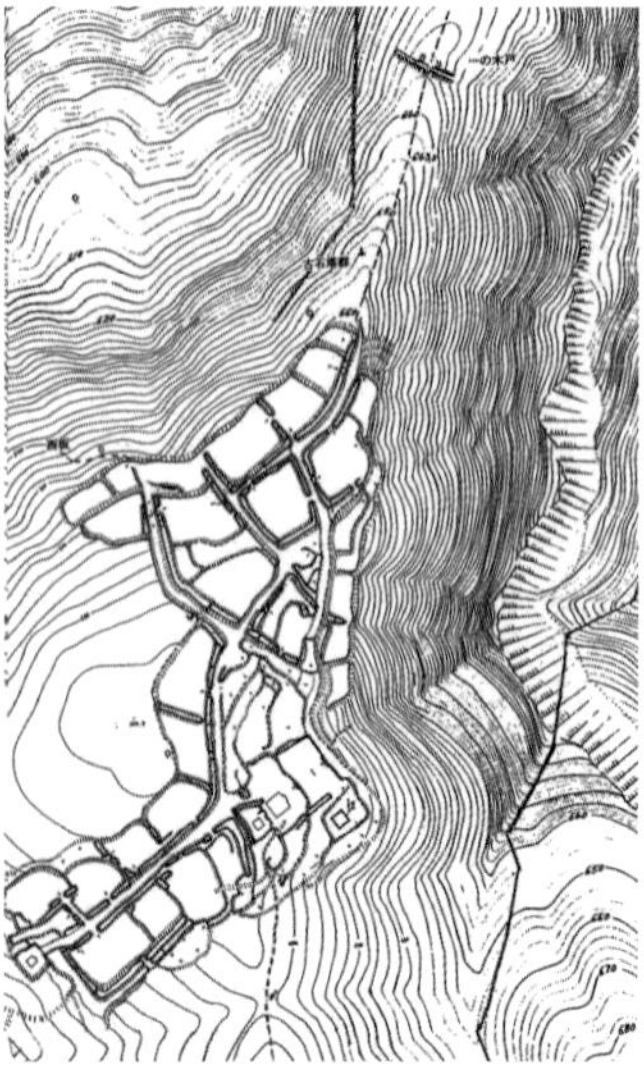

図34　船上山の房中 藤岡英礼氏作成
地形を巧みに利用し道の両側に方形区画が整然と配置されている。

写真62　切り立つ船上山の断崖

写真63　「船上山版木」
琴浦町指定文化財

は緩やかな地形が拡がり、そこに金石寺という山寺が平安時代に設けられたが南北朝期の争乱期に衰退している。その後空白期間を置いて一五三〇年（享禄三）に天台宗智積寺が設けられる。山上には一三の房舎が設けられ、尼子氏や南条氏の保護を受けるものの戦乱による興亡をくりかえしながら、文禄年間（一五九二〜九五年）には山上の船上山三所権現だけを残して里に離散する。最後まで残った大乗坊が麓の竹内村（琴浦町竹内）に庵を構え、明治の神仏分離時には山上に祀られていた三所権現の本地仏を迎え、一九一九年（大正八）に「船上山智積院」と改め現在に至るという。

船上山三所権現とは主尊が智照大権現（本地地蔵菩薩）、左脇侍が霊像権現（本地十一面観音）、右脇侍が護国護法（本地多聞天）となっている。主尊の本地を地蔵菩薩とする事に加え、脇侍の一つを霊像権現とする点は大山と同じで両者の繋がりを示している。元禄年間（一六八八〜一七〇三）に著された『船上山寺内分限記』には「一、船上山境内東西二里余、南北三里余絶頂三頭ニ分烏ヶ山ニ児山矢嵴（筈）ヶ山、一名御船山トモ云」とあり、烏ヶ山から矢筈ヶ山まで含んだ大山山系の広範囲

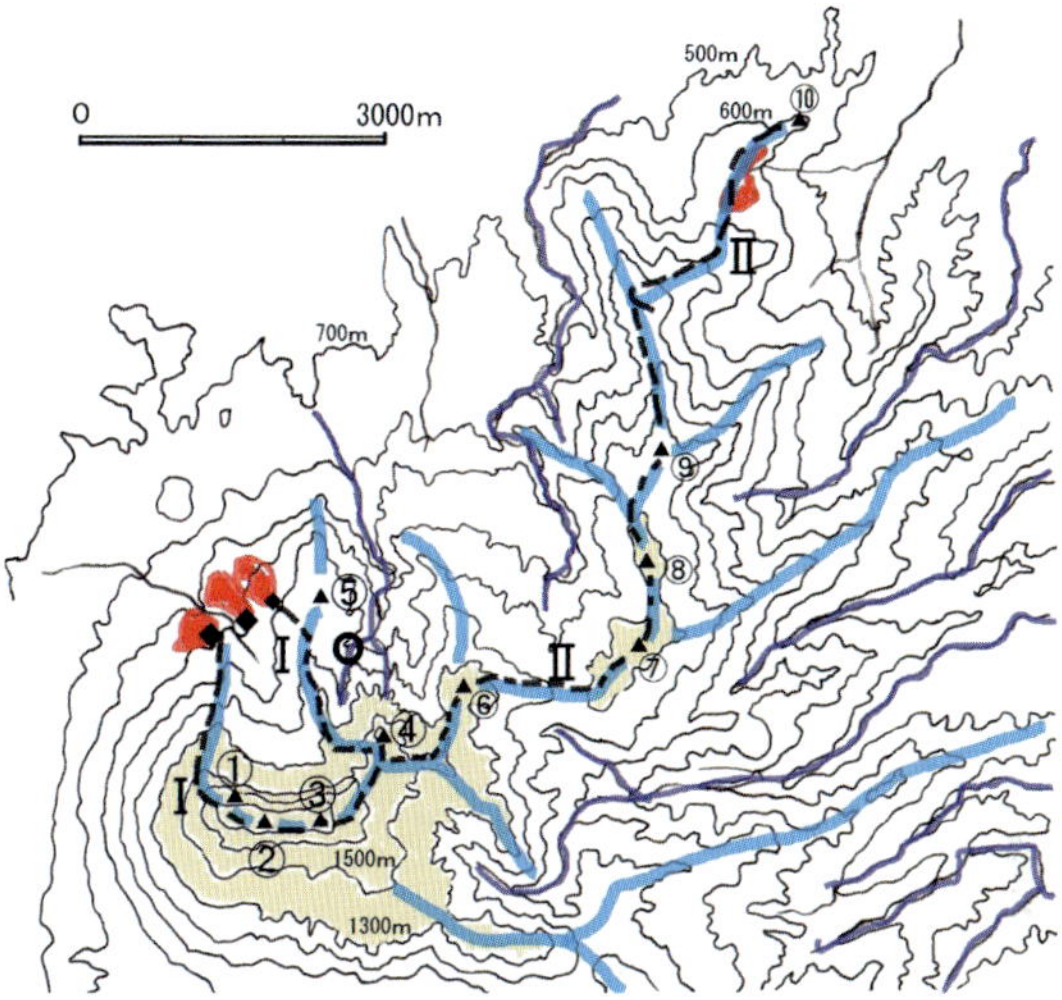

図35　大山を中心とする山岳修行路の想定
Ⅰ弥山禅定路　Ⅱ船上山への尾根道
①弥山　②剣ヶ峰　③天狗ヶ峰　④三鈷峰　⑤宝珠山
⑥野田ヶ山　⑦矢筈ヶ山　⑧甲ヶ山　⑨勝田ヶ山　⑩船上山

を船上山の聖域と認識（註16）している点は見逃せない。

山上に営まれた旧智積寺の房中は比叡山の項で紹介した栗東市の藤岡英礼さんが詳細な図面（図34）を作成していて具体的な形状を知ることができ、大山寺房中の基本構造と共通する点が注目される。大山寺房中の各子院は江戸時代になって大規模な区画の再整備が行われたことから、一坊あたりの面積が六〇〇㎡前後であったものが拡張されて一三〇〇㎡に及ぶ大型のものが登場し、土塁の通路側が石積に変わるなど大きく変化したのに対し、船上山房中のほとんどが江戸時代には使われずに遺跡化したことで、中世の形状と街区がそのまま残されることとなり、原型を知ることができる良い事例となった。

これらの情報を総合すると、大山山系を構成する船上山を単独の霊山として見るのではなく、霊場大山を構成する重要な要素として位置づける必要がある。

この章の前半では美徳を分析し読み解くにあたり、その前提となる「山岳霊場とは具体的にどういうものか」を理解していただくため、最初にその代表格といえる比叡山を取り上げた。次に修験道最大の山中修行である「峰入り修行」を成立させた熊野と大峯山系を取り上げ、修験道における山中修行の在り方を説明するため、最も事例研究が進んでいる九州の雄、英彦山と、越の白山のうち私が執拗に格闘した美濃馬場の事例を概説した。

後半では山陰での美徳の位置を理解していただくため、密接な関わりを持つ出雲国の島根半島の事例を紹介し、同じ伯耆国の大山での山中修行について概説した。こうした諸霊場を行き交う修行者達の祈りと実践によって霊場美徳は形成され伝えられてきたのである。

註

1 小栗判官と照手姫の物語は熊野をメインの舞台として浄瑠璃、歌舞伎などを通じて長年伝承されてきたので、多くのストーリーが伝えられている。ここでは江戸時代初期の画家、岩佐又兵衛の「小栗判官絵巻」の内容を簡単に紹介しよう。「跡継ぎの無かった京のある公家が待望の男の子を授かり成人すると小栗と名付けた。深泥ヶ池の大蛇が小栗を見初め、美しい姫に変身して関係を持ってしまうが都中の噂となり、父は小栗を勘当し常陸国に追いやってしまう。常陸で小栗は絶世の美女、照手姫のことを知り、二人は契りを交わす。姫の父はこれに腹を立て、小栗を毒殺して埋め、姫は淵に沈めてしまう。小栗は閻魔大王から「藤沢の上人（一遍が開いた時宗の僧侶）に渡すので熊野本宮湯の峰の湯に入れて本復させよ」と命じ娑婆へ戻した。口もきけず目も見えない餓鬼の姿となって塚からはい出した小栗を藤沢の上人が見つけて「餓鬼阿弥」と名付け「これを一引きすれば千僧供養、二引きすれば万僧供養」と胸札に記して土車にのせて熊野へ向かわせた。照手姫の方は生きて相模国に流れ着くが商人に売り飛ばされ美濃国青墓（岐阜県大垣市）の遊女宿にたどり着いた。餓鬼阿弥を乗せた土車が青墓に着くと照手姫は僅かな暇を貰い「このような姿でも小栗が生きていてくれれば」と大津まで土車を引いて「本復されたら美濃国栗生墓の常陸小萩を訪ねて下さい」と胸札に書き添える。餓鬼阿弥の土車は最後に大峯の山伏に担がれ四百四十四日目に湯の峰にたどり着き、四十九日間の湯治ののち小栗の姿に甦る。都に帰った小栗は帝から美濃国の国守を拝命し青墓宿を訪ねて照手姫と再会し幸せに暮らした。」という筋書きである。

2 英彦山でまとめられた『彦山修験秘訣印信口決集』には峰入り道のことを「修行（シコノヲ）」「路（ナビキ）」と読ませ『修験頓覚速証集』では「踞（ナボキ）大峯、修行（シコノヲ）彦山」と記している。峰入り道を大峯では「ナボキ」と言い、彦山では「シコノヲ」と言う。つまり大峯の靡とは神霊や祖霊が降下し通行する道を表し、そこに七五箇所の拝所（礼拝宿）を設けた。

3 「笈」とは山伏が神仏像や仏具等を入れて持ち運ぶランドセ

ルのようなものであるが、峰入り修行においては、御神体や依り代を笈に納め、これを奉って修行の一行が移動を行う形をとる。これを納めるということは峰入り修行が終わることを意味した。

4　源義朝の家臣大久保左馬之祐が主家再興のため三徳山に参詣する途中、楠の根元で年老いた白狼をみつけ、殺生をしてはいけないと見逃した。その後、白狼が枕元に立ち、自分を見逃した礼に「あの根株の下からは湯が湧いている、その湯で人々の病苦を救うように」と源泉の場所を示す夢告を得た、という筋書きである。白狼の白は浄化の役割を示し、狼は「大神」とも記され、山の神の使いであることを示している。

5　一七二九年（享保一四）に霊元法皇の院宣により彦山に対して「英」の字を賜り、それ以後は「英彦山」と記すようになる。それ以後の事跡と地名は「英彦山」それ以前は「彦山」として使い分けられている。

6　峰中路に設けられ神を祀る「宿」には礼拝宿とそこに宿泊する参籠宿の両方が存在する。大峰山脈では平安時代末には一二〇宿が挙げられ、後に「靡」という名で七五箇所となり現在も継承されている。彦山における四八とは法躰嶽（北岳）の本地阿弥陀如来の四八誓願か不動明王が行者を守護するための四八鬼王に基づく独自の発想と考えられている。

7　十界修行とは「華厳経」に説かれる成仏過程で地獄（業秤《ごうのはかり》）・餓鬼（穀断）・畜生（水断）・相撲（修羅）・人（懺悔）・天（延年）・声聞（比丘形）・縁覚（着頭襟《ちゃくときん》）・菩薩（代受苦）・仏（床堅《とこづめ》、正灌頂）の一〇段階とこれを習得する修行が存在する。

8　三時とは初夜（戌刻／午後七時～九時頃）、後夜（寅刻／午後三時～五時頃）、日中（午刻／正午前後）のことで、それぞれに定められた読誦が行われた。

9　度衆とは強力（ごうりき）、学術的には「基層修験」と呼ばれる下働きの者で、峰入り中での炊飯や道場の荘厳（飾付）などすべての準備をになう存在で、彼らの存在無くしては山中での修行を行うことができなかった。

10　伝札とは入峰の証として納める小型の伝碑伝（つてひで）、戸張（とばり）は社堂祠扉の幕張を取替えること、御供（ごくう）は燈明を灯し神仏諸尊へ飲食物を捧げること。

11　碑伝とは修験者（山伏）が入峰修行を終えたあと建立する石または木の碑。

12　本書では仏教の護摩との違いを明確にするため「採燈（灯）護摩」のことをあえて「サイトウ」と表現している。サイトウは山伏が生木を燃やして煙を立ち昇らせ神仏に対してメッセージを伝える烽火が本義だと理解している。

13　「かんなび」とは「神の隠れこもれる」という意味で信仰の対象として古代人に祀られていた山のこと。

14　一六六八年（寛文八）を境に参加する行者の数が三人から二人に減り、その期間も六月朔日から七月三日までであったものが、以後は五月朔日から七月二日までと、日数が一月ほど増えている。

15 これは如法経書写といい、毛筆や膠墨という獣から得られる物を一切避けるもので、獣の不浄性を忌避する行為である。

16 正墻薫（一九一二年）『元弘史跡船上山遺事』は『船上山寺内分限記』を受けて「三峰雲表に秀出し、第一峰を烏ヶ嶽、第二峰を二児ヶ嶺、第三峰を矢筈ヶ嶺と名付く。三峰ならび聳ゆ、総じて此を船上山と名づく西南大仙の高根に連なる」と記している。

第二章　三徳（美徳）信仰の繋がり

この章では信仰というものが三徳山という特定の山岳だけではなく、地域全体への様々な人々の往来によって形作られ、広域な繋がりを持つということを、三朝開湯伝承をテーマに取り上げて説明する。この問題に加え、三佛寺御幸《みゆき》神事を通じて僧侶が御神体を迎え、そして祀るという神仏融合祭祀の原点が今も三佛寺で行われていることについても語っておきたい。

一　三朝温泉と熊野本宮

(1)三朝温泉の開湯伝承

三朝町は「六根清浄《ろっこんしょうじょう》と六感治癒の地—日本一危ない国宝鑑賞と世界屈指のラドン泉—」というタイトルで二〇一五年度（平成二七）に文化庁から日本遺産第一号の認定を受けている。「六根清浄」とは心身を清らかな状態にするという仏教用語で、「根」は感じる力を意味し、眼（視覚）・耳（聴覚）・鼻（嗅覚）・舌（味覚）・身（触覚）・意（意識）の五つの感覚と意識をまとめて六根という。山に神が宿るとする日本の山岳信仰では修行のため霊山に踏み込み、神の宿る山頂を目指すとき、先達の「懺《ざん》悔《げ》懺悔六根清浄」の掛け声に続けて修行者全員が唱和しながら登拝する習わしがある。「六根清浄」とは三徳山に所在する三佛寺奥之院（投入堂）への登拝を意味し、「六感治癒」とは三朝温泉での湯治を意味し、この両者を一対とするストーリーを展開しているのが特徴だ。

日本遺産は二〇二三年度（令和五）現在、全国で一〇四件が認定されているものの、山岳霊場と温泉場が一組となっている事例は他になく、唯一の存在となっている。なぜ、霊峰三徳山への登拝と三朝温泉での湯治が一対となるのか、そこには作り話ではない歴史的な背景と、熊野信仰の根源地、熊野の霊地との繋がりが存在している。

三朝温泉開湯に関する伝承を記した古文書に三佛寺蔵『伯耆国河村郡美徳山並《ならびに》三朝温泉濫觴《らんしょう》略記』というものがある。これは「美徳山濫觴之事」「平親王将門仮住居並中津村之事」「三朝谷湯村濫觴之事」「大久保左馬之助旅宿を求むる事並狼を射損ず附《つけたり》三朝温泉の事」「羽衣石《うえし》南条伯耆守元続由来之事」という五つの項目からなる。

濫觴とは、物事のはじまりという意味で、かつては湯村と呼ばれていた三朝温泉開湯《かいとう》に関する伝承を書き留めたもので、文章表現から明治初期以降にまとめられたものと見ているが、記された文脈は江戸時代や、それ以前の事柄を反映している。ただし、伝承は語り継がれ広まるに伴い潤色されるのが常であるから、内容を慎重に分析しながら読み込んでゆく必要がある。この史料は三朝温泉の歴史を一九八三年（昭和五八）にまとめた『三朝温泉誌』の資料として翻刻されこれを要約すると、

「大久保左馬之助旅宿を求むる事 並《ならびに》 狼を射損ず 附《つけたり》三朝温泉之事」

長寛二年（一一六四）三月下旬のある夜、藤井助兵衛宅に身なりの立派な一人の侍が、一夜の宿を請いにやってくる。この侍は東国の浪人で大久保左馬之助と名乗り、源義朝公の家臣であったが主君が討たれてしまい、家臣も離れ離れになってしまった。左馬之助は源氏再興を祈願するため西国の名だたる霊場を巡っていて三徳山へ向かうところだと身の上を語る。すると助兵衛はこれに感動し、しばらく自宅に逗留させることとなる。

一年余りの後のこと、三徳谷に老年の狼が毎夜のように出没し、出会った村人は異形の狼の姿に恐れをなし、夜になると外に出ることができなくなってしまった。これを聞いた左馬之助は退治してくれようと河原の草むらに身を潜めて待ち構えていると、月日のように目を怒らせ白菅の大蓑を身にまとったような姿の老狼（白狼）が現れる。左馬之助は弓を構え射貫こうとした瞬間、「このような老狼は神仏の使いではないのか、しかも人や牛馬を害したとも聞いていないぞ」と気づき、わざと脇の岩に射損じる。その矢音に気付いた老狼はその場を立ち去ろうとする。左馬之助は「ヤーッ」と声を出して二の矢を放つが、これもわざと外す。老狼も一声叫ぶと何処ともなく消え、その後、姿をあらわすことはなくなった。

弥生（三月）も過ぎ、釈迦誕生の花祭りの前日となり左馬之助がうとうとしていると、どこからとなく声がして「我はそなたが射ようとした狼である。去る三月十八日但馬国（兵庫県）妙見山より美徳山へ妙見様の代理として遣わされたが、美徳の御山は清

浄な土地で休息をするにも食するものがない。そこで里に下り食物を求めていたところ、そなたと出会い、二本の矢をわざと射損じてくれた。お仕えしている妙見菩薩さまは、そなたの慈悲の心に感じられ、授け物をするため再び遣わされた。先だって潜んでいた古木の株を掘ってみよ、温泉が湧き出るであろう。そこより四、五丁（四、五〇〇m）下ったところにも陽炎のように湯けむりが立ち上る場所があるので、そこも掘ってみよ、この両所をそなたに授けるので、これを財産として子孫が末永く暮らすとよいであろう」と告げると夢が醒めた。左馬之助は逗留先の藤井助兵衛を伴い示された場所を掘ると、一つの白い丸石（霊石）が現れ、これを取り除くと、その下からお湯がこんこんと湧き出た。

　但馬妙見菩薩の恵みとして湯を賜ったので、但馬妙見山から神霊をお迎えし、外谷《ぬけだに》奥の山の上に祠を建てて祀ったが、度々生じる野火で今は社ばかりが残っている。この霊石を医師の祖とされる少彦名命《すくなひこなのみこと》神の御神体とし、少彦名命が仏として現れた薬師如来の像と、その脇には女性の病から救ってくれる淡嶋大明神との二神を祀る二つの堂を建て、堂守りに山伏を置き最初の湯を一の湯と名付けた。

　伝承の核となるのは但馬国（兵庫県）の妙見山から美徳山に遣わされた老狼を、大久保左馬之助が神仏の使者として見抜き、射貫かなかったことで妙見菩薩から古株の根と、そこから下った地点の二箇所を示され、これを掘ると湯が湧き出たという開湯伝承である。

　この伝承の時代設定が一一六四年（長寛二）と具体的で、この時は後白河法皇による院政真っただ中であり、天皇は二条天皇。鎌倉に初めての武家政権を築いた源頼朝の父源義朝は、平治の乱に敗れ一一六〇年（平治元）尾張国で亡くなるので、時代設定に矛盾はないが、伝承にしては具体的過ぎるので、後世付与されたものである。

　白狼の白とは神聖さや浄化を象徴し、示された二箇所目の地点からは少彦名の依り代とされる白色の霊石が出現する。日本は平安時代には仏こそが本来の姿（本地《ほんち》）であるが、それではあまりにも霊力が強く、しかも日本人には馴染みのない姿や衣装をした仏よりも、姿かたちが同じ日本の神々なら親しみをもって迎え入れることができるので、神と仏は同体であるという、「本地垂迹説《ほんちすいじゃくせつ》」という思想が興り、これが明治以前までは一般的な認識だった。

　日本神話の世界で語られるのは、病を治してくれるのは少彦名神であり、仏教では薬師如来ということで、両者は本地垂迹説によって結び付く。これに加え女性の下の病を治してくれるという、紀伊国（和歌山）加太《かだ》の淡嶋明神を合わせて祀り、その堂守を山伏が務めた、というのが三朝温泉開湯伝承の基本内容だ。


　ここで注目すべきは薬師如来が淡嶋神とセットで祀られるという関係である。淡嶋明神は紀伊半島の北西端で大阪府との県境をなす和泉山脈が紀伊水道に注ぐ小さな漁港に所在する。歴史的には大和大峯山と並び葛城《かつらぎ》入峰《にゅうぶ》という峰入り修行の起点道場である加太寺の守護神として、山伏達の信仰も集めた古社で、淡嶋願人という宗教者によって全国に信仰が広められ、温泉神としての薬師如来とセットで祀られるところも多い。

　但馬国の妙見山とは兵庫県養父市に所在する標高一一

写真１　三朝温泉発見のモニュメント
現在は株湯に設置されている。

写真２　株湯に設けられた古株のモニュメント

写真３　参拝客でにぎわう加太の淡嶋社

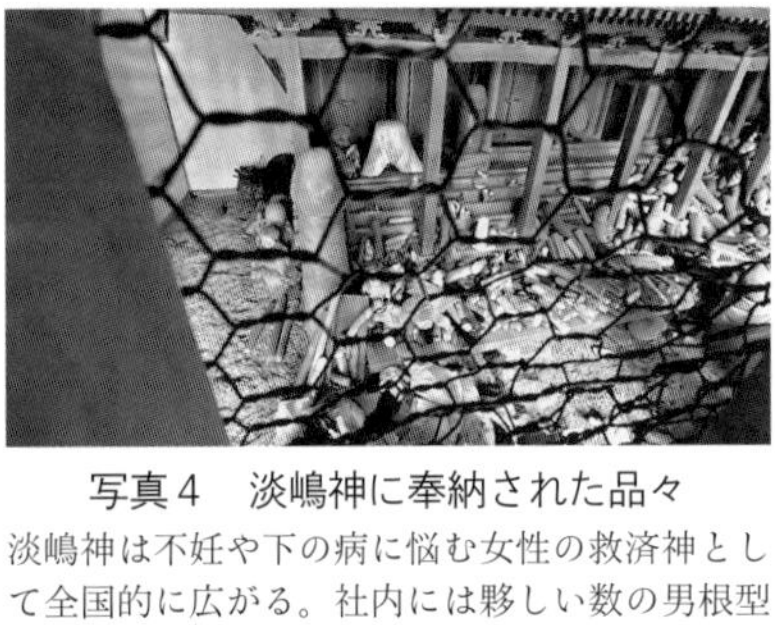

写真４　淡嶋神に奉納された品々
淡嶋神は不妊や下の病に悩む女性の救済神として全国的に広がる。社内には夥しい数の男根型木製品等の奉納品が納められている。

三九ｍの山で、山陰唯一の妙見信仰の地として栄えた。八合目にあたる標高八〇〇ｍ地点には、妙見社（現在は名草神社）が所在し、別当を日光院が務めていた。妙見山は明治の神仏分離以前には石原山と呼ばれ、正式には石原山帝釈寺日光院と称し、妙見神を祀るが、本地仏は薬師如来である。開湯伝承をたどっていくと三朝温泉の薬師信仰は但馬妙見山や和歌山市の淡嶋明神と繋がっていたのである。

(2) 温泉と薬師信仰

三朝温泉開湯伝承は前半では東国出身の侍が老狼を退治しようと待ち構えるが、殺生の気持ちを改めたことで二箇所の源泉を授けられるという温泉授与の話。後半が源泉から出土した霊石を少彦名神・薬師如来の依り代とし、これに淡嶋明神を合わせて堂を設けて祀る、温泉と薬師信仰の関わりについての話、という二つの物語から構成されている。

全国の温泉地にはそれぞれの開湯伝承が伝えられている。これを集めて分析した西尾正仁さんの研究（『薬師信仰―護国の仏から温泉の仏へ―』）によると、その数は一五〇に上るという。なかでも薬師信仰は卓越していて、温泉守護仏としての性格を担っている。温泉と薬師如来を結び付けた最古の説話は一二五四年（建長六）成立の『古今著聞集《ここんちょもんじゅう》』にみられる播磨国（兵庫県）有馬温泉の開湯伝承で、有馬温泉を管理し自らを「温泉の行者」と呼ぶ山岳宗教者により、有馬を起点として広がったとされる。一五世紀以降になると、有馬との交流を深め、熊野に集っていた時衆聖《じしゅうひじり》や熊野比丘尼《びくに》という遊行《ゆぎょう》する宗教者によって温泉守護としての薬師信仰が諸国に広まるのだという。

三朝温泉開湯伝承に登場する薬師如来は現在、温泉本通りの中ほど、薬師の湯と呼ばれる足湯が設けられた広場に薬師堂と呼ぶ一堂を建て、その祭壇に近隣からもたらされた弘法大師像などと一緒に祀られている。『三朝温泉誌』によると、温泉守護仏としての薬師如来像は温泉発見以来、二の湯前と推測される中湯の東側付近に設けられた御堂に祀られていたが、明治初期の宗教改革のあおりをうけ一八七三年（明治六）に鳥取県の通達により廃堂となる。しかし一八九二年（明治二五）に現在の地に移転再建され、今は新築の御堂となっている。

温泉守護仏の薬師如来像はカヤ材の木彫仏で、寄木造

写真５　薬師堂内に集められた仏像たち
中央が薬師如来像と日光菩薩・月光菩薩の両脇侍。

写真６　温泉中通りの薬師堂

写真７　但馬妙見山の薬師信仰に通じる三朝温泉の薬師如来像
左が内刳りが施された薬師如来像の体部。

りであるが頭部と体部右肩のみが残り、像高は七三㎝である。木割れをしないように施された内刳りが丁寧なこと、眼が彫り出してであること、顔の凹凸が緩やかであることなどから一二世紀前半頃の作品とされるが、開湯伝承の一一六四年（長寛二）と年代が合致すること、さらにはそれが三徳山など全国の多くの山岳霊場が整備され繁栄する時代であることは注目すべき点である。

(3)熊野本宮の温泉信仰と三徳山

第一章「山岳霊場を探訪する」のなかで、熊野三山を取り上げ、そこで三徳と繋がりが深い事例として本宮の霊湯信仰を紹介した。一八八九年（明治二二）に生じた未曽有の熊野川大洪水が発生する以前の熊野本宮旧社地は熊野川の中洲で、そこは「大いなる湯の原」という意味で「大斎原《おおゆのはら》」という字が充てられている。

ただし、中洲自体に湯が湧くのではなく、隣接する川湯・湯之峯が源泉地で、特に湯之峯では信仰の根源が仏の姿に湧き立った湯の花で、これを薬師如来に見立てるわけである。胸に空いた穴から、かつては湯が流れ出ており「湯の胸薬師」と呼ばれた。この湯の花を本尊とする薬師堂を建て、傍らには熊野九十九王子を祀る湯之峰王子の社を設け大斎原参詣前の湯垢離を行う霊地とした。

京・河内・和泉方面から熊野本宮に向かう参詣者たちは、海岸線の紀伊田辺から東に折れて富田川の谷あいを抜ける中辺路《なかへじ》ルートをたどるのだが、湯之峰王子へ向かうために途中から迂回するようになり、室町時代には、こちらのルートを通る方が本道経由より盛んとなる。その背景には、時衆系の聖や熊野比丘尼が、熊野本宮の湯は生まれ変わり清まる蘇生の湯だとする霊現譚を積極的に広めたからで、それを代表するのが「小栗判官と照手姫」の物語であった。

先に紹介した三朝温泉開湯伝承「三朝谷湯村濫觴之古事」には「**美徳山へ参詣の諸人に施しに入湯させける**……」と参詣に先立つ湯垢離のことを記している。大久保左馬之助は源氏再興の祈願のため美徳山を訪れ、但馬妙見山の使いとして美徳山へ参籠に来ていた老狼と出会い温泉を授けられたように、美徳山と三朝温泉が古くより一対のものであったことを確認できる。しかも美徳には熊野との関りを示唆する事例が随所にみられ、特に本宮の湯垢離場であった湯之峯王子と同じ関係性を美徳と三朝温泉が担っていたと考える方が自然だろう。

二　三朝温泉と但馬国妙見山

(1)但馬妙見

歴史というものは新たな史料が発見され、あるいは、新たな視点が出てくると、それをきっかけにして考えもしなかった世界が広がるので止められない。

前節で紹介した三朝温泉開湯伝承を記した「三朝谷湯村濫觴之古事」に、大久保左馬之助に湯の湧く地点を夢告として示した老狼が、但馬国妙見山の妙見神の使いとして三徳山に参籠しに来ていた。という記述内容が気になって仕方がないので、これに出会った二週間後には兵庫県養父市妙見の現地を訪れることとなった。「そのうちに」とか「またの機会に」という言葉をよく耳にするが、それはやらないことだと私は理解している。行わなければならない事柄は先延ばしにせず、機を逃さず手を打たないと、二度とチャンスは訪れないと、常に自分に言い聞かせているからだ。

現地の様子を説明する前に但馬国妙見山の歴史を概観しておこう。明治初めの神仏分離が行われるまで妙見山の別当（責任者）を務めていた日光院保管分と東京大学史料編纂所所蔵の写しを合わせると一二六八年（文永五）から一五七九年（天正七）に至る一三六通の古文書が残されている。一二六八年（文永五）の日光院文書には「石原妙見大菩薩」と記され、同じく一三五四年（文和三）の古文書には「妙見三所権現」と記されているので、中世には「石原山」「妙見三所権現」と呼ばれていたことがわかる。室町時代には隆盛を極め、但馬国守護の山名氏をはじめ重臣たちは石原山を祈願所とし、彼らによる所領の寄進状や寺領の安堵状が残されている。

妙見山（石原山）の山頂部は南北方向に分水嶺の稜線が連なり、東側は養父市域、西側は美方郡香美町域となっている。最高点は標高一一三九ｍで、そこから北方に一・五キロの地点から東に張り出す尾根筋の標高八〇〇ｍから七六〇ｍの範囲に妙見社と関連する建物群が並び、七四〇ｍから七〇〇ｍにかけての緩斜面に門前の妙見村が、山頂から約五㎞東方山麓の標高二五〇ｍ付近の石原村、現在の日光院が所在する周辺には妙見社に奉仕する真言宗帝釈寺が存在し、塔頭には成就院・薬師院・蓮光院・地蔵院・宝持院・弥勒院・明王院・歓喜院・宝光院・岡之坊の十院が存在し、両者が一体となって「但馬妙見」を構成していた。

一五六九年（永禄一二）に織田信長の命により山名氏を攻めた秀吉の軍勢により焼き払われ、山上の妙見社本殿と山中の帝釈寺本堂の薬師堂だけを残して灰燼に帰し、さらに一五七七年（天正五）に社領が没収され衰退した。寺院存続のため高野山釈迦門院の朝遍が住職を兼帯して末寺とし、弟子の快遍を石原村に送り込んで帝釈寺を継がせ再興にあたらせた。快遍は一六三二年（寛永九）に帝釈寺本坊の日光院を山上（現在の名草神社）に移し、石原村には成就院のみを残すことになった。

一六四八年（慶安元）に三代将軍徳川家光より広大な境内山中と共に三〇石の朱印地を与えられて経済基盤が整うと「石原山帝釈寺日光院」を正式名称とし、再び隆盛の日を迎えることになる。ほとんどの人が誤解しているので、ここで但馬妙見山の宗教構造について説明しておこう。ここは「宮寺《みやでら》」という宗教様式をとっていた。

宮寺というのは寺でもあり、神社でもある。しかし寺ではなく、神社でもないという両者が混然一体となった構造で、一七〇二年（元禄一五）に刊行された『神道名目類聚抄《るいじゅうしょう》』という神道辞典にも「宮寺」という項目が掲載されているれっきとした歴史用語である。宮寺様式は日本での神仏融合を最初に行った八幡信仰から生じたもので、神を祀る本殿を中心にしてその周りに仏教の堂塔が建ち並ぶので本堂は無く、僧侶を祭主として神職と共に運用を行っていた大規模な宮寺も存在した。

京都の王城守護の役割を期待された石清水八幡宮寺でその構造様式が完成されると、宮寺は全国的に急速に広まり、明治初めの神仏分離以前には普遍的な存在であったが、神仏分離で完全に消滅し、現在では歴史研究者であっても正しく理解している人は少ない。

「石原山」というのは実際の山を指すのではなく但馬妙見山の組織全体を表す「山号」、「帝釈寺」はそのような寺院があるのではなくやはり組織全体を表す「寺号」で、「日光院」はこの組織を総括する「別当」という関係であり、妙見大菩薩という神に仕える僧侶というのが実態であった。

妙見社の御札や御守りの定期的な配布は、里で生活する信者を山上の妙見社に繋いでおくために重視されていた。中世には石原村帝釈寺の十院に所属する僧侶が行っていたが衰退したので、一六二六年（寛永三）からは日光

写真10　拝殿中央の石の間
中央の石敷部は参籠所であったと考えられる。

写真８　旧日光院の本殿　妙見宮
内部は妙見像を中心に七尊を横一列に祀る内々陣を持つ寺院構造である。

写真11　旧日光院の客殿
明治以降名草神社社務所として使用される。

写真９　旧日光院の拝殿
拝殿と呼んではいるが神仏分離以前は西の間は護摩堂、東の間は読経所であったと考えられる。

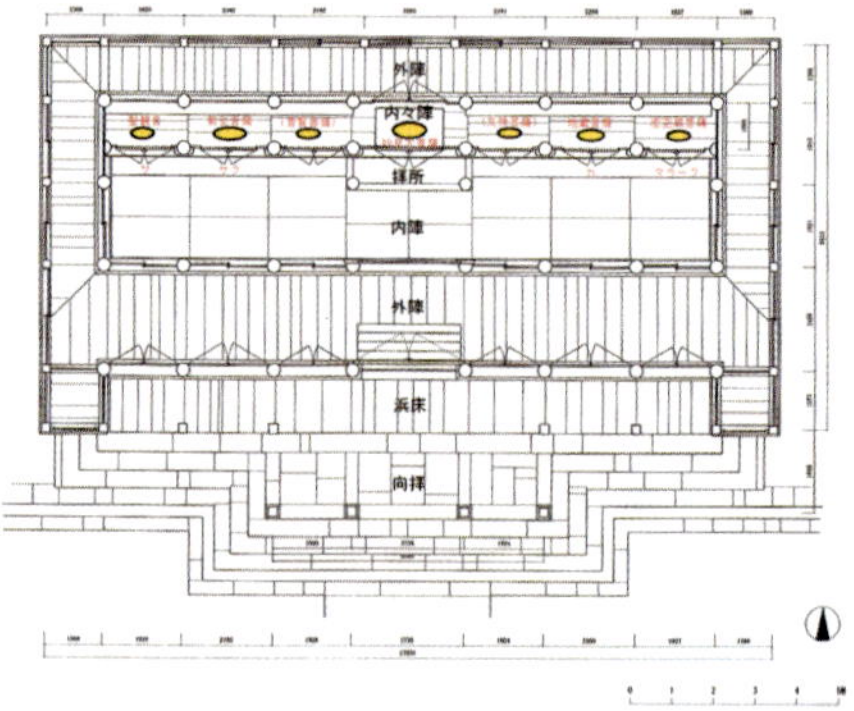

図１　旧日光院本殿　妙見宮の構造
棟札によると1754年（宝暦４）の建立で建造物としての妙見宮は北野天満宮・八坂神社・日光東照宮などと共に仏教建築と神社建築が融合した独特な建築物である。内々陣は本地仏の七尊に合わせて七間に仕切られ中央に妙見尊、左右に脇侍の普賢・文殊菩薩、残り四尊は勢至菩薩、地蔵菩薩、観音菩薩、虚空蔵菩薩と推定される。

院が配札人を抱えることとなり、彼らを山上に住まわせて門前の妙見村がまず成立し、一六三二年（寛永九）には日光院が山上に拠点を移した。この時の妙見村の戸数は十一戸で、諸国から妙見社に参詣してお籠りする人々の宿舎を提供した。各戸は配札区域を分担し檀那場を形成する。江戸時代を通じて妙見山への信仰は着実に広まり、一八一五年（文化一二）には、門前の妙見村の配札人は三二名に増加した。日光院には因幡国への回壇控帳が残されており、これによると同国には一一八箇村、約三六〇八軒の壇所（檀那）が存在したので隣の伯耆国にも相当数の壇所が存在したことであろう。江戸時代を通じて、三朝町域に但馬妙見山の信仰は深く浸透していたわけである。

　日光院の歴史は明治維新に出された一八六八年（慶応四）の神仏判然令《はんぜんれい》（神仏分離令）によって大きく狂わされることになる。帝釈寺はれっきとした真言宗の寺院であり、妙見菩薩を祀るが、本堂本殿を「妙見宮」と神社風に呼び、その前に鳥居があったことで、判然令を推進する神祇官や地方役人に目を付けられ、神社と寺院を分ける（判然）ように命じられるが、その実態がないので躊躇していたところ、一八六九年（明治二）一一月の神祇官の指示では「仏像を取り除き、神体に入れ替え、帝釈寺は本山へ引取り、神職を新任する」というものであった。

写真12　日光院拝殿の護摩壇からみた妙見宮

写真13　日光院薬師堂宮殿の扉

妙見尊の本地薬師如来を祀る。扉内側には「但馬石原山帝釈寺日光院妙見菩薩　北斗七星垂迹本地薬師如来」の墨書が記される。

　一八七一年（明治四）正月に太政官より寺社領上地《あげち》（知行権返上）の布告があり、これを受けて翌年六月に豊岡県は妙見社の境内地を確定し、寺所有山林五〇〇町歩余りが没収された。一八七三年（明治六）二月、豊岡県は妙見宮を、『延喜式』に記載されている但馬国養父郡「名草神社」であるとして改称させた。ただし、中世・近世を通じて名草神社という神社が存在した実態はなく、この時に創始されたわけである。

一八七六年（明治九）七月には名草神社の神職が正式に任命され、妙見社の土地・建物全てがそのまま明け渡されることとなり、日光院は九月に本尊妙見大菩薩（妙見七尊体）をはじめとする仏像・仏具・経典類一切を、石原村の地に残っていた帝釈寺坊舎の成就院に移し、ここを日光院とし、現在に至っている。明治初めの神仏分離時には現代では考えられないような行為が全国で公然と行われたことを読者には知ってもらいたいと思い敢えてこのことを記させてもらった。

(2) 杵築大社《きづきのおおやしろ》三重塔移築

石原山帝釈寺（現在の名草神社）旧境内には一五二七年（大永七）に出雲国守護尼子経久が杵築大社（現在の出雲大社）境内に建立させた三重塔が移築されている。もとの位置は現在の大社の庁舎《ちょうのや》と拝殿の中間あたりで、この時の杵築大社は神仏融合の最盛期で、境内には三重塔・経蔵・大日堂・鐘楼などの仏教建築が林立しており、大社と密接な関係にあった天台宗浮浪山鰐淵寺の僧侶が来社し法事を執り行っていた。しかも本殿は現在のような白木ではなく、外観は朱塗りの仏式であった。

ところが江戸時代になると、杵築大社は神仏分離への移行を始め、寛文の造替事業（一六六三―一六六七）を機に一気に進めた。まず、祭神をスサノヲノ命（鰐淵寺の本尊、蔵王権現の垂迹神）から現在の祭神である大国主命に変更し、境内の仏教建築物の完全排除、仏具や経典類の処分が行われ、鰐淵寺僧侶との関わりも絶たれた。そして、現在見るような、神道色だけの境内を新造した。

写真14　杵築大社から移築された旧日光院の三重塔

本殿を新造するにあたっては莫大な数量の用材・用木の確保と社域の拡大が急務となり、造営奉行が中心となって出雲国内はもとより、隣国石見国、上方や江戸の材木商らを探し回った。なかでも心御柱《しんのみはしら》・宇豆柱《うずばしら》・側柱などの本殿を支える杉の巨木の確保は特に難航したが、但馬国妙見山に杉の大木があることがわかり、関係者を派遣し下見に寄こした。妙見山には古来神域として護持された杉の大木が一里半四方にわたって林立しており、中には八端杉といい一二抱もある神木、七曜杉という神木が聳えていた。

大社側はさっそく買取交渉をはじめる。日光院は杵築大社造営のことならばと快諾し、一二本を渡し、うち一〇本分の代金として一八〇両を受け取り二本は寄進することで話がついた。

その後、日光院は大社境内の三重塔が破却されることを聞きつけ、代金を持参した者に、譲ってもらえたなら、この度の用材は全て寄進させてもらうと申し出、出雲側にこれを伝えたところ歓迎され、三重塔は日光院に譲られることとなった。一六六五年（寛文五）三月八日に塔の解体が始まり、二十七日に日光院へ寄贈された（『大社御造営日記』佐草家文書）。こうして神仏分離の難を逃れ、現在も杉木立の中に朱塗りの美しい姿を見せてくれている。

(3)妙見山の狼信仰を探る

三朝温泉開湯伝承に登場する老狼が仕えていた但馬国妙見山について多くのことを知ることができたが、肝心の狼については何か手掛かりがないのだろうか。

妙見山が所在する同じ養父市域で谷口にあたる円山川流域左岸の養父市場という地区には但馬五社の一つに数えられる五社明神（現在は養父神社）という古社があり、本殿前には狛犬のさらに内側に一対の狼が社殿を守っている。この少し奥側には摂社の山野口神社があり、別称は「山の口の狼」といい流行《はや》り病や憑き物を落とす神として広く信仰されていた。こうした障りは疫病神や狐などの魔物が引き起こすとされ、狼神の威光で避けることができると考えられていた。五社明神では狼は田畑の作物を猪や鹿から守る良獣であった。

明治初期の神仏分離以前には現在の社務所の場所は別当の水谷山普賢寺で薬師如来を本尊としていた。三朝温泉の温泉薬師や、妙見山の妙見菩薩の本地、薬師如来と同じである点が、何か繋がりを暗示しているのかもしれないが、これ以上の深入りは止めておこう。

　民俗学を創設した柳田國男は『狼と鍛冶屋の姥《うば》』の中で、養父神社の狼から、この地の狼信仰を考察していて、一八〇一年（享和元）に記された菱屋半七『筑紫紀行』や百井塘雨《ももいとうう》『笈埃随筆《きゅうあいずいひつ》』を引用している。『笈埃随筆』には「この山（妙見山）の後ろの麓に養父明神在す。狼を使令として宮前に大石をもて狼の雌雄を彫造し、鉄鎖をもって繋いで左右に有り。諸社の高麗犬の如し。鄙国の村々にて猪鹿の為に田畑を荒らさるることあれば、此明神へ参り立願して狼を借り用いんといえば、此人かの繋ぎたる鎖を解いて其願にまかる。然して帰れば猪鹿の荒るること無し。かくして後又御供神酒を奉りて礼参す。誠に珍しき事也。」と記し、当時の狼信仰がどのようなものであったのかを知ることができる。『狼と鍛冶屋の姥』のなかで柳田國男は、山麓に所在する五社明神に狼信仰が最初からあったわけではなく、妙見山から移ってきたと述べている。今では痕跡を留めていない石原山（妙見山）が妙見神と結び付いた狼信仰の霊場であったというわけだ。

写真15　養父神社の石造狼
狛犬の内側（本殿側）に向き合う一対の狼像。

写真16　「山の口の狼」として親しまれた山野口神社本殿

　話を再び日光院へ戻そう。現在の日光院の山門前には妙見山資料宝物館があり、その中に「日光院の牛王札《ごおうふだ》」の版木が展示されている。これは正式には「牛王宝印」という。牛王とは牛の肝から得られる牛黄（牛玉）という密教加持に用いる霊薬を印色として神符に用いたことからその名がある。日光院のものは版面中央に左向きの二匹の狼が彫られ、上に「妙見尊狼御守」と記されたシンプルなものだ。日光院に版木があるということは日光院が狼の護符を発行し、配布する狼信仰の拠点であったことを示している。

一六二六年（寛永三）に日光院が新たに配札人を抱え、山上の門前に居住させたわけだが、彼らが隣国にまで広めたのは、田畑を荒らす猪や鹿から作物を守ってくれるという、この狼の護符であった。三朝開湯伝承に登場する但馬国妙見山のお使いの老狼とは、配札人によってもたらされた但馬妙見菩薩の眷属である狼神そのものであったわけだ。

写真17　但馬妙見講の絵讃

各村の檀所（檀那場）では妙見講が作られ、講の本尊として用いられた掛軸（絵讃）と考えられる。これにより日光院本尊の妙見菩薩が剣を持ち亀の上に立つ図像であることがわかる。

写真18　日光院の狼護符

右が版木、左がこれを刷ったもので近年復活した。縦17.5cm、横12.3cm、厚み1.6cm。

三　三佛寺の御幸神事と御神体

(1)三佛寺の御幸《みゆき》神事

三佛寺には神霊が宿った御神体や依代《よりしろ》を神輿に移して御旅所に渡御する御幸という神事が一九四二、三年（昭和一七、八）頃まで行われていたが、太平洋戦争の激化で中断していた。三佛寺は七〇六年（慶雲三）の開山と伝えており、二〇〇六年（平成一八）に開山一三〇〇年の節目を迎えることから関係者の間でいろいろな記念行事を計画し、その一環として、かつて行われていた御幸神事を復活しようという取り組みが檀家を中心に検討されていた。

これに先立つ一九九八年（平成一〇）に開催された第一三回国民文化祭おおいた98において「八幡フェスティバル神と仏と人の和―」というテーマで、宇佐八幡宮寺で神仏分離時まで行われていた放生会《ほうじょうえ》という神仏融合した宮寺最大の神事を、国東六郷満山の天台僧の協力を得て見事に復活させていた。この試みは大分県宇佐市の実行委員会が主体となり、私の宗教学の恩師で八幡信仰史研究の大御所である、中野幡能先生が指導して一三〇〇年ぶりに復活させたもので、私もほとんどの神事に随行し、記録撮影を行わせていただいた。このことを米田良中住職にお話ししていたので、「御幸行列復活の参考にさせてほしい」と依頼を受けていたこともあり、作成したアルバムや関連資料を持って輪光院を訪ねたわけだが、復活後、これを観る機会に恵まれず、二〇二三年（令和五）四月にようやく、実現した。

御幸の始まりの時期については、三徳山と繋がりが深く相互に交流のあった大山においては『大山寺縁起』に一〇六四年（康平七）四月二四日に五社の神輿が連なって御幸が行われ、壮観であったことが記されているので、三佛寺の御幸神事も平安時代終わり頃に遡る可能性がある。

江戸時代の行事内容については、惜しくも二〇一二年（平成二四）の火災により焼失してしまったが、正善院所蔵『年中行事』によって知ることができる。この史料は坂田友宏先生監修の『大山と三徳―その信仰と行事』（二〇一九年）に翻刻全文が掲載されているので、詳細を知ることができる。史料は五八頁の和綴冊子で一八四六年（弘化三）から幕末までの期間に古くからの慣例を書き留めたもので、藩政時代における三徳山一年の行事や、領内の行政などについて記している。

『年中行事』による神事のあらましは、三月一六日に本堂に神輿を飾り輪光院（上の寺）、正善院（中の寺）、皆成院（下の寺）の三院から神饌が供えられる。一八日朝、村人から選ばれた本堂番人三人、山上堂番人三人が登ってきて、このうち山上堂番人は奥之院、地蔵堂、文殊堂にそれぞれが詰めたと思われる。このほか神人、足軽、鉢屋などこの日の奉仕人たちが参集して割り当てられた三院で待機する。昼頃年行事《ねんぎょうじ》が吹く法螺貝を合図に三院の住職たちが本堂に会して神事が行われ、これが終わると御幸が行われ、御旅所（現在の宝物館）に神輿を移し決められた経文を称え、奉幣したのち、再び本堂へ還御して終わる。

ここに記された本堂から御旅所までの渡御であれば、わずかな距離でしかないが、かつては、神領内を広く巡行するものであったと思われる。

(2)神霊の依代と神輿

本尊蔵王権現の依代は獅子頭の額に一本の角を生やした一角獣で、頭部は桜の一木彫り、下顎は杉材で、室町時代の作品とされる。カヤを付けた金具が数箇所に認められるので、被って行列に加わっていたという。現在は宝物館に納められていてレプリカを用いているが、かつては輪光院の仏間に本尊同様の扱いをうけ、大切に祀られていたとされる。中世の戦記物『太平記』二九には、

吉野ノ金剛蔵王権現、頭ニ角生《オヒ》テ八ノ足アル馬ニ被召《メサレ》タリ。小守勝手ノ明神、金ノ鎧ニ鉄ノ楯ヲ引側《ソバ》メテ、馬ノ前後ニ順ヒ給フ。

とあり、蔵王権現が頭に角の生えた八つ足の馬にまたがり、子守・勝手両明神がこれに従うという構図は、三佛寺御幸行列と同じ構図であることから、この一角獣は蔵王権現の乗り物であり、目には見えないが蔵王権現がこれに騎乗する姿をイメージする依代であったと理解されている。

蔵王権現に従う子守権現（地蔵堂）と勝手権現（文殊堂）の神霊依代はそれぞれの神輿に移され、前を行くのが子守権現、後ろが勝手権現の順番で、担ぎ手は坂本と小鹿の神人株《じにん》という特定の人に限られており前の神輿を

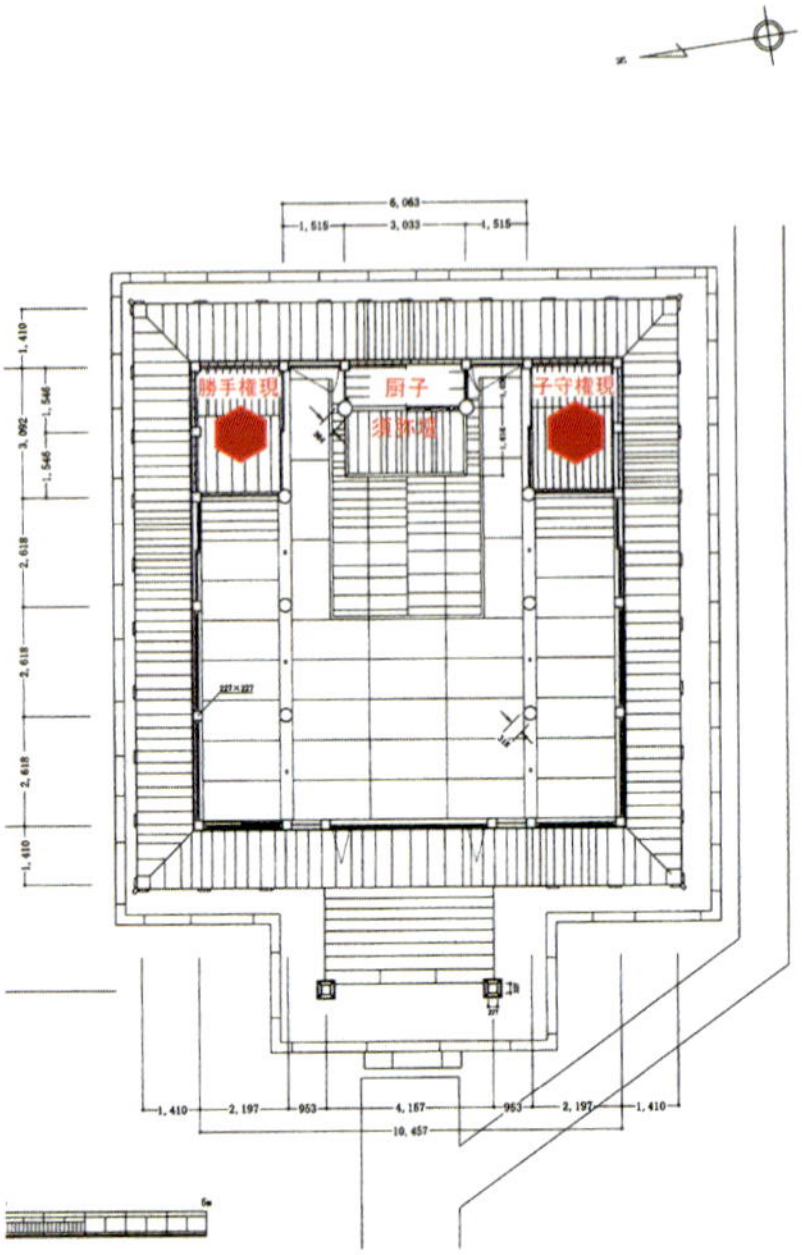

図２　本堂内神輿収納の位置
須弥壇を挟んで子守権現・勝手権現が横一列に並ぶ形がとられている。

写真23　勝手権現神輿の渡御

写真24　子守権現神輿（輪光院前）

写真19　子守権現神輿屋根下の組物
屋根下の組物には仏教系の七宝や唐草文が彩色されている。

写真20　本堂前での三院僧侶の読経

写真21　蔵王権現の依代 一角獣

写真22　復元された御正躰

坂本の神人が、後ろを東・西小鹿の神人が隔年で担ぐことになっていた。二基の神輿は二〇〇六年の一三〇〇年祭に合わせて解体修理が行われ、表面に貼られた漆の下には七宝や唐草文などの彩色模様が描かれた仏式の神輿であることが判明し、その彩色はもとの形に復元されている。両神輿は平面形が六角形で、四角形・八角形が主流を占めるなかにあっては少数派に属する。内部には、

再建立　天保五年　大仏師　西尾
明治十五年十月日　倉吉住大仏西尾二代文朝門人
文六塗之

という墨書が記されており天保五年は一八三四年であるので、神輿はそれ以前に造られたことがわかる。さらに子守権現の神輿正面に掲げられていた御正躰（懸仏）に、

天長地久　寛永拾五年戊寅年二月吉日　此正躰之作
京都四条宮町　中川藤左衛門

と記されている。寛永一五年は一六三八年と江戸時代初期なので、神輿はそれ以前から存在していたことになり、御幸神事が中世以前から行われていた可能性が出てくる。

神輿の保管は、一般の寺社では神輿蔵という別棟の建物を設けて行われるが、三佛寺では本堂内の内陣後端間に須弥壇と厨子を配置して両脇間を外陣とし、後端間を仕切って部屋とし、右側の部屋に子守権現、左側の部屋に勝手権現の神輿がそれぞれ一基ずつ納められており、他にこうした構造を知らないので、稀少な事例だと思う。

このように三佛寺の御幸神事は神仏が融合する形を色濃く残した行事である。子守権現・勝手権現の両権現は山上に鎮座する神であり、本来ならそこから祭礼にあたり依代に神霊を迎え（みあれ神事）、本堂内に収納されている神輿にこれを納める形をとるが、その儀礼の痕跡が本堂前に設けられた、地蔵堂（子守権現）を遥拝する円形のサイトウ壇だと考えている（142頁）。但し、現在みあれ神事は行われていないが、祭礼にあたっては事前に神輿内に神霊の依代を納め、御幸神事が厳格に執り行われている。

第三章　三徳山と三佛寺を探る

一　三徳山を考える手がかり

(1)地質と植生

山塊としての三徳山は標高八九九mを最高点とするものの独立した高峰ではなく、八〇〇mクラスの尾根稜線が二㎞近くにわたって続くのに加え、その稜線から南北両方向に多数の尾根筋が派生し、その間には浸食を受けてえぐられた細かな谷地形が連続している。北面には三徳川が流れて幅の狭い三徳谷を形成し、南面には小鹿川が流れて、やはり幅の狭い小鹿谷を形成するので、山麓から直接山頂部を望むことは難しく、「見えない山」というのが特徴となっている。

ここに二枚の写真を用意した。写真1は三佛寺周辺を一望することができる「千軒原」から山頂方向を見たところだが、頂上部に見えているのは図1に赤太線で示した山頂部を構成する尾根稜線で、残念ながら最高点（山頂）は見えない。同じく写真2は南面の小鹿渓谷側、神倉地区のランドマークとなっている冠巌《かんむりいわ》の景観だが、立ちはだかる尾根筋が遮り麓から山頂部を望むことはかなわない。

写真1　千軒原からみた三佛寺

写真2　神倉地区の冠巌

三徳山山頂から北面の三佛寺に延びる尾根の稜線は「行者道尾根」と呼ばれ標高五〇〇mから下の裾部は図1のⅠのように三佛寺境内となっているが、奥之院蔵王堂（投入堂）から上部には人工的な施設を設けず自然植生が護持されている。対する山頂から南面の神倉集落に続く尾根の稜線には標高六〇〇m代のⅡの神倉湯地点と、

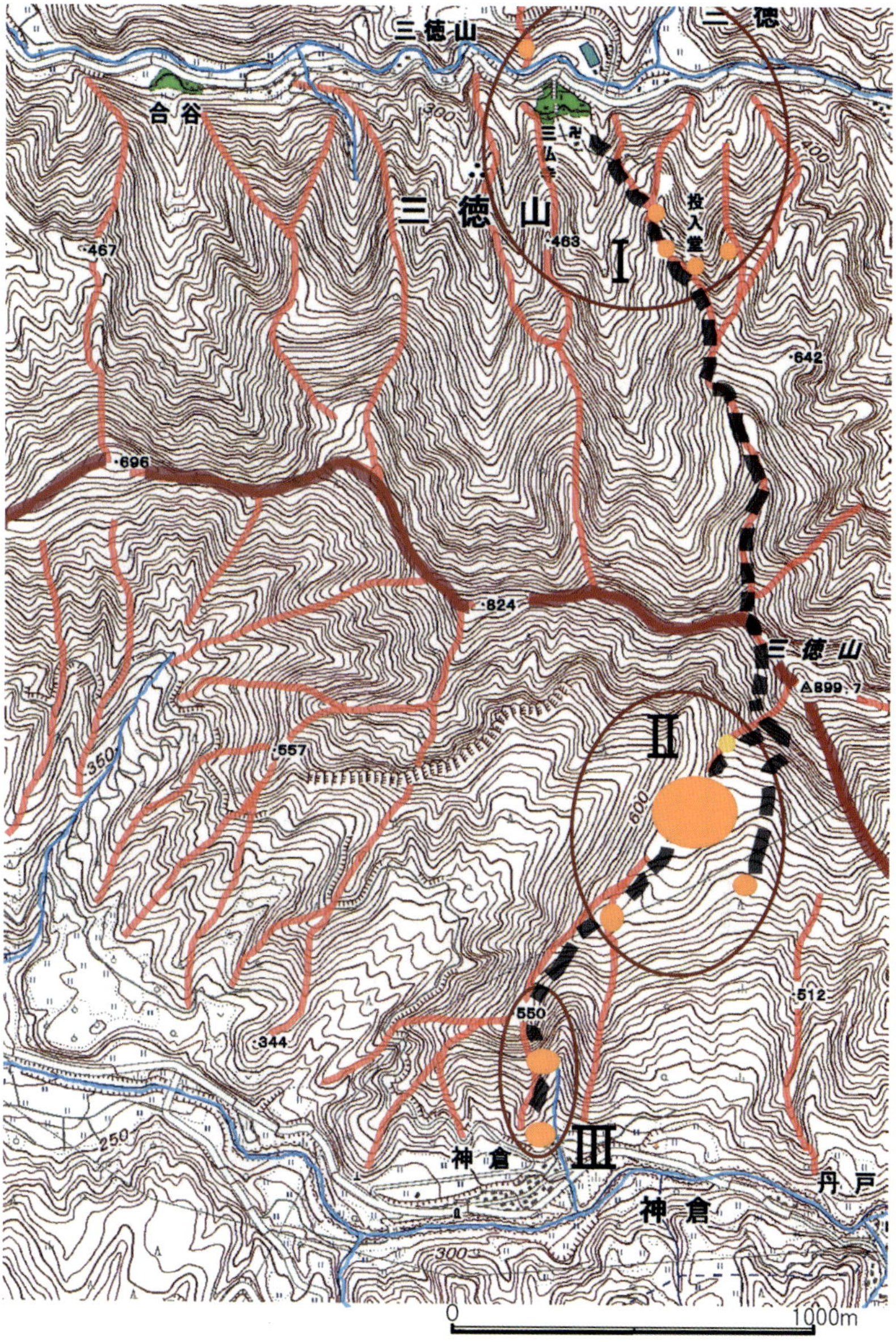

図１　三徳山の主要な信仰遺跡

Ⅰ 三佛寺地点　Ⅱ 神倉湯地点　Ⅲ 神倉仏谷地点

● 寺社・信仰遺跡　　▬ ▬ ▬ 行者道（尾根道）

山頂から南北両側に延びる尾根筋三箇所に寺社・信仰遺跡が集中し、これを行者道が繋いでいる。

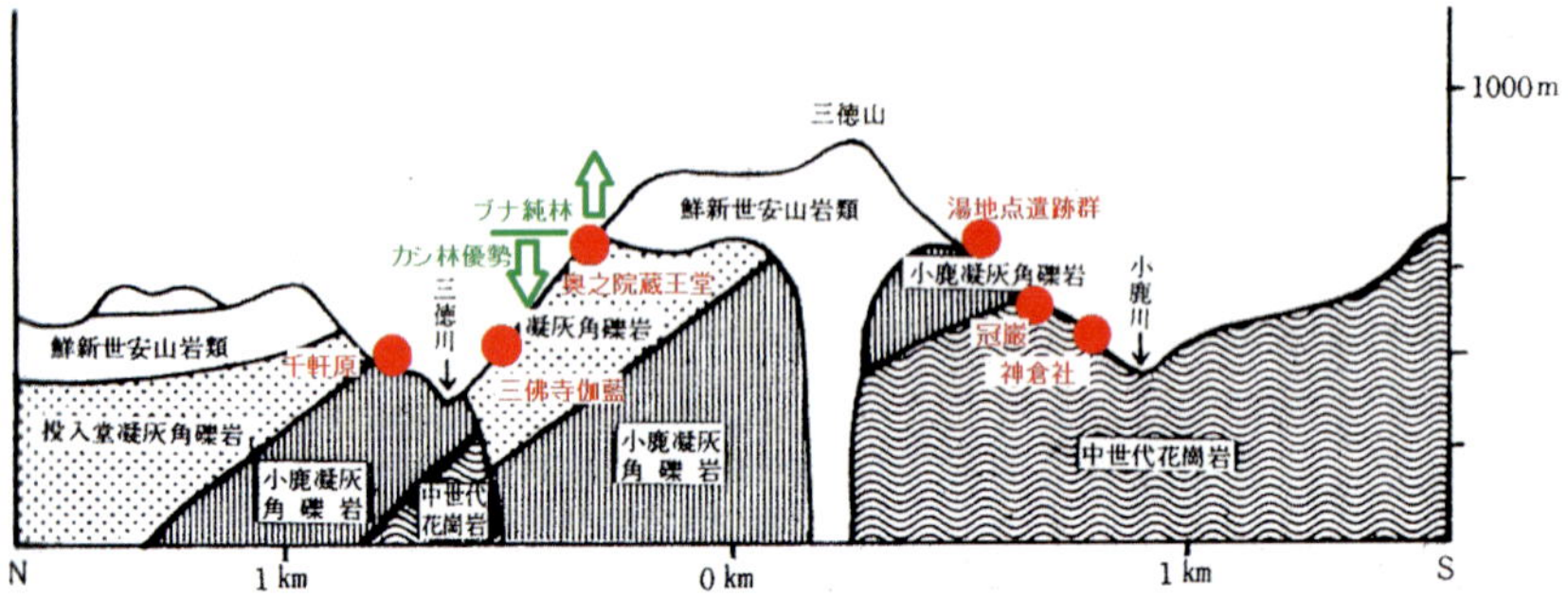

図２　三徳山の地質構造と植生・信仰遺跡の関係

松本達之「三徳山の自然と景観」より加筆引用

主な宗教施設が設けられる場所の選定には地質（岩質）と植生の変化点が密接に関わっていることが見て取れる。三徳側では奥之院蔵王堂の位置は固い安山岩と柔らかな凝灰角礫岩との境目にできた洞窟を利用し、そこから山頂までは、植林が行われるまではブナ純林となっていて、一切の人工物を設けない神仏常住の空間であった。そこから下部は浸食を受けやすい凝灰角礫岩で奇岩や断崖が発達し、験力を獲得するための行場であった。三佛寺の伽藍はさらに、その裾部に設けられている。

標高四〇〇ｍから裾部の神倉集落にかけての「仏谷」には、冠巌・神倉神社を中心とするⅢの神倉仏谷地点が所在し、ⅠからⅡ・Ⅲの各地点を尾根稜線上に設けられた行者道が繋いでいる。

図２は三徳山山頂部をまたぐ南北方向の地質構造模式図に遺跡の位置と特徴的な植生を示したものである。三徳山は約三〇〇万年前（新生代鮮新世）に噴火してできた山で、粘り気の強い溶岩が噴出して周りへ流れ、最後に中央部が冷えて固まり溶岩円頂丘ができる。その後、浸食が進んで現在の尾根と深い谷が連続する地形が形作られている。

地質は標高九〇〇ｍから中腹の六〇〇ｍまでは固い安山岩に覆われ、その下には柔らかい凝灰質角礫岩が堆積するので浸食が進み、深い谷が刻まれて中腹から山麓にかけては急傾斜の谷、鋭い稜線の尾根、断崖、奇岩が集中する。安山岩層と凝灰角礫岩の境目では特に浸食が激しく、洞窟状に抉られるので、そこに奥之院蔵王堂（投入堂）を始めとする岩屋群が設けられている。

南面の神倉側でも修行道場と考えている湯地点遺跡群は小鹿凝灰角礫岩の上部に営まれ、冠巌は花崗岩層との境目にできた断崖である。植生に注目すると標高八九九mの山頂から、奥之院蔵王堂が設けられた五二〇mまでは、明治以後に植林が行われるまではブナ準林が覆う神仏常住の聖域であり、そこには一切の人工建築物を設けることはなかった。五二〇mより下の部分では浸食を受けやすい凝灰角礫岩層となり、そこには断崖や奇岩が集中し、カシ林を優勢とする樹相が覆う。ここは験力を獲得するための行場であり、その末端の三徳川に面した裾部に三佛寺の寺房や堂舎が設けられた。

南面の神倉側では巨大な磐座である冠巌は凝灰角礫岩末端が浸食を受けて断崖となったもので、これを境にしてその上部には山中修行を実践するための行場や修行のベースキャンプとなる参籠所が設けられている。

このような地質と植生の異なる景観の違いに基づいた山中の自然結界観は、第一章の英彦山で基本となる在り方を説明したが、奥之院から上部を神仏常住の【常寂光土】に、凝灰角礫岩層の中間部は山中修行を行う菩薩界の【実報厳土】に、渓谷に面した住房域となる裾部は聖と俗が入り混じる【凡聖同居土】という自然結界思想に基づく山中利用が行われていたものと考えられる。

⑵山の神の姿

三徳山というと、「蔵王権現を祀る山」というイメージがまず浮かぶのではないだろうか。それは三徳山の信仰にとっては二段階目の形であり、最初は土地の精霊としての山の神を祀るところから始まり、その素地の上に中央政権の意志によって主尊の金剛蔵王権現と脇侍の子守権現、勝手権現の三所が導入されたので、両者が重層的に重なるのが実態だ。三徳山へのオリジナルな信仰を理解するため、下地となる三徳山の山の神を現した「神《しん》像《ぞう》」について整理しておこう。

神像というのは、本来姿を持たず、影（シルエット）として出現する神々を仏教の影響から仏像のように彫刻物として表すようになったもので、平安時代初期の九世紀から八幡神像を中心に作られるようになり、これを祀るために常設の建物である社殿が成立する。初期のものは極めて少なく全国的に作例が確認できるのは一一世紀頃からのようだ。

三徳山の神像は北面の三佛寺側と南面の小鹿谷側の両面に残されており、それぞれ特徴ある姿の神々が祀られている。まず三佛寺には幾つもの神像が伝えられており、

その３　男神坐像
11世紀後半～12世紀
像高17.1cm

その２　男神坐像
11世紀後半～12世紀
像高22.2cm

その１　女神坐像
11世紀後半～12世紀
像高20.3cm

その５　男神坐像
12世紀　像高22.1cm

その４　頭部拡大
眉等顔面を描き込む

その４　男神坐像
11世紀後半～12世紀
像高13.6cm

その６　底部

その６　頭部拡大

その６　女神坐像
13世紀　像高34.1cm

【三佛寺の神像　11～13世紀】

底部

背面の墨書銘

その７　男神坐像
1520年（永正17）
像高31.1㎝

その９　男神坐像
1541年（天文10）
像高42㎝

その８　底部の墨書銘

その８　男神坐像
1541年（天文10）
像高35㎝

底部

その10　男神坐像
像高33㎝

その９　底部の墨書銘

【三佛寺の神像　16世紀】

このうち状態の良い一〇躯に加え、一五四二年（天文一一）と一五二三年（大永三）の勝手権現像とされる男神騎馬像二躯が二〇二四年（令和六）に鳥取県指定文化財に指定される。一〇躯の神像は一一世紀から一三世紀の古いグループと、一六世紀の新しいグループの二種類に分けることができる。

古いグループは奥之院蔵王堂の建立や蔵王権現像造立などと同様に、平安時代から鎌倉時代にかけての三佛寺周辺の隆盛を背景として造像されたもの、新しいグループは戦国期の再興にかかる造像と位置づけられている。いずれも三佛寺に関わる社に祀られたものには違いないが、残念なことに、山内のどこで祀られてきたのかはわからない。

古いグループの神像群はその1からその6までの六躯で、このうちその1から4までの四躯が一一世紀後半から一二世紀にかけての像とされる。その1が女神で頭頂に髻《もとどり》を結い、髪を後ろに垂らすが、摩耗が進み細部はわからない。その4は鼻と口のみ彫り出し、冠の緒と眉・目・鼻を描き表わす。その3と4は作風から同一作者の手になる神像と考えられる。像高三四cmと大ぶりな、その6の女神坐像は頭頂に髻を結い、肩口まで髪を垂らす。保存状態もよく、古くから知られた三徳山の神を象徴する存在である。

新しいグループは四躯のうち、その10を除く三躯に銘文が記され、総てが巾子冠《こじかんむり》を被り円領《えんりょう》（註1）の袴を着した男神像である。その7は背面に墨書銘があり、当山浄土院住僧寶林坊栄海が京仏師の定泉《じょうせん》に依頼し、子守鎮守護法として一五二〇年（永正一七）に納めたもの。その8は底部の墨書銘から三徳山の住僧が母のために京仏師の「師《そち》」に依頼し一五四一年（天文一〇）に納めたもの。その9は同じく底部の墨書銘から美徳山実円坊重海が同じ京仏師の「師」に依頼し同年に納めたものである。

その7は子守権現の男神像として作られている。蔵王権現、子守明神、勝手明神の三所を祀る吉野では子守明神は女神であり、子守・勝手明神とで男女一対の神として祀られる。その8（像高三五cm）・その9（像高四一cm）は同一作者の手になるもので、大小の男神二躯の組み合わせとして製作され、しかも子守・勝手両権現として納められており、三徳山においては吉野と異なり両明神を「男神の権現像」として祀ることが特徴となっている。

頭部拡大
宝冠を表現している

その１　主尊神像
像高39.3cm

特徴的な三尊形式の神像

頭部拡大
牙を持ち眼球を強調する

その２　左脇神
像高33cm

背面

その４　男神坐像
像高30.5cm

頭部拡大

その３　右脇神
像高31.5cm

【小鹿谷側の神像】

三徳山の南面、小鹿川に面した場所にも神像が四軀残されており、いずれも三佛寺の古グループと同じ一一世紀後半から一二世紀に遡るものと考えられる。

一般的な神像は男神と女神の夫婦一対像として表されるのだが、この神像は仏像と同じく中心にひと際大きな主尊を置き、両側に脇侍を配置する三尊形式をとることが特徴だ。三神像いずれも腹前に組んだ両手に穴が穿たれ、別材で笏をとる形式であることが特筆される。

各像も異例づくめで、主神（その1）は頭部と服制は仏像の天部の表現を用い、衣文を深く刻み宝冠を被っていて部分的に確認できる衣の彩色には朱が確認できる。

左脇神（その2）は一般的な束帯姿ではあるが、ことさら眼球を強調し上歯をむき出しとしているところに大きな特徴があり、耳の表現には省略化が行われている。右脇神（その3）も同じく一般的な束帯姿であるが、やはり眼球を強調し、耳の表現に省略化が行われている。

単独の男神坐像（その4）はあご髭をたくわえ、胸前に合わせた両手に笏をとる形式で、笏を含めて全てを一材より彫り出している。

このように三徳山に祀られた多様な山の神の姿を示したが、北面の三佛寺という顕密寺院（註2）で祀られる山の神の姿が通例の男女一対でシンプルな姿の神々であったのに対し、南面の小鹿川流域で祀られる山の神は仏教との融合が進んだ三尊形式の仏に類する姿であることに加え、脇神像には山の神の使いとしての鬼神の表現を見ることができる「異形の神々」であった。これらの神像群は三徳山への信仰が多様であったことを示し、特に北面と南面では性格が異なることを示唆している。この違いが山中に残された信仰遺跡の違いにも表れているので、このあと具体的に示すことになる。

(3)はじまりの物語と石土山縁起

三徳山のはじまりの縁起（物語）を記した史料に、奈良県吉野の金峯山寺に伝わる『金《きん》峯《ぶ》山《せん》草《そう》創《そう》記《き》』というものがある。これは鎌倉時代後期にまとめられたもので、そこに収められている記事は平安時代後期から鎌倉時代初めのものが主で、その冒頭に合計六種の縁起や伝承が書かれている。

このうち五番目の縁起では石鎚山（石土山）・金峯山（弥勒長）・三徳山（三仏山）の三山をそれぞれ千光仏浄土・大光仏浄土・無量光仏浄土と位置づけている。

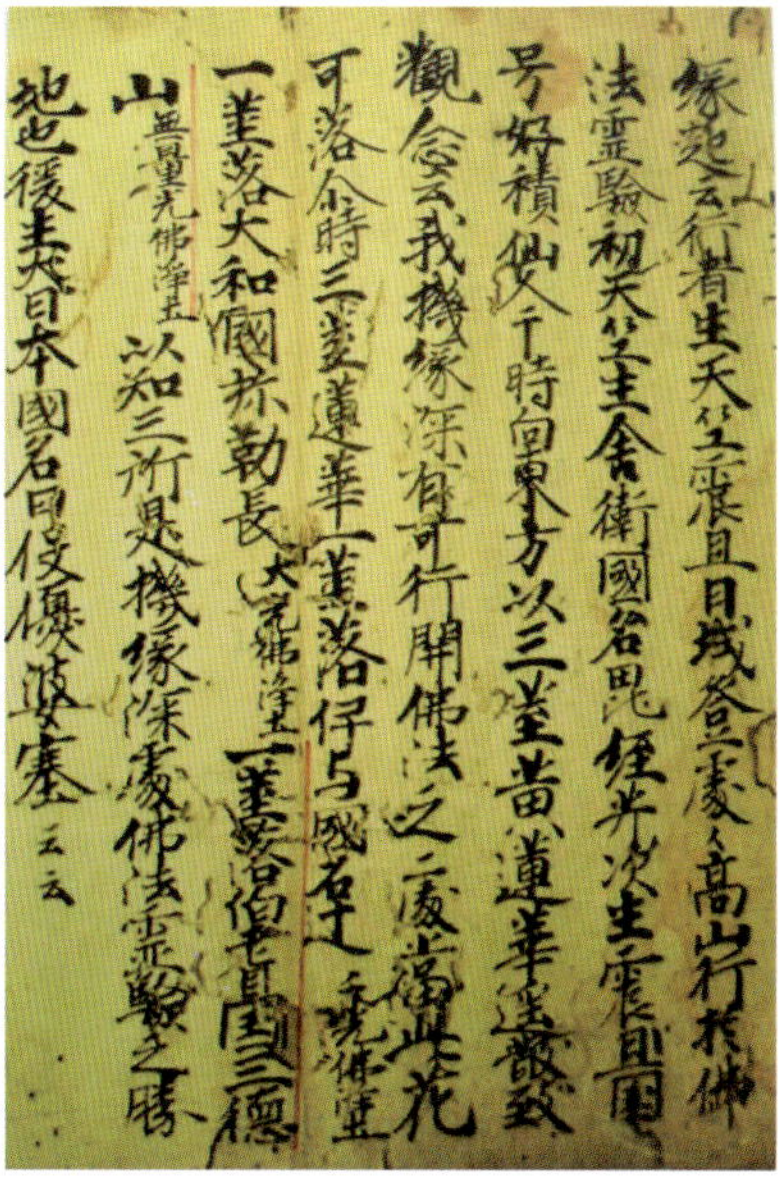

図３　『金峯山草創記』該当箇所

縁起云、「行者生二天竺一・震旦・日域一、登二処処高山一、行二於仏法霊験一。初天竺生二舎衛国一、名二毘経菩薩一。次生二震旦国一、号二好積仙人一。于レ時向二東方一、以二三茎黄蓮華一遥散、致二観念一云、「我機縁深有下可レ開二仏法一之処上当此華可レ落。」」爾時三茎蓮華、一茎落二伊与国石辻一千光佛浄土。一茎落二大和国弥勒長一大光仏浄土。一茎落二伯耆国三徳山一無量光仏浄土。以知、三所是機縁深処、仏法霊験之勝地也。後生二大日本国一、名曰二役優婆塞一」云々。

『金峯山草創記』釈文

修験道の開祖である役優婆塞《えんのうばそく》は天竺《てんじく》（インド）・震旦《しんたん》国（中国）・日域《ひいき》（日本）でそれぞれ生まれ変わり、そこの高山（霊山）で霊験を示した。優婆塞が震旦国の好積仙人であったとき三茎の蓮花を散じると、それがこの三山に落ちたので、この縁で仙人はのちに日本国に生まれ変わり役優婆塞になったのだとする。

『金峯山草創期』に登場する三山のうち、石鎚山にもこれに関連する『石土山縁起』というものが残されている。これは石鎚山山麓に所在する横峯寺という四国八十八箇所霊場第六十番の札所に伝わる縁起で、長年、三佛寺の文化財調査を手掛けている奈良文化財研究所の吉川聡先生が原本調査を行い、釈文と共に概要を報告されている（註３）。それによると、この縁起は江戸時代の写本だが、根本の成立は中世に遡るという。内容は様々なエピソードで構成されるが、先生が注目するのは『金峯山草創記』やこれに類する『金峯山雑記』に引用された「三徳縁起」の記述が、『石土山縁起』の所々に見られることだという。

そこで、この縁起のうち、三徳山に関わる箇所を、抜き出して示しておこう。吉川先生はその内容よりAから

石土山縁起

A　昔中天竺摩訶陀国霊鷲山在二一大士一。名曰二香積菩薩一。（中略）「従レ此東方有二一浄土一。名曰二仏光浄土一。伊予国石土山也。二有浄土。名曰二月光浄土一。大和国弥長山也。三無量光浄土。伯耆国美徳山也。」爾時三葉蓮華従レ空降下。時大士取二是蓮華一向二東方一発レ誓遥散云、「為二我機縁一、深可レ利二益衆生界一所当レ落二此蓮華一。」爾時一葉落二伊予国石土山一。一葉落二大和国弥長山一。一葉伯耆国三徳山落。知二此三処是仏法之霊跡殊妙之勝（地）一也。依レ之大士於二三所之霊峯一受レ生、修行給既七生也。香積菩薩石土山・金峯山・三徳修行始給事、

（中略）

F　爾時中天竺摩訶陀国有二一山一。名二禁古徳山一。其山頂有二迦葉入定処一。亦此山曰二鶏足山一。彼山有レ草。曰二石南草一。其山仙人有二慈岳仙人一。迦葉尊者起定、取二此本一茎末三枝一、告二仙人一云、「汝以二此花一可レ献二日本国石土山釈迦・弥勒・金剛蔵王三尊一。」即仙人賜二此花一、来而奉レ供二養三尊一、礼拝恭敬去畢。行者即以二此花中枝一殖二石土山弁三徳山一畢。此花始二石土山一出来故、以二南山一名二石南草一。亦此山頂、似レ開二此花一故云二石南山一。以レ有二上故一為二石山一云云。

Oまでの一五段に分けて整理されていてこれに従うと、A段は上に示した文面でインドマカダ国の霊鷲山で香積菩薩が修行を行っていると空中から声がして「東方に伊予国の石鎚山という仏光浄土、大和国弥長山（金峯山）という月光浄土、伯耆国三徳山に無量光浄土という三浄土がある」と告げられ、空から三枚の蓮華の葉が降りてきたのでこれを投下すると、一枚は伊予国石鎚山に、一枚は大和国金峯山に、一枚は伯耆国三徳山に落ちた。この場所は特に優れた聖地であったので香積菩薩はこの三山での修行を始めた。

　B段は役優婆塞がこの三山で修業を行う事、C段は石鎚山の様子を紹介、D段は石鎚山と熊野権現の関係が述べられ、E段は石仙菩薩が石鎚山で一二年間の苦行の末、金剛蔵王を出現させる事、F段は上に示した文面で、インドマカダ国に鶏足山という石楠花が生えている霊山があり、そこに慈岳仙人という仙人がいた。迦葉尊者（釈迦の弟子）は一茎を取って仙人に「この花を日本国の石鎚山で釈迦・弥勒・金剛蔵王の三尊に献じるように」と与え、仙人はその石楠花の枝を石鎚山と三徳山に移植した。G段は石仙菩薩と磯野比丘尼のことが語られ、H段

M　弥長山・石土山女人不レ通之霊峯也。普通女人具二煩悩一行二淫欲一。初心行者可レ穢二御山一故也。然三徳山具二三徳一女人成仏所也。四天王天女生二此山一。名曰二仏光天女一。此天女七歳時詣二伯耆大山一、生二一人女子一。長大名二之都蘭尼一。其母天女還二三徳山一亦生二四王天一。此（等カ）如レ此女人生所也。仍女人詣登也矣。

は桓武天皇の病平癒祈祷と天河寺の建立、I段で山寺の様子、J段で石仙菩薩の弟子光定和尚の事績、K段では金剛手菩薩が金峯山で金剛蔵王大菩薩を祈り出す事が語られる。

　L段では智積菩薩が三仏山（三徳山）で蔵王を盤石から湧出させる事、M段は右の文面で、金峯山と石鎚山は女人禁制の霊峯であるが三徳山は女人成仏の所であり、仏光天女はこの山で生まれた。七歳の時に伯耆大山に詣で一人の女子が生まれ成長して都蘭尼と名乗るなどの故事を示し、三徳山が女人参詣の霊場であることを語る。N段では蔵王権現とその山、眷属のことが語られ、最後のO段で磯野比丘尼とその後が語られ終わる、という内容である。

　二つの縁起は、金峯山と石鎚山、三徳山の三山が単独に存在するのではなく、金剛蔵王権現を祀る一連の霊山・霊場であることを示している。『石土山縁起』で私が特に注目するのがFの記述で、修験道では「役行者の樹」として神樹としての扱いを受ける石楠花の三徳山への移植に関する記載で、これについては第三章二節(10)の「奥之院の所在する岩棚」で具体的に触れることになる。

　M段は三山の中にあって特に三徳山だけが女人往生、女人参詣の霊場であったことを物語っており、四項「女《おんな》弟子《でし》平山《へいざん》奉納の鏡像」や霊場美徳が立体胎蔵世界曼荼羅とされた基本的性格に通じる点であり重要となる。

　二つの縁起が強調する金峯山・石鎚山・三徳山を一体視する霊場観が設けられた背景には、インド発祥で中国経由の「仏」という外来神ではなく、日本で創出された金剛蔵王権現を祀るという国家プロジェクトが存在したからだと私は考えている。これについては本書の結論にあたる、第五章終章で改めて記すことになるので、ここでは予告のみに留めて次に進もう。

写真３　胎蔵界中台八葉院曼荼羅鏡像（鸚鵡文鏡）
右：鏡面の曼荼羅図像　左側の図像は劣化と損傷で図像を読み取ることができない。

⑷女弟子平山奉納の鏡像

三佛寺に伝来する美術工芸品のなかでも重要文化財に指定されている鸚鵡《おうむ》文《もん》鏡という唐鏡は突出した存在である。来歴については出土品と伝えられるものの、その時期は明らかではない。鏡は割れた状態で出土したとされ、現状は鎹《かすがい》や後補材により接合されている。直径二七・八cm、重量二〇二四gの大型の円鏡で、鏡背には花綬《かじゅ》（リボン）をくわえながら旋回する二羽の鸚鵡が表出されており、模様と形態的な特徴から中唐期前半（七五〇〜七七五年）の製作と考えられている。ちなみに中国浙江省博物館には、鸚鵡文鏡と鏡径、鏡厚が同寸で文様形態がほぼ一致する「双鸞長綬《そうらんちょうじゅ》鏡」と名付けられた「兄弟鏡」が伝来している。

鏡面には胎蔵世界の曼荼羅図像と「**長徳三年九月廿日／奉造□□□□□□□／女弟子平山木［本カ］願也**」銘「**佛子信弘**」銘がノミ彫りされる。刻銘の長徳三年は九九七年なので、製作後二〇〇年以上伝世した鏡に対して、この年に刻まれたことになる。

鏡面に胎蔵世界の曼荼羅図像が刻まれているということは、ただの鏡ではなく「鏡像」として二次加工が施された神鏡ということになる。鏡像とは鏡面に仏像や神像を線刻したもので、日本では一〇世紀後半から末頃にかけての時代に発生する。一般には御神体として扱われる鏡に、本地垂迹の思想でもってその神の本地仏を刻むことで誕生したと説明される。現存作例では初期の鏡像に曼荼羅的な群像構成をとるものが多く、これらは密教の仏菩薩の姿を観想するための法具として天台僧が創案したと考えられており（註4）、この鏡像はその一つで現存する在銘鏡としては二番目に古い年紀を持つ逸品だ。

図像は鸚鵡文鏡の鏡面に胎蔵世界の中心である八葉蓮華を表し、中心円相内には胎蔵世界大日如来、その四方に北（向かって左）から時計回りに天鼓雷音《てんくらいおん》・宝幢《ほうとう》・開《かい》敷華《ふけ》・無量寿の四如来を配置する。大日如来は空海が将来した現図曼荼羅の姿ではなく、円珍が将来した『胎蔵旧図様』に一致することから、この鏡像が天台密教の側で製作されたことが読み取れる。

四如来の間の連弁に描かれる四菩薩の配置には特徴があり、現図曼荼羅では左下（北西）から観音・弥勒・普賢・文殊の順に配置されるところを、普賢が右下（南西）に位置し、しかもその姿は顕教の合掌騎象の姿をとる異例の図像となっている。天台教学では円密一致という根本的な考えがあり、胎蔵世界の大日如来と釈迦如来を同体とするので、これに従うと主尊の大日如来を釈迦如来に読み替え、右下に普賢菩薩、左下に文殊菩薩を組み合わせて、釈迦三尊図としたという解釈を天台宗の叡山学院教授久保智康先生が示されている（註5）。

願主である「女弟子平山（本）願」に対する解釈については、奈良国立博物館で仏教美術研究に携わられていた松浦正昭先生が、鏡像が製作された年と同じ九九七年（長徳三）三月一九日に比叡山の覚慶（翌年二三代天台座主となる）と観修を戒師とし、比叡山の慶祚および証空を阿闍梨として天台菩薩戒を受け、俗服を捨てて出家した円融天皇の中宮藤原遵子《ふじわらののぶこ》（註6）ではないかと指摘している（註7）。

霊場美徳は『石土山縁起』M段の記載に従えば、女人救済、女人往生を叶えてくれる霊場であり、女性が願主となった最古クラスの叡山系胎蔵世界曼荼羅を線刻する鏡像が三佛寺に伝来するという事実は、縁起の記載内容を裏付ける格好の資料となる。

二　三佛寺地区を読み解く

(1)三佛寺の概要

二節からは、私の現地調査経験に基づきながら、三佛寺地区を読み解いてみよう。まずこの地区を考える前提として大切なことは、現在の三佛寺とは、徳川幕府が成立したのちに整備された天台宗寺院の姿であり、そこには天台宗の学僧が居住し、護国と将軍家および藩主の安寧を願い菩提を弔う祈祷寺として成立している。この目的を実践するための堂舎が建ち並び、寺院全体のレイアウトもその基本に基づき定められていたということだ。

江戸時代初めの三佛寺は三千石の朱印地（幕府から認められた寺領）を保証された大山寺の支配下に置かれ、一六四九年（慶安二）には初代鳥取藩主池田光仲が鳥取城下に設けた東照宮の別当（管理者）淳光院（のちに大雲院と改称）の末寺となる。ちなみに淳光院は天台宗の東叡山寛永寺の直末寺で、三佛寺はその配下に置かれ、一〇〇石の朱印地を保証されていた。つまり山中修行を行う修験者（山伏）が居住する山寺ではなくなっている。

金剛蔵王権現を祀る奥之院蔵王堂（投入堂）が設けられて後、平安時代終わりの院政期から室町時代に至る中世の美徳（三徳）山は密教と天台教学を中心とする顕教、これに加えて修験の行を求める修行者達が集い「顕・密・修験」が共存する山寺であり、独自の神領（美徳山領）を持つ荘園領主でもあった。ここに集い活動する人々は阿闍梨と呼ばれる密教僧に天台の学僧・行者・聖などの宗教者はもちろん鍛冶師や轆轤《ろくろ》師などの職人や杣、山棲《さんせい》の人々など多様であった。

何よりも江戸時代の三佛寺に比べると経済基盤が格段に大きく、山内に設けられた院や房の数も多く、広範囲にわたってこれらが設けられていたがほとんどが消滅し、現在は遺跡として山中に痕跡だけを残すか、あるいは道路の敷設や圃場整備などによって消滅している。中世の三佛寺を読み解くには、現代人の感覚にとらわれず、広い視野での探索が必要になってくる。

この節では中世三佛寺の実態に迫るため、「三佛寺」を現在の境内地にとらわれず広域に認識しなおし、山岳修験実践道場としての性格を解明するため、山中の岩屋・磐座等の行場を中心に記述を進めることになる。

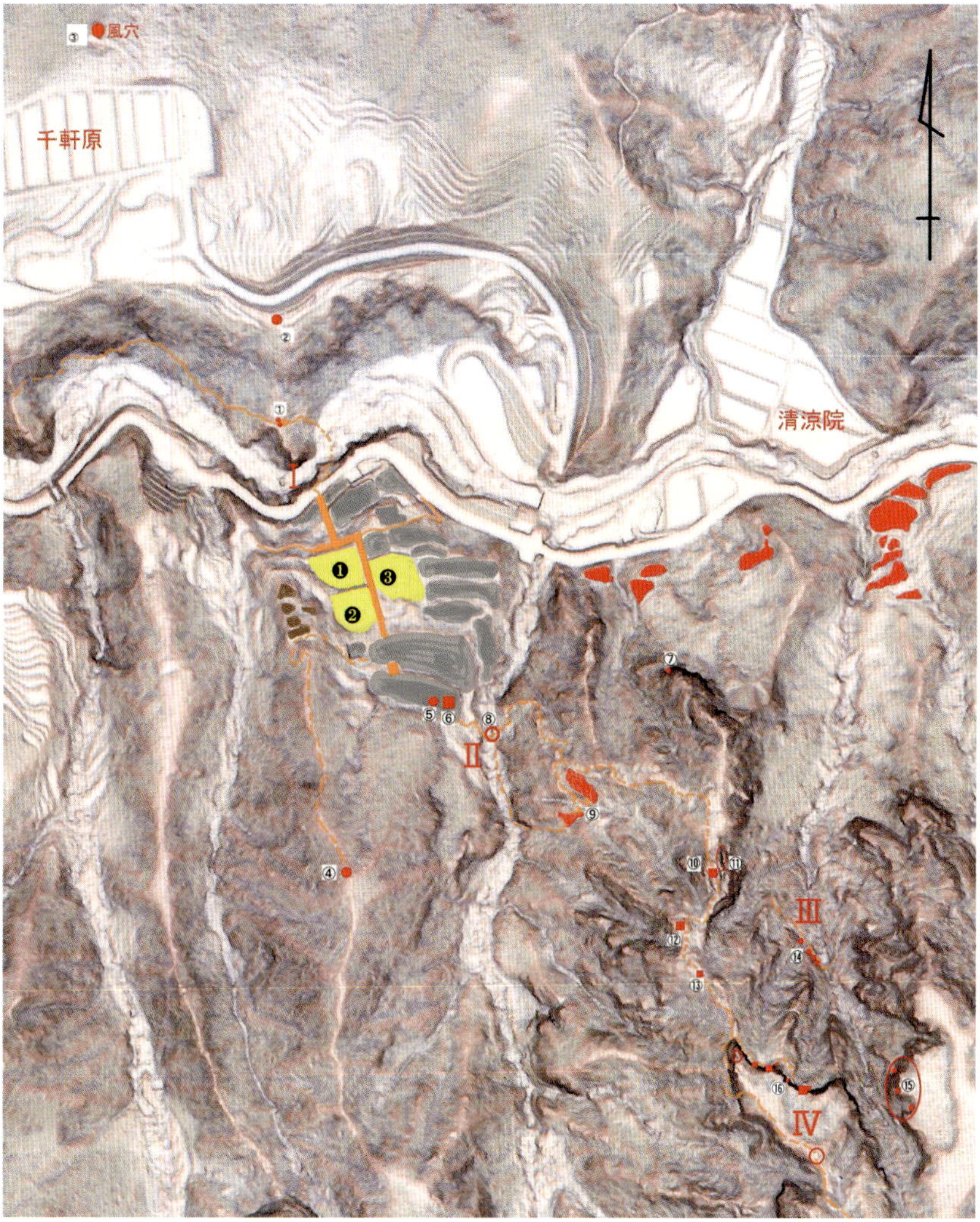

図４　三佛寺地区全体図（鳥取県CS立体図（2019年計測）を使用）

Ⅰ 大門（三佛寺結界）　Ⅱ「宿入橋」地点

Ⅲ「中段行場」地点　Ⅳ「奥之院」地点

【現在の三佛寺伽藍】

●三院（❶皆成院　❷輪光院　❸正善院）　●人工平場（堂舎・房跡）　●墓地

【●遺跡化した人工平場及び地点】

①大門　②五輪塔　③風穴（雪穴／氷室）　④「山王」　⑤護摩炉　⑥本堂

⑦鈴ヶ岩　⑧宿入橋　⑨行者屋敷（参籠宿）　⑩文殊堂　⑪勝手権現岩屋

⑫地蔵堂　⑬鐘楼　⑭磨崖仏神図像群　⑮三鈷岩屋　⑯蔵王堂（投入堂）

写真５　現在の高野山大門

現在の建物は1705年に再建された二階建ての楼門。大門鳥居はここから約200ｍ下の緩斜面に存在した。

写真４　山の神を祀る三徳山の聖域入口を示す「結界門」

今ではこの結界門を神道の鳥居と認識するのが一般的だが、古来密教では「結界門」であり「大門」と称していた。

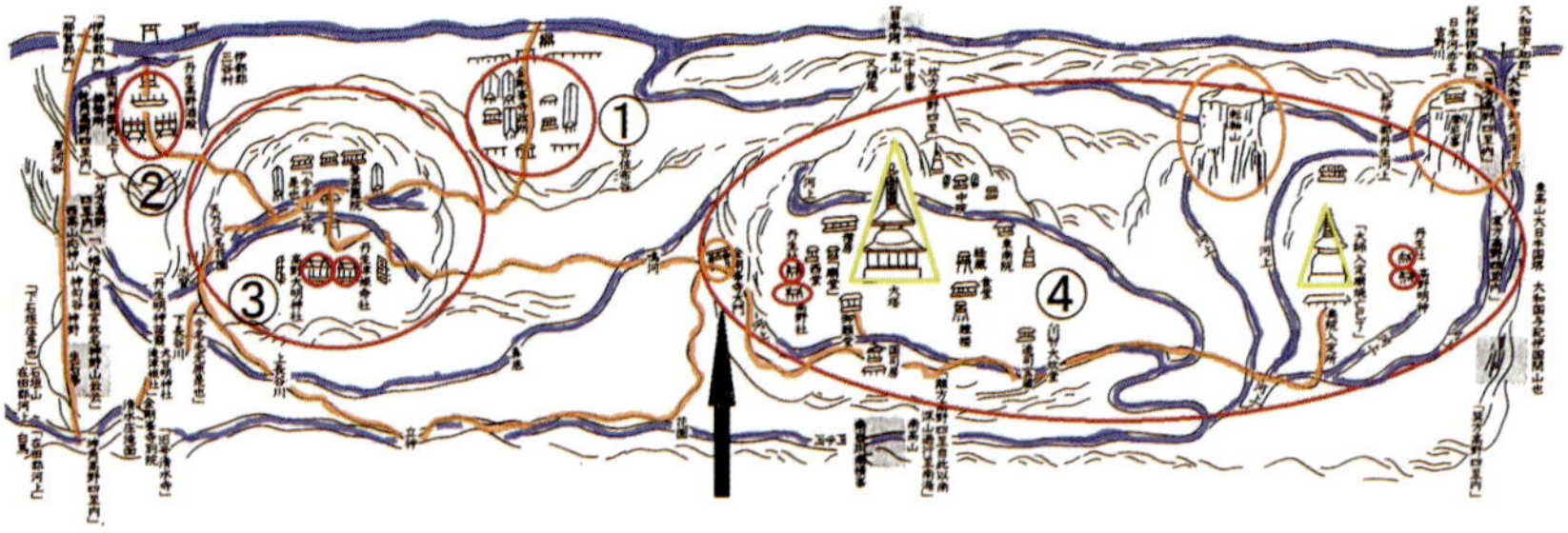

図５　金剛峯寺根本縁起（トレース図）

高野山は①政所 ②丹生酒殿社 ③天野 ④壇上の４エリアからなる。高野山が主張する所領の東西南北の境界（四至）を描いた絵図をトレースし、加工を加えてわかりやすくした。空海が開いた当初の高野山壇上の入口には「金剛峯寺大門」と記されそこには結界鳥居が描かれている（図の⬆）。

⑵三佛寺の結界門

三朝の温泉街から三徳川に沿って県道二一号線を遡り、坂本集落の家並みを抜けて三佛寺へ向かう坂を上ると、眼前に「三徳山」と記された扁額が掲げられた石鳥居を潜ることになる。車だと何気なく通り過ぎてしまうのだが、手前に車を止めて、そこから何が見えるのか確かめてみるとよい。

鳥居背後のちょうど真ん中には、形のよい山が収まっている。これは三徳山山頂部に直接続く尾根上の高まりで、この鳥居が設けられた地点は、参詣者が初めて三徳山山頂部に続く山並みを直視し、拝むことが可能な場所である。山岳信仰では自らの目でその姿を拝む「遥拝《ようはい》」という行為が特に重視される。密教の法により、聖地との境に結界が張られた

写真６　大門の石柱
大小の組み合わせで陰陽一対を表す。

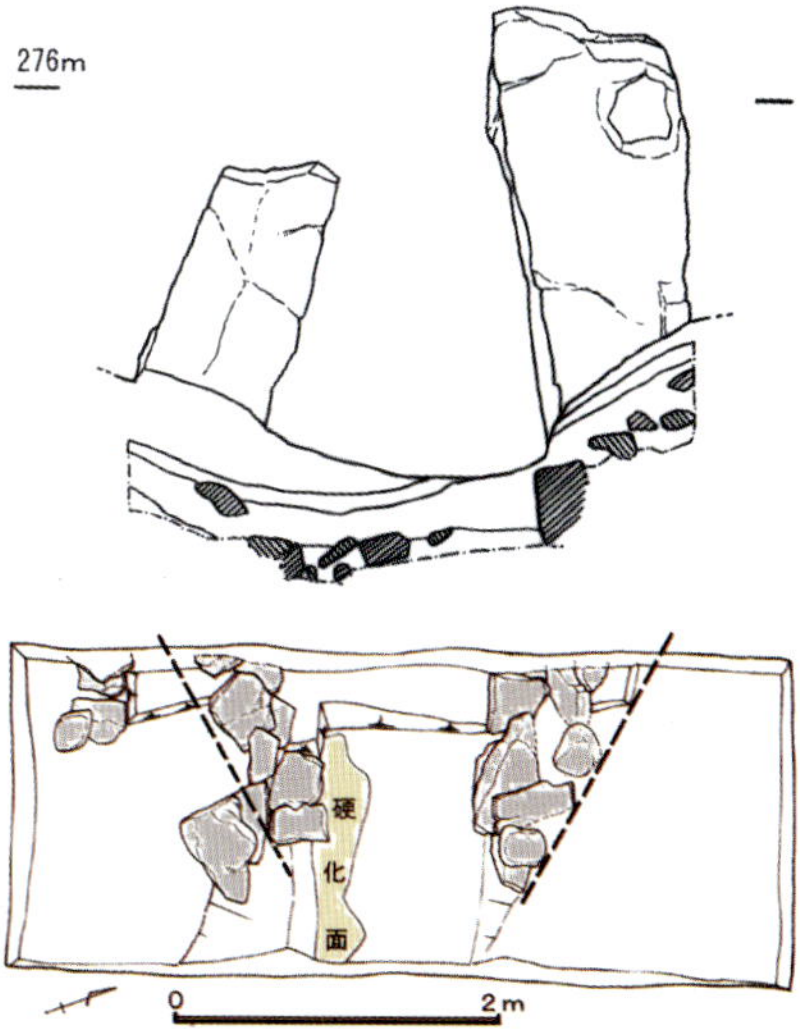

図６　大門の石柱（上）と東脇トレンチ平面図
トレンチ内からは石柱に向かって直線状に広がる石積と硬化した路面が確認された。

重要地点である。しかも、鳥居ということは、三徳山が山の神を祀る聖地であることを示している。

空海が開いた高野山初期の姿を描いた『金剛峯寺根本縁起』という史料があり、その中の絵図には高野山上の壇上伽藍入口に結界としての鳥居が描かれ「金剛峯寺大門」という書き込みがある。三徳山の大鳥居は高野山上の壇上伽藍入口に設けられた結界鳥居、つまり「大門」と同じ役割を果たしていたのである。

密教の曼荼羅観に基づいて設定された山寺や山岳霊場には自然結界（自然界）の思想を背景とした結界が幾重にも設定されているのが実態である。大鳥居が三（美）徳山への惣結界であるのに対して、三佛寺本体への結界となる「大門」が現在の三佛寺入口の反対側、三徳川右岸に設けられている。ここは三徳川に張り出した尾根で、川に面した末端は急峻な露岩の断崖となっている。

江戸時代前期に書かれた地誌『伯耆民談記』（註8）には「往古の坊の跡は今の寺ある向こうの山なり、山門の跡という處に大なる石あり、此地を九曜千軒と称す往来道より左に見ゆる山朧《さんりょう》なり」と記しており、「山門の跡という大なる石」に該当するのが、この二本の石柱である。
石柱は北側には大きい石柱（陽石）を、南側には小さい石柱（陰石）を配置して陰陽一対の結界門を造っている。現地は二〇〇四年に石柱の測量と、これに隣接する東側で二m×四・五mの試掘溝（トレンチ）を設けて発掘調査が行われた。その結果、中央部からは固められた路面の一部が確認され、その路面の両側には石柱に向かって逆「ハ」字状に広がる土留めの石列も確認された。石柱に最も近い西壁断面にかかる石列の位置が石柱下の根石と重なる状況から、両石柱が単独で立つのではなく、根石と石列とが一体となる構造であることが復元できた。それは結界としての「大門」にふさわしい構造であった。

陽石は高さ二・五m、最大幅九五㎝、奥行き九〇㎝。陰石は高さ一・四五m、最大幅七〇㎝、奥行き八〇㎝の規模を持ち、基底部分では一部に根石を確認することができるので、人工的に据えられたものであることが明確となった。

石柱の西側（結界外）では道の痕跡が五m以上にわたって認められ、それは東側（結界内）でも一〇m以上にわたって確認でき、三徳川対岸の三佛寺参道の方向に向かって延びている。石柱が据えられた周辺は僅かではあるが人工の平場となっていて南側（三徳川側）には土塁状の高まりも残っていることから、結界での修法や御法楽が行われた空間ではないかと想像してみたくなる。

「大門」という地名を伝える場所は全国的に分布している。これを、「かつては立派な門（楼門）構えの寺があった」と説明されることがままあるが、それは実際の門を表すのではなく、霊場入口の結界を示す呼称であることの方が一般的である。「大門」の地点から三徳川に張り出した尾根稜線の対岸は、「山王」地点につながる尾根筋と向き合い、渓谷の幅がひと際狭くなっている。川をまたぐことで地形が途切れる地点での結界線には「勧請《かんじょう》綱《づな》」と呼ばれる結界綱を張る事例が知られており、同様な造作が行われたのではないだろうか。

具体的な事例を示すと奈良県明日香村の飛鳥川上流に形成された岩淵に生じる水の渦（うずたき）を御神体とするところから信仰が生じた「飛鳥川上坐《かわかみにいます》宇須多岐比《うずたきひ》売《め》神社」の神域は結界綱によって結界設定がなされていて、上流側の栢森には女綱が、下流側の稲渕には男綱と呼ばれる勧請綱が張られ、今も毎年正月一一日に綱掛神

磐座と結界綱の関係（女綱／栢森）
綱を張り替えるにあたり磐座で祭祀を行っており、両者の関係が興味深い。

下流側に張られた男綱（稲渕）
上流の女綱、下流の男綱という陰陽二本の綱で結界を設けている。

写真７　飛鳥川上流に張られる「勧請綱」の事例

事が行われている。

(3)「山王」地点

米田良中住職から「輪光院背後の稜線上に『さんのう』と呼ばれる場所があるのだが、どういうところなのか解明してもらえんかな」という依頼を受けていたので、寺内での別件調査が早く終わったおりに現地に上り、そこで人工的な集石と平場が認められたことから遺跡として認識した地点である。

現地は三徳山山頂部を構成する主尾根稜線のうち、標高八三〇m付近から北方向に派生した支尾根の四五五m地点で、現地に至るには直線状に傾斜する尾根筋をひたすら上ることとなるが、「さんのう」を境として稜線の傾斜はなだらかになり尾根の「肩」に相当する。

「さんのう」地点の特徴は、ここからの眺望にある。東側は谷を挟んで奥之院蔵王堂に至る尾根筋全体を俯瞰することができ、しかも同じ目線の高さには文殊堂が、その手前には地蔵堂が、右手奥には蔵王堂が設けられた岩棚先端に突き出る伏見岩という行場が望める。これとは反対の西側には伯耆大山の峰々が、その手前の伯耆国分寺方面への眺望は特に開け、七重塔が聳え立っていた

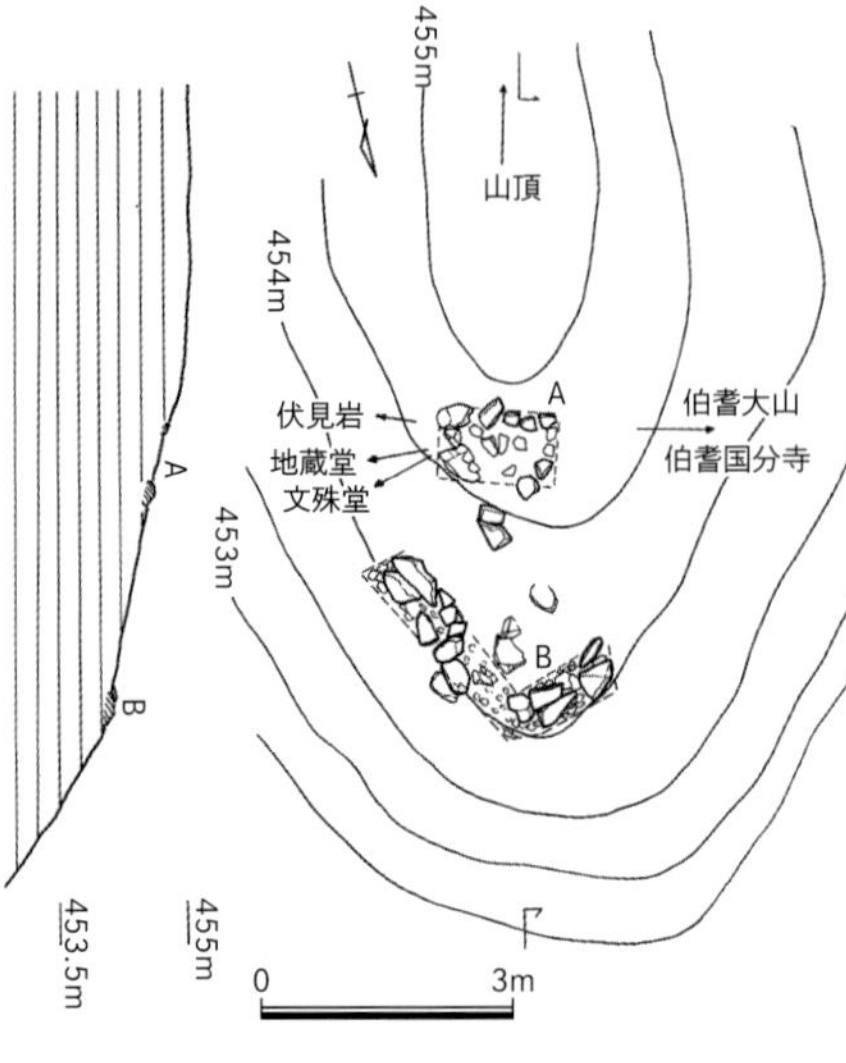

図7　山王地点全体図

写真8　山王地点からみた地蔵堂（右）と文殊堂（左）

写真9　山王地点全景（尾根先端から）

頃には、その雄姿が眼前に飛び込んできたことであろう。

遺構が存在するのは尾根稜線が急に緩やかに変化する標高四五四mから四五五mにかけての僅か一mにかけての範囲で、そこに三m×三m程度の範囲をならして平場を設け、中央部には一・五m×九〇cm規模の長方形の範囲に集石を行い、手前側の縁には平場が崩れないようL字状に土留めの石積を施している。

中央の長方形区画は中に小石などをあまり敷きならべない構造なので小祠を据える基礎部でもなく、幣串に依り代となる御幣を切り分けて挿す祭壇を想定している。このように「さんのう」には、あえて構築物を設けない祭祀空間が存在しており、しかもこの尾根稜線は大門に向かって真っすぐに伸びていることから、結界線上に設けられ守護神を祀る「護法《ごほう》」と呼ばれる祭壇の一つではないかと考えた。

私たちは「さんのう」と聞くと、短絡的に天台宗と比叡山の守護神である日吉山王権現を思い浮かべるが、山岳信仰では山の神に対して漠然と「さんのう」と呼んで祀る事例は意外に多く、三佛寺に伝えられてきた「さんのう」もこうした土地の精霊や山の神を指す呼び名なの

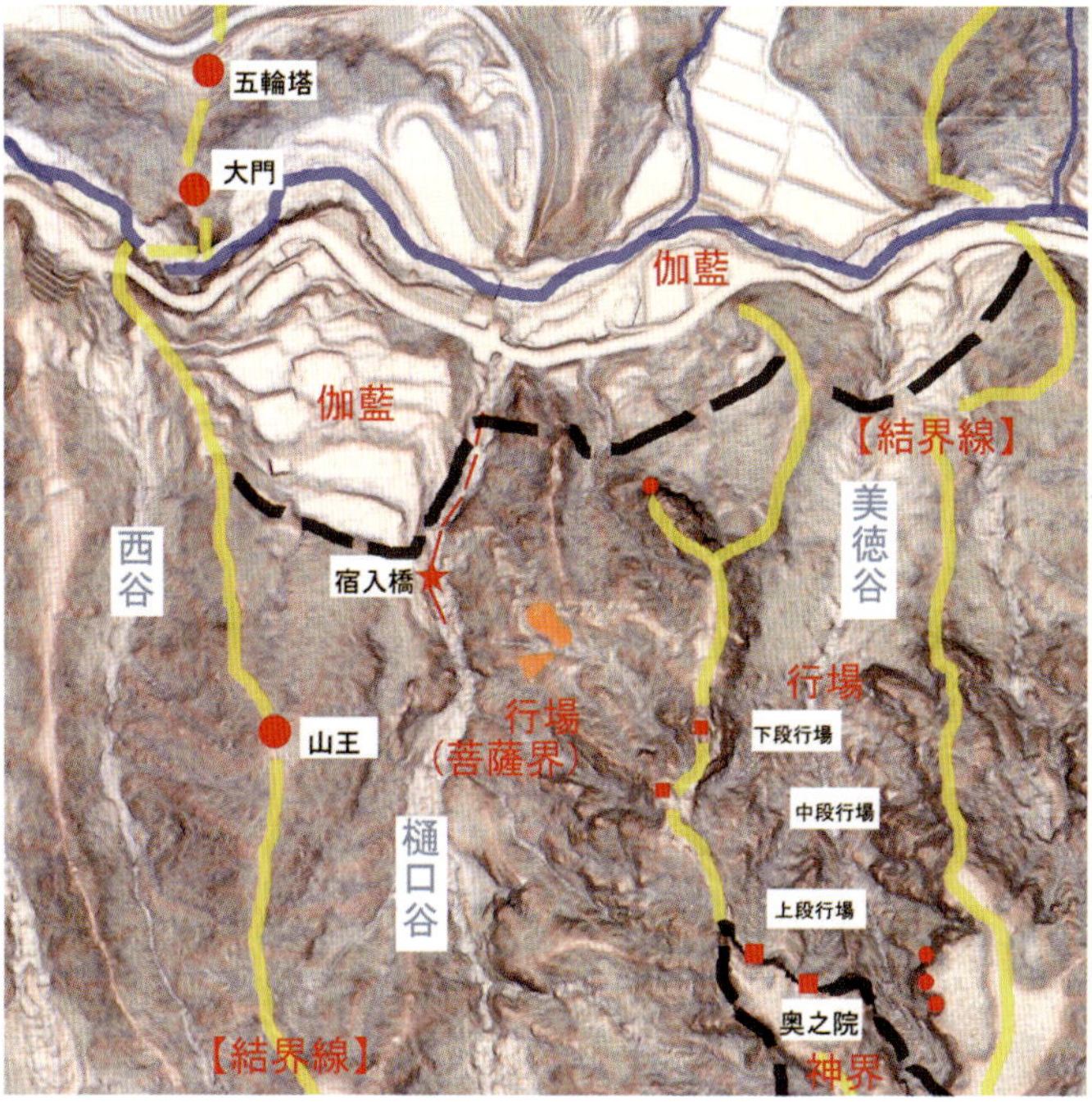

図８　三佛寺に張られた自然結界の復元

西谷と樋口谷境の尾根稜線と美徳谷と東側谷境の尾根稜線との間が三佛寺内の聖域となる。「神倉越」と呼ばれる行者道はその中の稜線を上り奥之院を経て三徳山頂部から南側の小鹿谷へと繋がっている。

写真11　注連《しめ》懸杉《かけすぎ》と宿入橋《しゅくいりばし》

宿入りとは修験道特有の山中修行である「峰入り」の参籠宿への入口、つまり結界を表す。注連を二本の杉の間に懸けるとそこは結界門となる。

写真10　本堂前の円形台石

サイトウの炉と考えていて地蔵堂(〇)を直視することができる。

写真12　本堂を囲む高縁

写真13　礎石の間に点在する炭と焼土の痕跡

であろう。

⑷本堂前の円形台石と床下参籠の痕跡

三佛寺を構成する下の寺（皆成院）、中の寺（正善院）、上の寺（輪光院）の三院間を直線状に延びる石段を上り詰めると、本堂が設けられた平場に出る。左に折れて本堂を見ると、堂前に「礼拝石《らいはいせき》」と表示された円形の台石が据えられていることに気づくだろう。台石は表面の風化が進んで時間の経過をものがたり、直径が一一三cm、高さが一〇cm程の規模がある。

仏堂に伴う礼拝石としては奈良県斑鳩の法隆寺金堂・五重塔それぞれに伴う礼拝石、大阪市四天王寺中門前の礼拝石が頭に浮かぶが、いずれも古代寺院であり、しかも不整形な自然石が用いられていて円形に加工された事例は思い当たらない。正円の壇を設けるのは山岳修験特有のサイトウ（柴燈・採燈護摩）の炉にみられる特徴なので、この台石は生木の枝を組み上げて燃やし、煙を立ち昇らせて祈りを煙に託すサイトウという狼煙《のろし》の炉だと思う。三佛寺に行くと私は導師になった気持ちでこの台石の手前に立ち、そこから唯一遥拝できる地蔵堂の姿を視界にとらえ、過去に思いを巡らせている。

本堂の建築は一八三九年（天保一〇）に再建された正面三間（一〇・五m）、側面四間（一一m）、向拝《こうはい》一間破《は》風《ふ》付の檜皮葺宝形造《ひわだぶきほうぎょうづくり》の建物で、鳥取県指定保護文化財となっている。四方にめぐらされた縁側の高さが高いのが特徴で、二〇〇七年（平成一九）より解体工事が行われ、二〇一一年（平成二三）に完了している。この間の二〇〇九年（平成二一）に本堂解体後の基壇上面の発掘調査が行われた。

調査では基壇の土台石に囲まれた内側の整地面から規則性を持たない小規模な焼土面が二一箇所で確認され

た。私はこの状況を見て、「床下には参籠するのに充分な高さが設けられているので、このおびただしい焼土面は床下のお籠りに伴い暖をとった痕跡ではないのか」という考えがとっさに浮かんだ。

現代人の寺社参詣は営業時間に制限されるため拝観時間内に限られ、しかも昼間に行うものだと思い込んでいるが、本来の寺社参詣とは「お籠り」を行い、霊夢を見るために行うのが目的であった（註9）。そのため身分の高い者は堂内の局（部屋）に数日間に及ぶ参籠を行い、

写真14　大山寺奥宮(大智明権現社)
中央石の間の左右に長廊が取りつく構造となっている。神仏分離以前には長廊は僧侶の読経所であり、石の間はお籠りを行う空間だった。

写真15　参籠所として使用されていた大山寺奥宮本殿前の「石の間」

身分の低い者や諸国を廻る聖などの宗教者は床下に籠ることが一般的に行われ、そこに祀られる神仏からのお告げを夢に見るための参籠が数日間にわたって行われていた。「中の寺」正善院本堂には「参籠の間」という呼称が伝わっており、かつての参詣の様子を伝えている。三佛寺本堂は寺に残る記録や棟札の記載から一六八八年（貞享五）以前から存在したことが判明しているので、この場所に本堂が建立された当初から床下参籠が行われていた可能性を考えておきたい。

ちなみに天台宗守護神である比叡山麓の日吉山王社の各社殿は床下に「下殿《げでん》」という参籠空間を持つのが特徴で、床上では神式祭祀が行われ、下殿では仏式祭祀が行われるというように使い分けがなされていたが、神仏分離時に撤去されてしまった。

神社建築のうち春日大社のように本殿前に長廊を付属する場合、神前中央前には参籠所に用いられる「石の間」が設けられ、その左右に長廊が配置される事例が幾つも存在する。長廊は神仏分離以前には僧侶が祭神に対して経典読誦や経典講読が行われる「読経所」であった。伯者大山寺の奥宮、かつての智明大権現社の構造は、神仏

融合していた時代の形態がよく残っている。

(5)「行者屋敷」として伝わる参籠宿

本堂横を通過し登山事務所を抜けると谷川に架かる「宿入橋《しゅくいり》」を渡る。この橋の手前側には結界傍示《ぼうじ》となる「注連懸《しめかけ》杉」の古木が聳えている。一七三四年（享保一九）の「美徳山三佛寺境内絵図」にはシクイノ橋という書込みと橋の絵、注連懸杉の貼紙、その左上に「行者屋敷」の書込みが見られる。

修験道世界ではスギを「直木」と記し、注連縄を懸ける杉は神聖な木で、ここに注連懸を行うことによって結界門となる。「シクイ」とは宿入りのことで、この上に参籠宿が設けられていることを示す。この橋はここから奥の菩薩界（修行場）と三佛寺伽藍の声聞・縁覚界の方便浄土との境界をなしている。

図９「美徳山三佛寺境内絵図」部分
シクイノ橋の書込みと注連懸杉の貼り込み、左上の山中には「行者屋敷」の書込みがある。

宿入橋を渡ると、本格的な修行道が始まる。岩場の窪みを通り抜ければ、たちまち道は無くなり、全身を使って木の根にしがみつきながら急斜面を七〇mほどよじ登ると「行者屋敷」と呼ばれる平場にたどり着く。そこには僅かな緩斜面を巧みに利用して背面カットを施した人工平場が存在し、そこから一二mの距離を隔ててもう一面、背面カットを施した人工平場が存在しており、この二面を「行者屋敷」と呼んでいる。この場所は一七三四年（享保一九）の絵図に記載されているので、それ以前から存在したことになる。

現地は三朝町によって二〇〇三年（平成一五）に部分的なトレンチを設けての発掘調査が行われている。平場1では礎石が据えられ雨落ち溝をともなう建物の一部を確認し、一六世紀後半の中国明からの輸入陶磁器を中心に天目茶碗・土師皿・備前大甕・鉄釘が出土している。平場2からは南側の岩盤の範囲に限定して簡易な掘立柱建

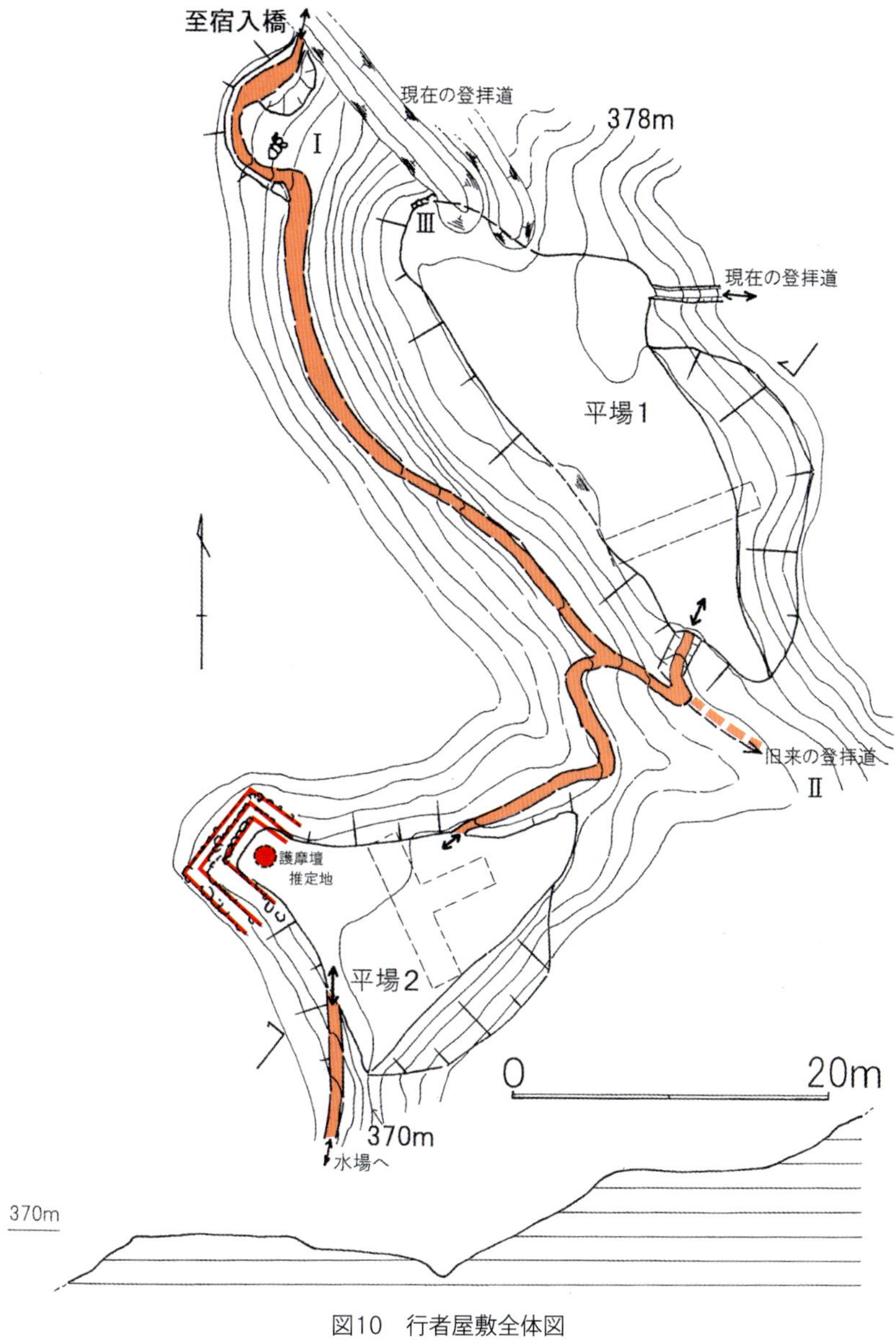

図10　行者屋敷全体図

人為的な樹木の伐採や森林資源の活用が禁止された菩薩界（修行空間）に設けられた２面１組の人工平場は、上面の平場が守護神を祀る参籠所の「大宿」に、下面の平場は北西方向に張り出したサイトウ壇が設けられ、度衆（強力）が祭祀や修行の準備や調理を行う「細工場」に想定される。破線部分が2003年に発掘調査が行われた範囲。

物の柱を据える小穴が確認されていて、同じく一六世紀後半の輸入陶磁器を中心に土師器・中世須恵器・陶器・鉄製鋌が出土しており、その類似する内容から両平場は一体のものと考えられる。

「行者屋敷」は「宿入橋」の結界線を越えた菩薩界を貫く行者道の途中で、文殊堂・地蔵堂の手前にある。しかも、二面の人工平場を設けるという造成の行い方は峰入り修行に伴う参籠宿の基本形態である。私はその可能性を探るために町が行った調査結果を参考にしながらも、現地で詳細な地形測量を基本とした再調査（測量調査）を試みた。

調査では①二面の平場に手が加えられた箇所を確認し、これを周辺地形と共に把握し図に表現すること（平場の性格を知る手掛かりとなる）②人の動線を明らかにするため平場への出入り口と道の痕跡を復元すること、の二点を特に留意した。

現在の登拝道は平場1に直接アプローチし、ここを経由して地蔵堂へと上がるルートをとるが、古道は西側に回り込み（Ⅰ）、平場1の谷側を巻いて平場1に上がる道と、平場2へと入る道に分かれる。登拝道はそのまま谷を詰めて地蔵堂へと向かう（Ⅱ）。平場2の南端からは谷下の水場に向かう別の道も存在する。つまり、古道は両平場を通過しない（聖と俗の区別を明確にしている）。

次に平場の状況であるが、平場1の北端は傾斜が急で肩が崩れる可能性があるので、土留めの石積を行っている（Ⅲ）。標高が低く面積も小規模な平場2では谷側へと突き出た部分の斜面に三段、高さで二mにわたり土留め石積が施されており、頂上部には三・八m四方の方形区画が設けられている状況を確認した。両平場ではこの地点が唯一外部に向かっての展望が可能であることから、この施設は山岳修験特有のサイトウ（柴燈護摩）を行う壇ではないかと推定した。

三朝町が行った発掘調査と測量調査の成果を合わせると、標高が高く面積の広い平場1には礎石を用いた建物で参籠所となる「大宿《おおじゅく》」が設けられ、標高が低く面積は狭いが、外への眺望が可能な平場2の張り出し部にはサイトウ壇が設けられ、南側の岩盤上には簡易な掘立柱建物の「細工場」（修法や修行を行うための準備や調理を行う）が設けられた典型的な参籠宿であったと考えた。

ところが問題が一つある。それは遺物が出土することである。参籠宿の利用にあたっては厳格な清浄が求められたので、峰入り修行の一行が出立するにあたり塵一つも残さない「宿払い」が徹底して行われたからだ。出土した遺物は一六世紀後半を中心とする限られた時期で、しかもそれは最も混乱が激しい戦国時代の真っただ中のもので、広域に峰々を渡る峰入り修行が行えなくなった時期と重なる。つまり、行者屋敷から出土する食器類の年代は、峰入り修行廃絶後の年代を示しているわけだ。

(6)中段行場の磨崖仏神図像

二〇〇九年五月二六日に実施された三朝町教育委員会による投入堂北側の植生調査時に磨崖仏群が偶然に発見された。現地は標高約四三〇m、投入堂までの直線距離は約七〇mという地点である。そこは浸食を受けやすい凝灰質角礫岩がむき出しとなった急峻な渓谷で、このうち図像群は南側斜面の垂直に切り立った岩肌を利用して彫られている。

三佛寺に伝わる一九三一年（昭和六）の「三徳山行場絵図」には裏行場、上段行場、中段行場と三つの行場が図示され、各行場を廻るための行者道も描かれている。図像群の裾は幅一mから二m幅の行者道が設けられているので、中段行場の一部であることがわかる。行者道は複数の急峻な沢を跨ぐため寸断されるが痕跡はよく残っていて動線を復元することができるものの、急斜面での横方向の移動は命懸けの作業の連続であった。

図像群は全面が苔に覆われていたので最初に図像構成と各図像の詳細を把握するための壁面清掃が必要であった。壁面に梯子や脚立を吊り下げて命綱を張り、作業に合わせて移動するという困難な作業を繰り返した。図像が現れると乾拓をとり、これを持ち帰ってA四サイズに縮小し、再び現地で補正を加えて完成するという作業を繰り返して各個別図を作成し、最後に壁面の測量を行って個別図の位置を確定し、図11の全体側面図が完成した。

図像群は三二mの範囲にわたり計8図像から構成され、向かって右から不動明王坐像・胎蔵世界大日如来坐像・【沢】・種子（オン）・女神立像・六字名号曼荼羅・阿弥陀三尊坐像・金剛界大日如来坐像・童子立像という配列をとり阿弥陀三尊を中心とする曼荼羅観を表している。全図像が類似する線表現であることから、同一作者によるものと考えられ、一九三一年の絵図に細部まで描写されているので刻まれたのは近代に下ると考えている。

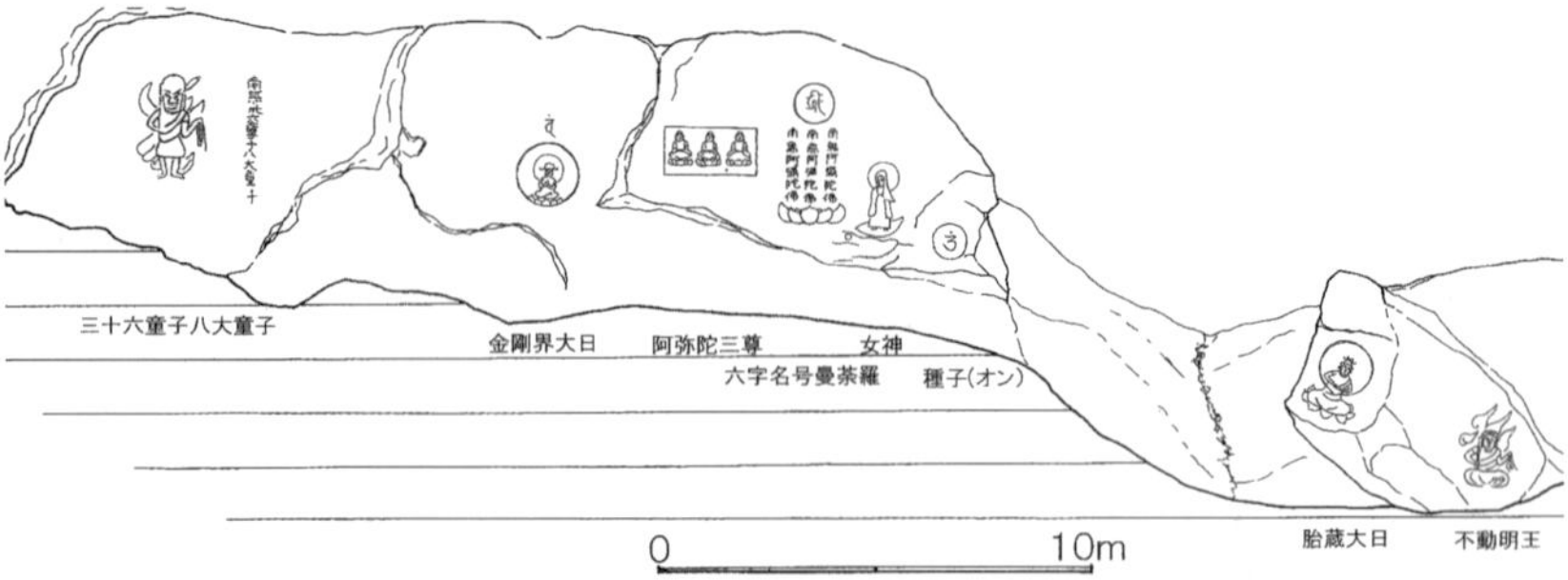

図11 「磨崖仏神図」全体側面図

阿弥陀三尊を中心にして右手に胎蔵世界大日、左手に金剛界大日、両端に不動明王と金剛童子というように左右対称となる配置で構成されている。

写真17 胎蔵世界大日如来図

写真16 乾拓作業(胎蔵大日)

写真20 苔落とし作業

写真19 不動明王図

写真18 女神図

(7)文殊堂と「勝手権現」岩屋

文殊堂・地蔵堂については建築物としての調査研究は存在するものの、これまで基盤となる盤石、つまり、磐座としての視点から考察されることはなかった。信仰対象は何なのか、なぜその場所にあえて堂舎を設けなければならなかったのか、その答えを導き出すことが、三徳を読み解くうえで最も大切な視点だと私は思う。これを探るために私の武器である測量調査を実施しながら問いかけてみた。

文殊堂は金剛蔵王権現を主尊とし、これに吉野の子守明神・勝手明神を勧請して組み合わせた三徳三所権現の一つ勝手権現を祀り、本地仏は文殊菩薩である。かつては「勝手の宮・勝手殿・勝手大明神」と称していた。但し吉野での勝手明神の本地仏は多聞天で、その若宮(註10)が文殊菩薩なので、三徳山では勝手明神の若宮が祀られたことになる。

文殊堂は正面三間、側面四間の入母屋造で、背面妻中央に軒唐破風を付けた柿葺《こけらぶき》の懸造り建物。外部は板壁で一間の落縁が付く。内部は前（西側）一間を礼堂とし、背後の一間中央に厨子が設けられ扉の飾金具に「檀那南

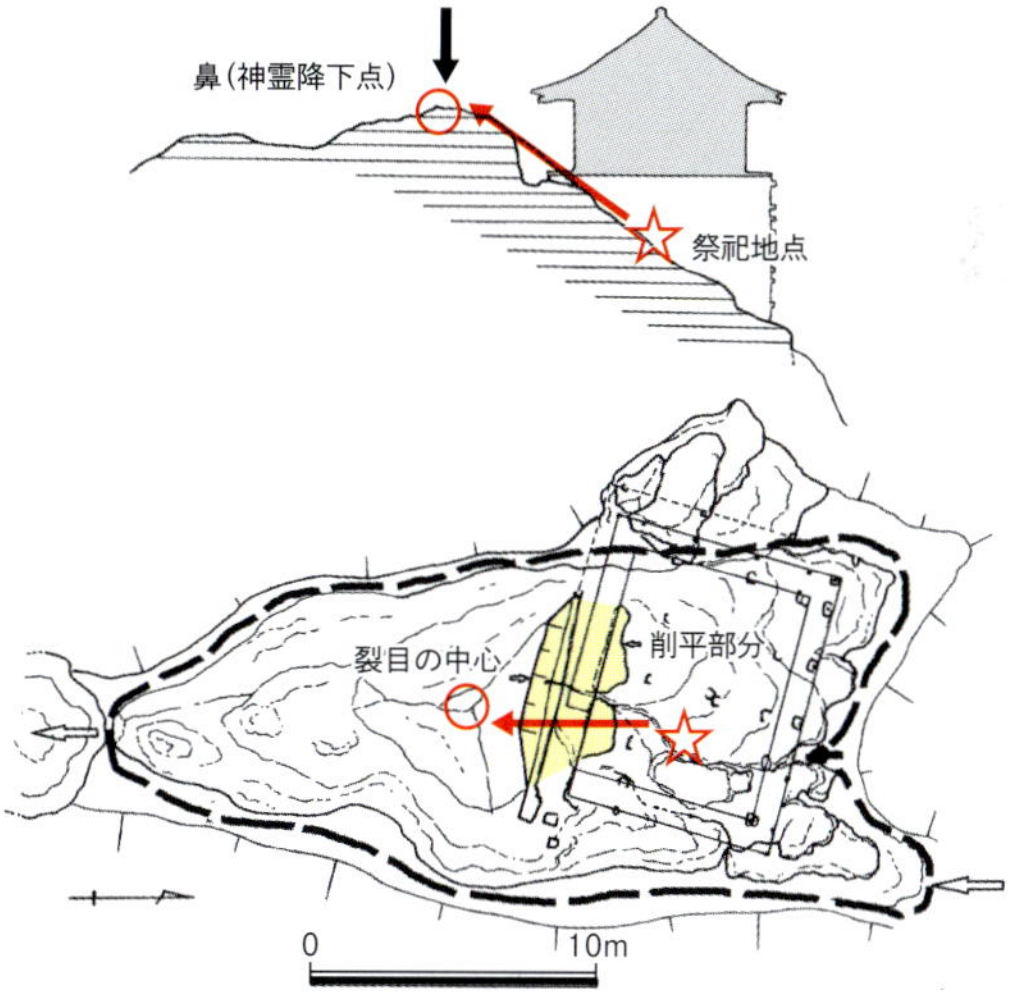

図12　文殊堂と磐座の関係

磐座の周りを繰り返し廻る（行道）ことにより修行者は磐座に迎えた神霊と一体化する。破線はそのルートを示し黄色の範囲は磐座の削平部分、建物外側の破線は前身建物の範囲で現在の文殊堂より一回り大きかったことがわかる。

写真21　南側の磐座背後からみた文殊堂
神霊が降下する目印の鼻を避けて文殊堂は設けられている。

写真22　磐座のカット面
雨落ち溝に該当する範囲は磐座を削り込んでいる。

写真23　床下に旧状のまま残る磐座の割れ目（亀裂）

條備前守天正八年三月吉祥日」の銘があり、一五八〇年（天正八）の建立であることがわかり、構造が地蔵堂と類似するので、これを模して造られたと考えられている。

　では磐座と文殊堂との関係を検討しよう。磐座は南北方向に主軸があり正面は北側である。規模は長さ約二八m、最大幅約一六mで裾からの高低差は約九mとなり、正面から見上げた場合かなりの威圧感がある。巌の裾には肩幅の道が巡り磐座を直接踏ませるのではなく、裾を繰り返し廻る行道の磐座であったことが復元できる。

　中央南寄りが最高点の鼻で、これが神霊の垂迹点である。文殊堂の建物は、この鼻を避けた北側斜面を幅約七m、長さ（東西幅）約三mにわたり削平（図12黄色部分）して現在の文殊堂より一回り規模の大きい建物を設けており、磐座としての認識は存在したようだ。

　削平前の磐座の形状を復元すると突起状の鼻は男性を示す陽部で、その手前には女陰状の亀裂が伴い、陰陽両部が組み合って鼻に神霊を降下させ、陰部（胎内）に宿らせる典型的な陰陽合一の磐座であった。文殊堂は神霊が宿る磐座中心部を破壊し、これに重なるように設けられており磐座から堂舎へと信仰形態が変化している。

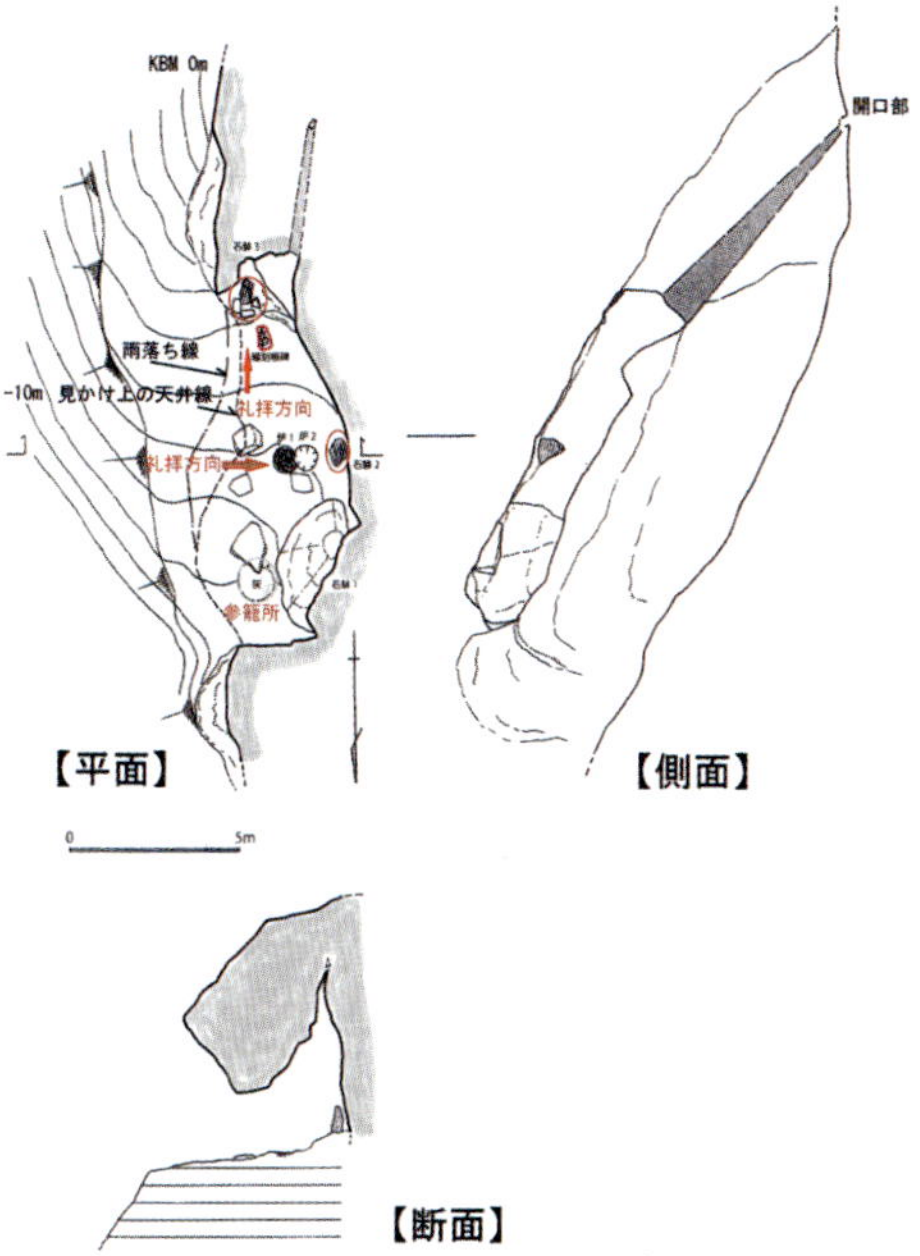

図13　「勝手権現」岩屋の形状

この洞窟は【側面】からわかるように傾斜が急で平坦部が無く、参籠所としては適していない。【断面】のように内部は意外と高くしかも地上への貫通穴があり、時間帯と季節によっては陽射しが直接、神霊依代の石躰に射し込むようになっている。

写真25　岩屋内の石躰と炉

先端の尖った石躰前に炉の痕跡がある。

写真24　勝手権現岩屋調査のようす

右側が参籠所、左側が祭祀場と使い分けている。

二〇一六年（平成二八）一〇月二一日に発生した鳥取県中部地震により、文殊堂の基盤となっていた岩盤の一部がずれ、その状況把握調査に伴う踏査により新たに洞窟が発見された。これを受け、岩屋としての宗教利用がなされた洞窟であるのかを見極めるため二〇一七年七月三日に測量調査と窟内の清掃を実施した。

洞窟は文殊堂北側の美徳谷側に所在し東面に開口している。規模は間口約一〇m、奥行きは天井部の雨落ち線を結界と認識すると最深部で四・八mとなる。標高は南側が最も高く北に向かって下がり、南端と北端とでは床面の比高差が四・五mとなっている。窟内の標高の高い南側を「聖なる部分」、低い北側を「俗なる部分」と認識した空間利用が存在すると仮定し、北側部分を清掃し表土を除去したところ、全面に灰が拡がる状況を確認し、大岩の隙間で陶磁製の香鉢片を発見した。

多量の灰は参籠の行者が香を焚き続けたものと考えられ、こちら側を参籠所と推定した。南側は祭祀空間で、神霊を迎え宿らせる石躰《せきたい》という石製の依代を三箇所で確認し、他に扁平な石の表面上部に不動明王の種子（カーン）を刻み、下半分の平滑な部分に不動明王坐像を線刻する石躰も確認し、この洞窟が神仏を迎え祀る岩屋として利用されていたことが判明したので、文殊堂の祭祀対象である勝手権現にちなみ、勝手権現岩屋と命名した。

この洞窟は岩盤稜線部に開口した穴から内部に繋がっており、その状況は内部の炉跡から確認することができる。このような形状の岩屋は、例えば「龍の戸穴」と呼ばれるように龍躰に変化した神霊が窟内と異界（神界）を往来する通路という解釈が行われる事例があることから、ここでも同様の見立てがなされたものと類推している。文殊堂は図15のように岩盤全体を磐座と岩屋とする祭祀から始まり、中央部に勝手権現堂（文殊堂）が建立されたのちも岩屋での祭祀が続けられていた。

図14　岩屋内の線刻のある石躰
高さ60cm、最大幅36cm、厚み10～15cm。

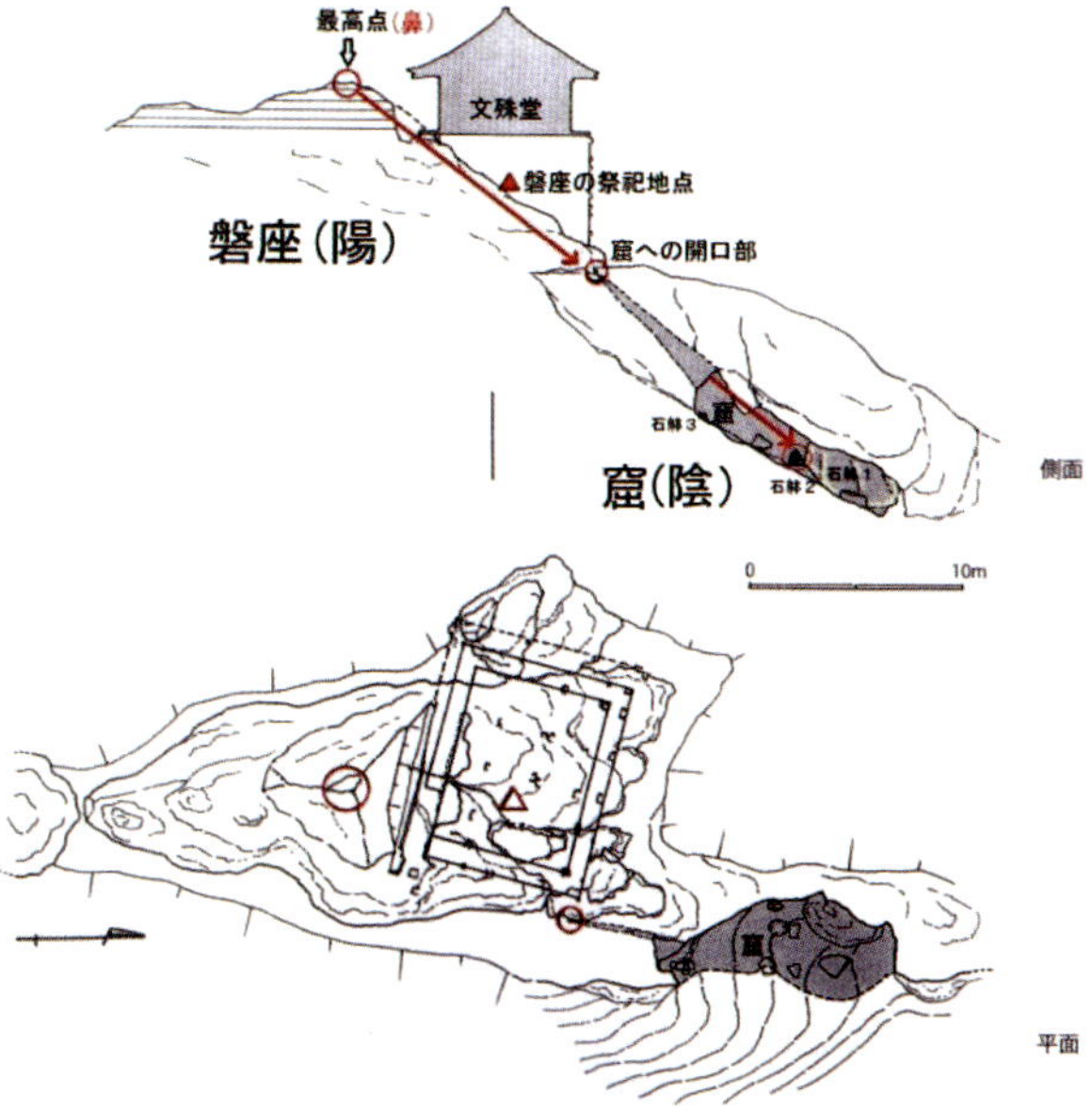

図15　勝手権現岩屋と文殊堂との関係

岩盤全体を「岩屋」と見立てることにより、最高点○を神霊の降下点（鼻／陽部）とすればその前面▲で神迎えの祭祀の存在が想定され、さらに岩屋の開口部から岩屋内依代（石鉢）への神霊の繋がりが想定できる。

写真26　上空より見た勝手権現岩屋と文殊堂の関係【サンイン技術コンサルタント提供】

岩屋は半島状に延びる岩盤の東側裾に開口し、文殊堂北東隅柱の２ｍ東側には岩屋上部に抜ける小穴開口部○が存在し岩屋と繋がっている。

(8)地蔵堂

地蔵堂は子守権現、本地仏として延命地蔵菩薩を祀りかつては「小守宮・小守殿・小守大明神」と称していた。一三八三年（永徳三）六月二八日写経の奥書に「三徳山禅定子守殿道場」と記すものがある。禅定《ぜんじょう》とは山中修行を指すので、地蔵堂に籠り写経道場として利用していた実態の一端が垣間見える。

建築物としての地蔵堂は文殊堂と同じ正面三間、側面四間の入母屋造で背面軒唐破風を付けた柿葺き懸造の建物で、外部は板壁で一間の落縁が付き年代は室町時代末期と考えられている。

では磐座の形状と現在の建物の関係を検討しよう。この磐座は文殊堂の磐座とは異なり、東西方向に主軸があり西側を正面としているので、西側を正面とする地蔵堂に信仰軸が引き継がれたものとみている。規模は長さ約一六m、幅約一〇mで裾からの高低差は約七mある。現在の登拝ルートは東側の巌裾を大きく巻き込んで堂の入口に取りついているが、以前は東側縁に沿って直登させており、岩肌には踏み込んだ足を受ける造作が施されている。この磐座も巌裾を廻ることが可能で、本来は行道が行われたものとみている。地蔵堂は磐座の頂上部（八×四mの範囲）を削平し、その上に重なるように堂舎を建立している。しかも神像が祀られる厨子の真下が削平前の磐座の最高点に復元でき、神霊が降下する鼻の部分に御神体の神像を祀る厨子が重なるように設計されてい

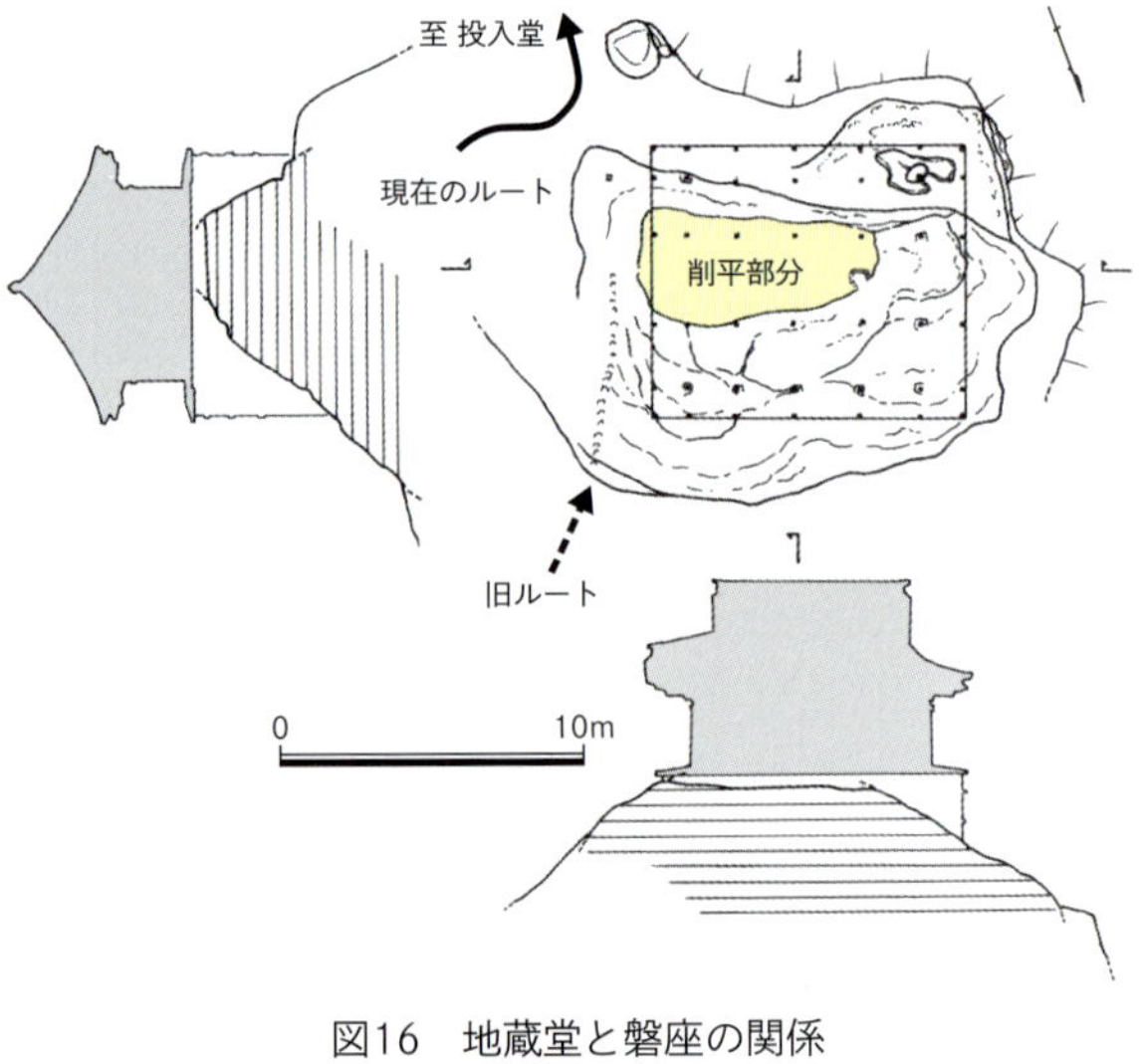

図16　地蔵堂と磐座の関係

地蔵堂の建物は、磐座の頂上部（鼻）を削ることにより、造成されていることが見て取れる。磐座の裾を廻ることが可能で、文殊堂と同じ「行道の磐座」であったことがわかる。

る。磐座頂上の床下に穿たれた柱座の表面は焦げ、周りの岩肌は赤変していて、前身建物が焼失したことを物語っている。

このように文殊堂・地蔵堂両堂設置にあたっては前段階の磐座祭祀の在り方が大きく影響していることを指摘することができる。磐座祭祀から堂舎への祭祀の切替時期は両堂の祭神が金剛蔵王権現の脇侍であることから奥之院蔵王堂創建に遡るものと考えている。

写真27　磐座頂上に立つ地蔵堂

写真28　磐座頂上部の焼失痕

(9)観音堂を中心とする岩屋群

山岳信仰という視点から文殊堂・地蔵堂を見たことにより、両者が磐座祭祀の場から始まることに気づくことができた。同じ目線で観音堂・納経堂・元結掛堂《もとゆいかけどう》が存在する空間を認識したとき、これらがみな洞窟の雨落ち線の内側に建てられていることに気づくだろう。つまり、この場は岩屋祭祀から始まっている。

岩屋として洞窟空間が利用される根源には、ただの洞窟ではなく、内部に陰陽を象った崇拝対象となる突起状の岩（これを石躰《せきたい》と呼んでいる）や、女陰状の裂け目が存在するという自然条件を必要とする。つまり、信仰の根源となるものが洞窟内部に存在し、後にその空間内に構築物が設けられるという変遷が見て取れるわけだ。

そこで観音堂周辺を「観音窟」という岩屋と認識しなおし、測量調査を通じて建物との関係を探ってみた。岩屋は雨落ち線の内側が聖なる空間とされる。観音窟は間口約三四mという大規模な洞窟で、内部は西側では奥行き三mの窪みがあり、そこの床面は岩盤で奥壁は縦方向の亀裂があり陰部状となっている。するとそこに平安時代後期にまで遡る納経堂が設けられるというわけだ。

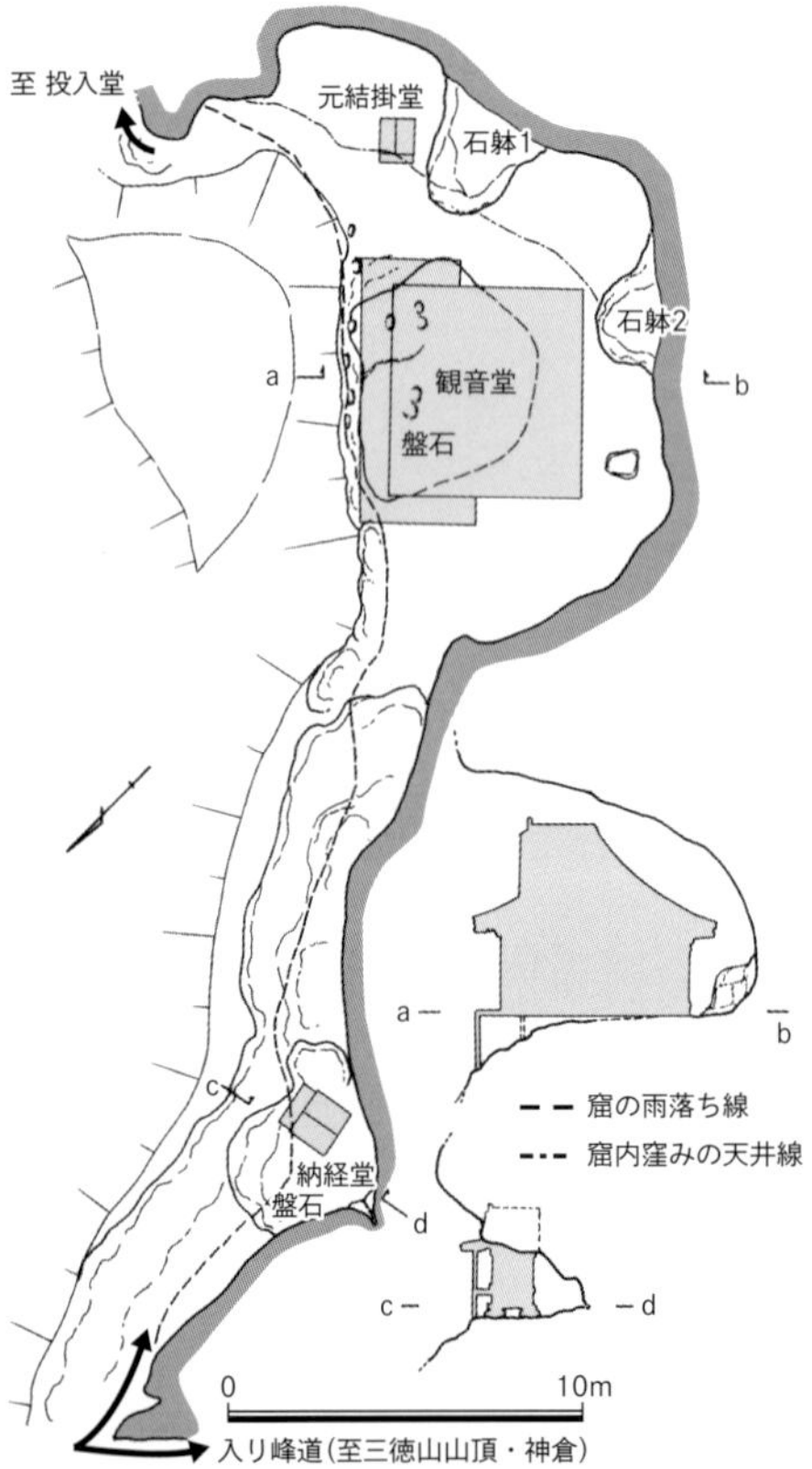

図17　観音堂を中心とする岩屋群
全ての建物が、洞窟の雨落ち線の内側に収まっている。

写真29　岩屋の中に収まる観音堂
建物は洞窟の雨落ち線の内部に収まっている。

写真31　観音堂と石躰２との関係
依代であったことが忘れられ、通りやすくするため石躰の先端は削られている。

写真30　元結掛堂と石躰１との関係
神霊の依代であった石躰が建物に変化したものと考えられる。

岩屋の中心は東側で間口約一六ｍ、奥行き約一〇ｍ、最大高約九ｍの規模を持っている。やはり床面には一枚岩の盤石があり、その真上に観音堂の建物が設けられている。現在の観音堂は江戸時代初期のものとされ、三間四方、入母屋造で両側に千鳥破風を付けた銅板葺（元は柿葺）建物で正面側の三方に縁を巡らし、正面を懸造りとしている。

観音堂建立以前は、基盤の盤石そのものが礼拝対象であったと推定される。奥壁には依代となる石躰が二石（石躰１・石躰２）存在し、これが礼拝対象だとすると、岩屋の主軸は石躰に向くので観音堂の建物方向とは異なり、ほぼ南北方向となる（図17参照）。観音堂床下の盤石を観察すると、そこに複数の柱座の窪みを確認することができる。これらは皆、現在の観音堂の柱の径より一回り（四〇㎝クラス）大きく、建物の外側にも複数確認できることから、前身建物が大規模であったことがわかる。しかも前身建物は、現在のような四方を壁で囲む独立した構造ではなく、石躰のある奥壁をむき出しとし、前面と両側面にのみ板壁を設けて壁面を覆う、英彦山玉屋窟や宝珠山窟のような修験道特有の宝殿造りではなかったかと考えている。

「観音窟」に対する信仰の根源は観音堂背後に存在する石躰１と石躰２に挟まれた空間で、そこは雨落ち線から一〇ｍの距離があり最も深い。現在の観音堂は建物の奥壁と石躰２との隙間を通行させ、これを「胎内潜り」と称しているが、これは近世以降のことで、しかも依代の石躰であることを忘れ、通行しやすいように削られている。宝殿が存在した時には聖なる宝殿内を通行するのは避け、建物外となる懸造の縁側を通行させていたと推定する。つまり自然崇拝である依代への信仰が堂舎へと変化したわけである。

元結懸堂は柿葺の小祠で観音堂と同じ江戸時代初期のものとされる。『伯耆民談記』には「元結懸堂方二間」とあるので、前身建物が現在の一間規模の建物より規模が大きかったことがわかる。石躰１と並んでいるので依代への信仰が社殿祭祀の形に引き継がれ変化したものと考える。納経堂は一間四方の小祠、春日造りの柿葺きで、使用材の年輪年代測定を行った結果、使用されている柱材が一一七四年に伐採された古材であることがわかり、平安時代後期初頭頃の建物であることが判明した。

⑽奥之院の所在する岩棚

五月の長期連休が終わり、奥之院を礼拝する岩場に静寂が戻ったある日のこと、谷底から心地よい風が吹きあがり、それが止むと蔵王堂が設けられた断崖上から、石楠花の花びらがひらひらと、舞い落ちる不思議な光景を目の当たりにした。それは何度も何度も繰り返される。私は「蔵王堂の岩棚の上には修験道で神樹とされる石楠花群落があるのではないか」と感じた。

山岳信仰の観点から三徳山を理解するうえで最も検討したいのが、なぜ、あの場所に奥之院となる蔵王堂が設けられたのか、という理由である。それは蔵王堂が所在する空間が、通常利用することを避ける北面した洞窟だからであった。北面の洞窟では陽が当たらず湿気も多く、岩屋を設ける本来の目的である長期参籠には適さないからだ。霊山・霊場で利用される洞窟は圧倒的に南面が多く、これに次いで信仰上の理由から陽が昇る東向き、逆に陽が沈む西向きの洞窟が選ばれ、北面を利用する場合には、中心部に対しての北方守護として、毘沙門天や強力な守護神をあえて配置する事例が知られている。一般的には霊山・霊場の奥之院は聖域の信仰の根源となる場

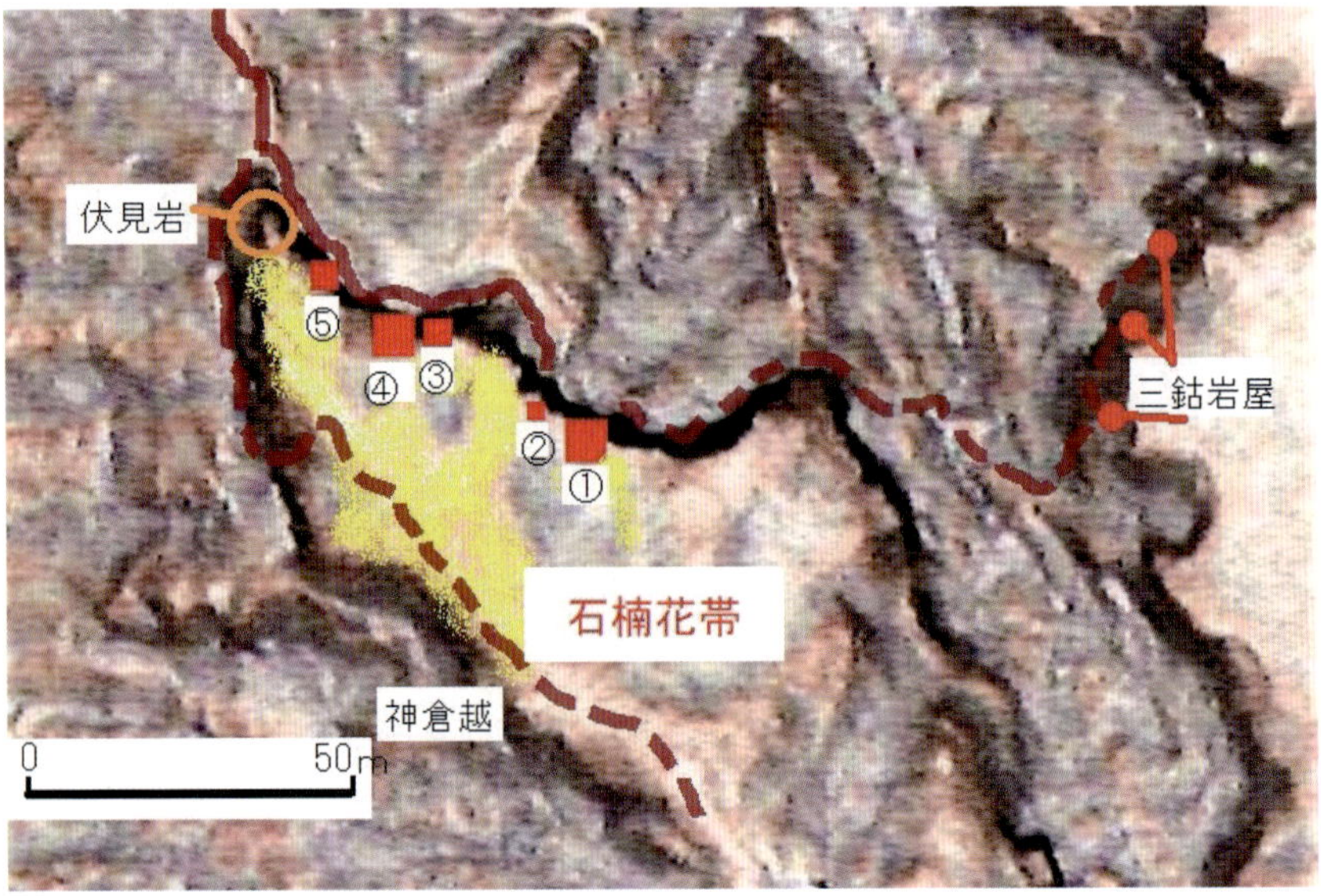

図18　奥之院の岩棚とその周辺（鳥取県CS立体図（2019年計測）を使用）
●石楠花群落　①奥之院蔵王堂　②不動堂　③元結掛堂　④観音堂　⑤納経堂

写真32　奥之院が設けられる岩棚

写真33　伏見岩上からの景観

写真34　奥之院岩棚上の石楠花帯

写真35　奥之院岩棚上の石楠花帯

所に設けられるので、蔵王堂が設けられた空間の特性を明らかにすればその信仰の根源が明確になる。

　蔵王堂が設けられた場所は周りが浸食を受けた断崖中の洞窟で標高五二〇m前後である。三徳山の岩質は標高六〇〇m前後を境として上部が硬く浸食の進みにくい安山岩質で、そこから下は浸食が進行し深い渓谷を形成する凝灰質角礫岩であり、蔵王堂が設けられた場所は、ちょうどこの境目に相当し、浸食されてできた断崖面の最上部となる。したがって断崖上の岩棚に上がると、そこから上は地形が緩やかとなり、傾斜は急だが山頂へ続く尾根筋が延びる山地形となっている。

　植生は標高四〇〇mから五四〇mはカシ林からブナ林への移行帯となり、アカガシ、ウラジロガシの中にブナが混生している。特筆されるのは岩棚一面が本石楠花群落となっていることである。そして、岩棚を越えた標高五五〇mあたりからは典型的なブナ林が出現し始め山頂まで続く。つまり、奥之院が設けられた岩棚を境として地形・地質・植生が大きく変わる変化点であった。このような自然景観の違いを山岳信仰では最も重視し、山内に聖域護持と曼荼羅観に基づいた結界線が張られる重要地点であることが指摘できる。
奥之院の岩棚は三方向を断崖によって隔絶され、一段高い台形状をした聖域空間となっている。上面は標高五五〇m地点を最高点として、そこには径八mほどの高まりが存在していて、私はこの高まりに注目する。仏法に基づいて御山を開くことを「法地開山」という。霊場としての美徳開山には、しかるべき資格を持つ阿闍梨が修法壇を設け、密教の法に基づいて結界を設定し、結界内を清浄な空間としたのち、諸仏、護法神を招いて仏法による浄地とする必要がある。奥之院と定めたこの最高点こそが、これを行うにふさわしいと感じるからだ。「開山〇〇年」とよく言われるが、山頂に到達することが開山ではない。そのことをはき違えてしまっては信仰が滅びてしまう。

岩棚上は三本の痩せ尾根が延び、西・北・東の三方向が断崖となっている。最高点から南側にだけ痩せた尾根が続いていて、「神倉越」と称し、山頂部手前の峠を経由して南麓の神倉集落まで唯一続く行者道が延びている。この岩棚に上がるには（一般者の通行は禁止されている）納経堂の手前で右に折れ、伏見岩末端の行者道を岩肌に沿って進み、樹木の根を頼りに緩斜面を選んで這い上がる以外にはない。岩棚の北端は張り出していて先端を「伏見岩」と呼ぶ。伏して断崖下を見る。つまり「覗きの行」が行われた行場である。眼下にはこれまで登ってきた尾根筋が拡がり、自然林の中に鐘楼堂・地蔵堂・文殊堂の屋根が点在する。

最後に岩棚一面を覆うように広がる石楠花について説明しておこう。神道では榊を神木に、仏法では樒・蓮華を仏花とするように、修験道では石楠花（石楠木・石楠草）を「役行者の樹」と呼び霊樹・神木としている。榊や樒は北海道を除く日本列島の山野で普遍的に自生するのに対し、石楠花は準高山植物で希少性があり、俗塵を離れた山中で初夏に大型の淡紅色の花を咲かせる姿が神木にふさわしいとされた。修験道の根本道場大峯山においては役行者尊像を祀る祭壇に石楠花が飾られる。熊野本宮玉置山頂、宝冠の森という行場をはじめ英彦山や諸霊山の山頂部を構成する聖域では石楠花群落の護持が図られる事例は多くみられる。私は石楠花に覆われた奥之院の岩棚そのものが金剛蔵王権現湧出の磐座（湧出岩）と観想されたのではないかと感じている。

⑾蔵王権現岩屋

標高約五二〇m地点に所在する洞窟内に貼り付くように建つ蔵王堂（投入堂）は三佛寺の奥之院として建造された。蔵王堂はその古さ、構造上の美しさはもとより、断崖に開口する洞窟内部の急斜面に組み上げたことによる特異さから一九五二年（昭和二七）に国宝に指定され、これまで数度にわたる調査が行われて詳細な実測図も作成され、紹介した出版物も多い。ところが不思議なことに、これを宗教施設としての「岩屋」として認識したものはなく、測量図面には蔵王堂と愛染堂本体が示されるだけで岩屋の構造は知る由もなく、建築物としての写真は無数に存在するものの、洞窟の形状や内部の状況を推測する写真も全く存在しない状況であった。そこで、現地調査では岩屋の形状を把握するための測量調査を実施しながら細部の観察と撮影を行った。

岩屋は東北方向に開口し、雨落ち線を基準にした規模を示すと平面は間口約一九m、最大奥行き約一一m、高さは雨落ち線での最大高低差約一四mとなっている。形状は天井部が硬い安山岩のため凹凸はあるが平滑であるのに対し、側壁以下は柔らかい凝灰角礫層のため、その境目から生じる流水により浸食を受けて急傾斜となり一部を除いてはほとんど緩やかな部分が存在しないのが特徴である。

洞窟内の中央奥壁付近には奥行き約四m、最高点から底部までの比高差約二・四m規模の緑色をした岩塊（写真37）が壁面から一部露出しており、これがこの岩屋の祭神を迎える依代の石躰と考えられる。西壁付近は天井の安山岩層と下部の凝灰角礫岩層の境目からの流水により浸食を受けて大きくえぐれた谷地形となっている（写

写真36　断崖の洞窟に設けられた蔵王堂

写真37　蔵王堂背後の石躰

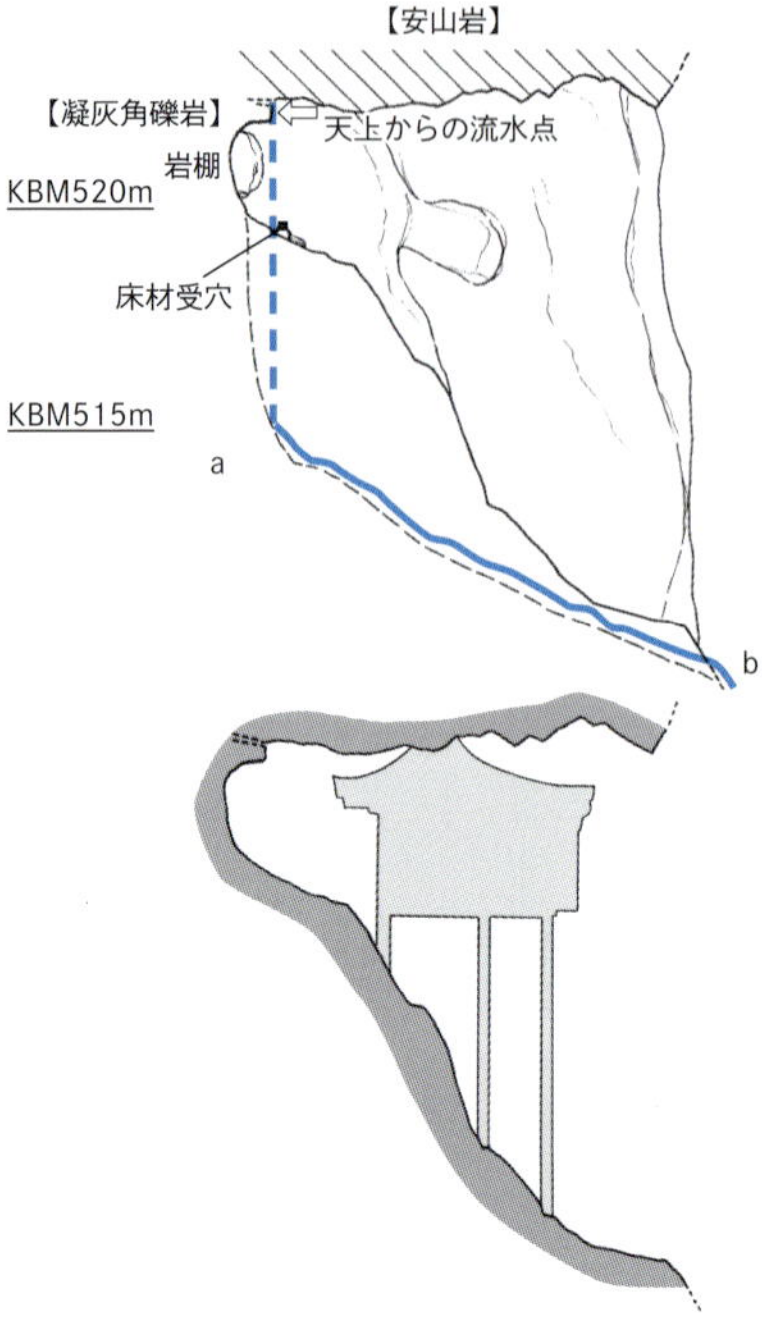

図20　蔵王権現岩屋の西側付近断面見通し（上）と蔵王堂投影図（下）

上の図は図19のａ―ｂの位置の断面と西壁方向の見通しに加え、②の浸食地形の床面を破線で示し、そこに天井から落ちる水の動きを示した図である。

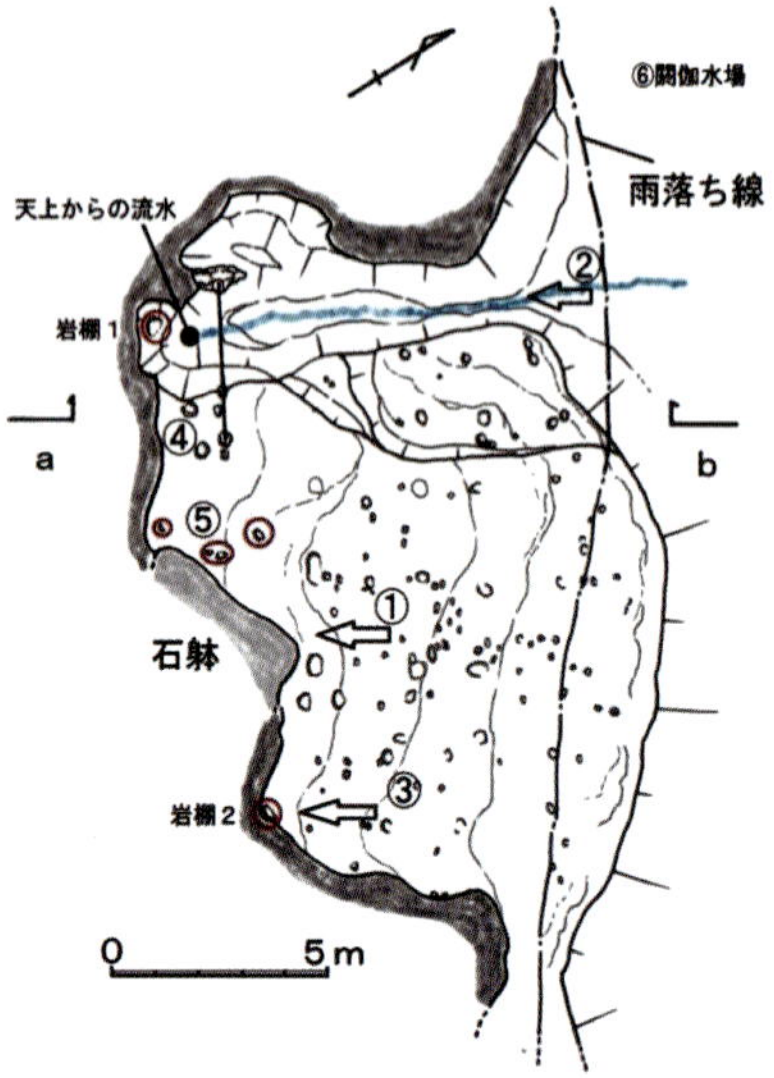

図19　蔵王権現岩屋の形状

蔵王堂が建立された岩屋の形態を示した初めての図である。洞窟は西側に深い浸食地形が存在し、そこは建造物を設けず、天井からは今も水滴が垂れ落ちている。洞窟中央には神霊依代の石鉢①が存在する。

写真39　岩屋西壁の浸食部（奥壁から）

写真38　岩屋西側の浸食部（雨落ちから）

真39）。写真38は、これを前面の雨落ち線内側から見上げたものである。浸食箇所は常に湿気を持っていて低木と草が繁茂し、天井の岩質の境目からは調査時にも水滴が垂れ落ちていた（図19●地点、図20矢印）。

流水点背後の奥壁には幅一・五m、奥行約九〇cmの規模で龕状にひときわ窪んだ岩棚があり、御神体が祀られた祭壇と推定した。天井からの流水は現在では微量となっているが、岩屋利用がなされた当初には多かったと考えられる。東壁付近でも岩屋は大きく窪み、奥壁には御神体を祀るための龕状にひときわ窪んだ岩棚が存在し、人工的に彫り込まれた供物入れ（写真43）も設けられている。

蔵王権現岩屋の内部は、これまで死角になっていたため気付かれなかったが、岩屋西壁側は急傾斜の谷状浸食地形であり。天井部の岩質境からの流水も存在した。奥壁の岩棚を龕として利用し、その周りには祭壇と供物台を構成していたと考えられる根太材や柱受けの加工痕を四箇所で確認（図19④・写真42）し、東側においても奥壁に龕が設けられている状況を確認できた。

このように岩屋中央奥壁には岩塊の石躰が壁から湧出しており、これを陰陽の陽部と見立て、天井から水が落ちる浸食地形を陰部と見立てれば、岩屋内に自然の造作による陰陽一対の世界が存在することになり、これこそがこの洞窟を岩屋として祭祀対象に選んだ原点と考えられる。図21・22は岩屋内礼拝対象と蔵王堂・愛染堂との関係を示したものである。石躰の位置と高さが蔵王堂内陣の位置を限定し、東奥壁の龕の位置と高さが愛染堂の位置を限定していることが理解できるだろう。年輪年代測定により一一一〇年直後に創建されたことが判明している両堂は岩屋祭祀を継承しながら成立している。

写真40　蔵王堂床下岩面の状況

写真41　蔵王堂背後の岩面の状況

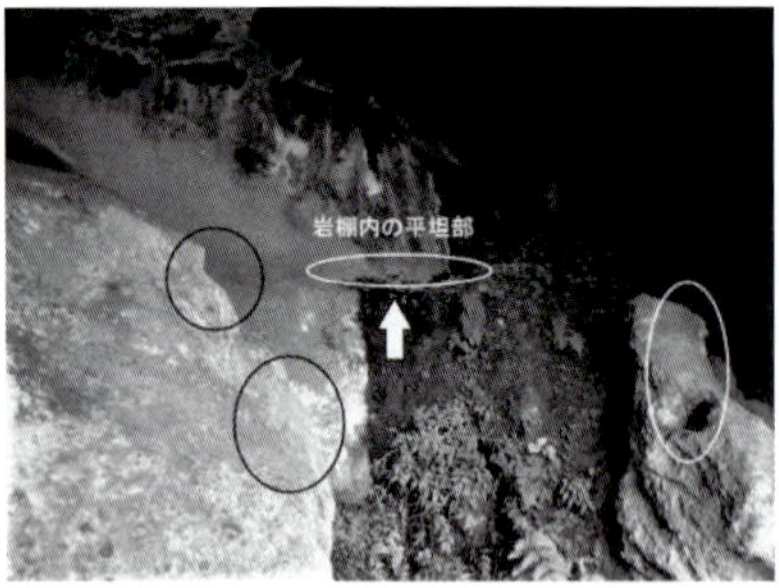

写真42　西壁岩棚周辺の加工痕

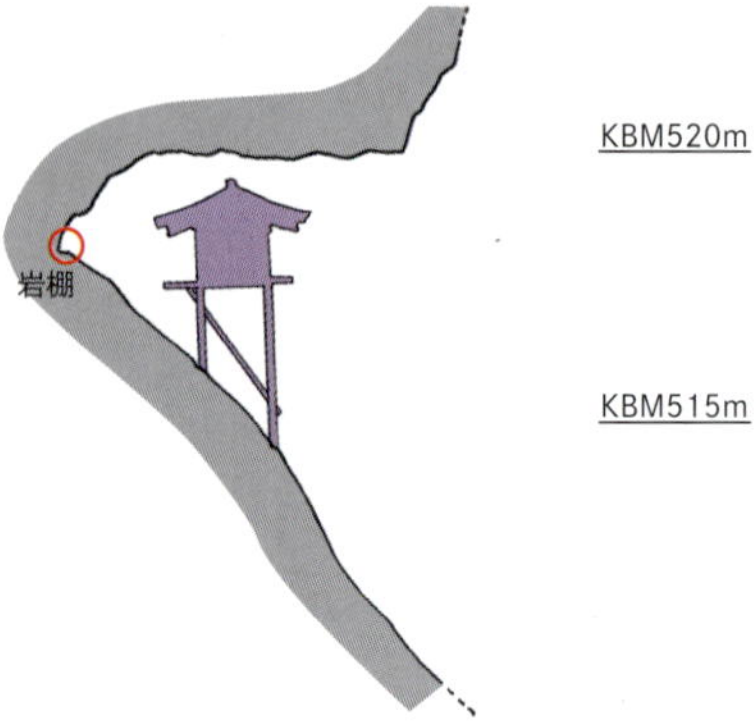

図22　愛染堂と岩屋の関係（断面図）

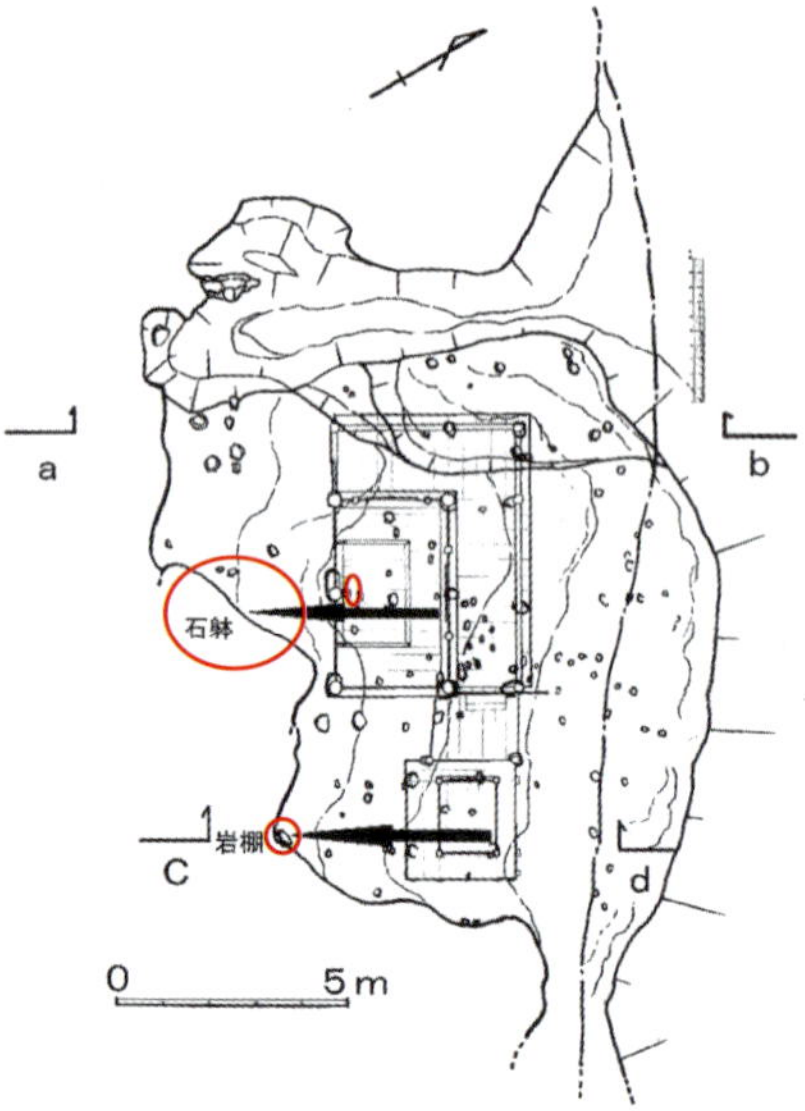

図21　蔵王権現岩屋の礼拝対象と建物の関係

蔵王堂内陣背後には神霊依代の石躰が、愛染堂背後には岩棚がそれぞれ対応しており、これらが前身の祭祀形態であったことが理解できる。

写真44　愛染堂背面の状況

左の建物が愛染堂、その背後には岩棚の窪みがあり床面が平らで供物入れの穴が彫りこまれ、龕としていたことがわかる。

写真43　愛染堂背後の龕と供物入れ（⇧）の状況

龕は正面幅約60㎝、高さ約50㎝、床平坦面の奥行き約20㎝の規模で、下部に幅約10㎝の供物入れの方形穴を彫り込んでいる。

⑿三鈷岩屋

三鈷岩屋は美徳谷東尾根の西面に位置し、文殊堂・地蔵堂が所在する尾根とは谷を挟んで向き合う位置関係にある。この岩屋は昭和初期には山内住侶たちの間では認識されていて二度にわたって探索されているが、近年は意識されることもなく長い間忘れられていた。この岩屋が再び意識されたのは、平成二五年秋頃、当時の三朝町文化財担当者によって、地蔵堂奥の馬ノ背の巌上から反対側の尾根斜面に開口する洞窟らしき窪みが見え、それが「美徳山三佛寺境内絵図」に記載されている「三鈷岩屋」に該当するのではないか、という認識からだった。しかし、問題はそこに行き着くためのルートをどう設定するのか、という現実があり、具体的な調査計画を立てられずにいた。

この状況が急展開したのが二〇一五年（平成二七）一一月に三徳山ガイドによる単独での現地到達の情報が三朝町社会教育課にもたらされたことからであった。私に「年内に、このことについて現場を確認し、調査計画を相談したい」とのメールと共に五点の写真画像が添付されてきた。画像を見ると岩屋は単独ではなく複数の洞窟か

写真45　馬ノ背よりみた「三鈷岩屋」のうち「中鈷岩屋」

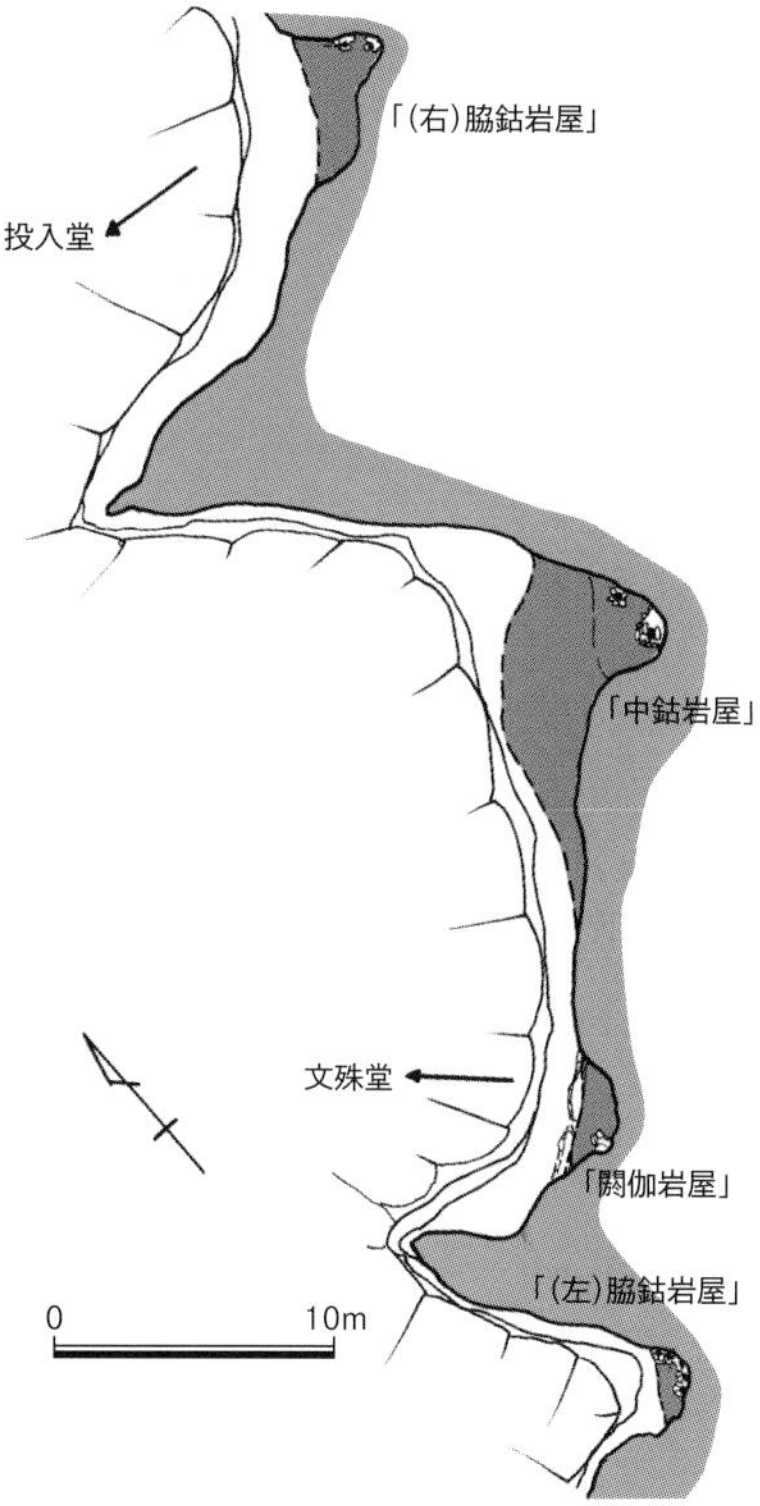

図23　三鈷岩屋配置図

三鈷岩屋は全体で四箇所の洞窟から構成される聖域空間の総称である。各部の呼称は三鈷杵に倣い付けている。

ら構成されていること、洞窟の内部には複数の小規模な石躰が根元の集石と共に据えられた状態で元位置を留めている状況が読み取れた。私は予想もしなかったこの出来事に「ついに中世の三徳山が現れた……」と興奮していた。

三鈷岩屋への現地踏査は第一報から僅か八日後の一一月一三日に実現した。現地への経路は美徳谷の沢登りが最も安全であると判断されたので、事務局が下見を兼ねた安全対策のロープ張り作業を事前に行い、満を持しての踏査となった。三徳山第一駐車場を朝一番に出発し、沢を上ること三時間弱、途中何度も岩場を這い上がり、滑りながら標高五〇〇m辺りまで来ると、腕が痺れて思うように命綱が握れない。最後は、斜面に張られたロープを使って自力で登るのだが、とにかくこれが、こたえた。結局スタッフの手を借りてどうにか岩屋の前に立たせてもらえることができた。

三鈷岩屋は四箇所の洞窟から構成されている。これは「岩屋」が単独の洞窟を指すのではな

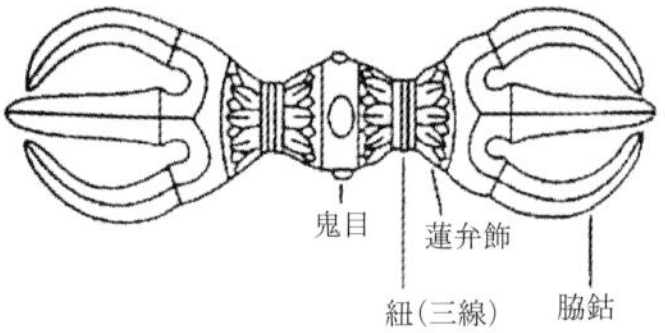

図24　三鈷杵各部の呼称

金剛蔵王権現は右手に三鈷鈔を持っている。「三鈷岩屋」は金剛蔵王権現を祀る岩屋という意味があるのだろう。

写真47　「閼伽岩屋」

写真46　「中鈷岩屋」

中央に石躰を据える。

写真48　「右脇鈷岩屋」

く、洞窟と断崖、石柱など諸要素の複合した聖域空間を指す呼称であるという、私の研究成果を踏まえての理解である。岩屋の呼称である「三鈷」とは密教法具の「三鈷杵」に由来するので、各洞窟をこの三鈷杵の呼称にちなんで呼ぶこととした。

岩屋全体の幅は約五五m、標高は五二五mから五四〇m前後の凝灰角礫岩層の断崖に四箇所の洞窟が集中していて「右脇鈷岩屋」が最も標高が低く「左脇鈷岩屋」が最も高い。中央の「中鈷岩屋」は間口約二八m、奥行き約一六m規模の断崖窪みの奥北側隅に間口約三・八m、最大奥行約二・五m、開口部での高さ約二・五mの洞窟が北西方向に開口し、その奥壁中央に幅約一・二mの集石を行い、その上に高さ六〇cm、基底部幅二〇cmの依代、石躰が立ったままの状態で残されていた。

隣接する南側には間口約二・四m、最大奥行き約二m、開口部での高さ約一・九mの別の洞窟があり、床面の湿り具合から神に供える閼伽水を溜める岩屋ではと考えたので部分的に掘り下げ、壁面に刻まれた水道《みずみち》と溜桝を確認したので閼伽場と断定した。

「右脇鈷岩屋」は間口約二・五m、最大奥行き約四m、

写真49　「左脇鈷岩屋」奥壁の石躰群
3基の石躰が並んでいる。

写真50　「左脇鈷岩屋」前室の石積
隙間に石を詰めて石躰を2基据えている。

写真51　「左脇鈷岩屋」前室の石積（側面から）

開口部での高さ約一・二m規模の北西に開口する洞窟で内部に二基の石躰が確認できた。

「左脇鈷岩屋」は間口約四・二m、最大奥行約三m、開口部での高さ約一・六m規模の北西方向に開口する洞窟で、向かって右側壁面の窪みを利用して、前室と奥壁前の奥室（内陣か）から構成される複雑な構造をしている。以上、詳細な図化と発掘は将来に持ち越すこととなったが調査計画を立てるための最低限の情報は得ることができた。

第一章二節出雲の山岳霊場と伯耆大山の節では「三鈷岩屋」に金剛蔵王権現が垂迹して祀られたこと、大山の惣結界である金門と三鈷峰との特別な関係を説明した。金剛蔵王権現が右手に握って涌出したのが三鈷杵であり、三鈷杵はそのシンボルでもある。金剛蔵王権現を祀る山、三徳山での「三鈷岩屋」が持つ意味は重いが、全ては今後の課題である。

三徳山三佛寺に対する一般の方のイメージは断崖に開口する洞窟内に建つ懸造の蔵王堂（投入堂）と、岩場に聳える懸造りの文殊堂・地蔵堂という木造建築の世界ではないだろうか。同じ三佛寺の空間内ではあるが、この章で紹介した各地点の祭祀場は、自然植生の中の岩場であり、洞窟であり、岩塊であり、人為的な構築物をほとんど持たない自然崇拝の世界である。これが山岳修験、ひいては修験道の真の姿であり、その基盤の上に三徳山は成り立っている。次章では南麓の神倉世界を紹介する。三佛寺地区の在り方と神倉を比較すれば、その違いや共通点が明確になるだろう。

註

1 巾子（かんす）とは冠の頂上部に高く突き出た部分を指し、これを付けた冠。円領とは袍（ほう）の襟の形で首回りが丸いもの。神職の正装をイメージするとよい。

2 中世の三佛寺は江戸時代に再興された天台宗単独の寺院ではなく、顕教と密教が共存する天台教学と、真言密教に加え修験の三派が共存する兼帯寺院というイメージが実態を反映している。中世にはこのような山寺が一般的であった。

3 吉川聡「石鎚山の縁起からみた蔵王権現信仰」『奈良文化財研究所紀要二〇一五』独立行政法人国立文化財機構奈良文化財研究所　二〇一五年。

4 久保智康「顕密仏教における「鏡」という装置」『日本仏教綜合研究』七号　二〇〇七年。

5 久保智康「最澄と天台教説の融合主義―円密一致の場と造形

6　関白藤原頼忠の次女。母は代明親王（醍醐天皇皇子）の娘厳子女王（九五七～一〇一七）。

7　松浦正昭「中国銅鏡調査結果と所見」二〇〇三年一〇月一八日。〈公開講演〉「三徳山の遺宝が語るもの」二〇〇六年一一月四日。日本山岳修験学会三徳山大会講演録。『三徳山総合調査報告書第一集』鳥取県三朝町教育委員会二〇一四年に再録。

8　一七四二年（寛保二）伯耆国倉吉詰の鳥取藩士といわれる松岡布政（まつおかのぶまさ）によって著された全二〇巻の地誌。伯耆国の地誌としては唯一のもので、当地域の歴史研究にとって欠かすことのできない資料。

9　寺社参詣の目的は霊験あらたかな神仏が祀られる仏堂や社に参籠し、お告げとしての霊夢を見ることであった。このため長期にわたる参籠も必要となった。仏堂では高さの高い床下が用いられ、懸造の床下は格好の参籠所となった。社殿に伴う拝殿や長廊の石の間は参籠所として設けられたものである。

10　「金峯山秘密伝」巻上若宮本地垂迹ノ事「次若宮は此れ文殊の垂迹、即ち降魔成覚仏也。大力の獅子王に乗て能く四魔の軍を破り、手に剣を執て即ち無明の業寿を断す。今和光三昧に入て、若宮明神と顕る。獅子を改て即ち馬王に乗、智刀を摂て弓箭を執る。此れ同じく護法の表示也。」

第四章　三徳山神倉の世界

一　三徳山頂から南麓神倉の遺跡群

(1) 山頂稜線と行者道

三徳山の山頂周辺は突出した山岳地形を形成しているのではなく、図1に示したように八〇〇mクラスの稜線が一km以上にわたって東西方向に延び、両端の肩から緩やかに下降して台形状を呈している。但しその姿は山麓からは確認できず、唯一❸イケガナル地点、❹湯地点からだけ、真正面に向き合うことができる（写真1）。

残念なことに神仏常住の常寂光土として古来自然護持が図られてきた山頂部のうち、稜線付近だけは杉の植林が進んでブナ林帯が存在しないが、それ以外の斜面では自然植生が良好に保たれている。現在は山頂からの眺望がほとんど利かないなかにあって、北西方向に位置する伯耆国一之宮の倭文《しとり》社が所在する御《み》冠山《かんむりやま》と、これに隣接する東郷池湖畔の姿は唯一明確に識別することが可能で、三徳山と一之宮との関わりを検討する必要がありそうだが、これについては最終章で述べることにして先に

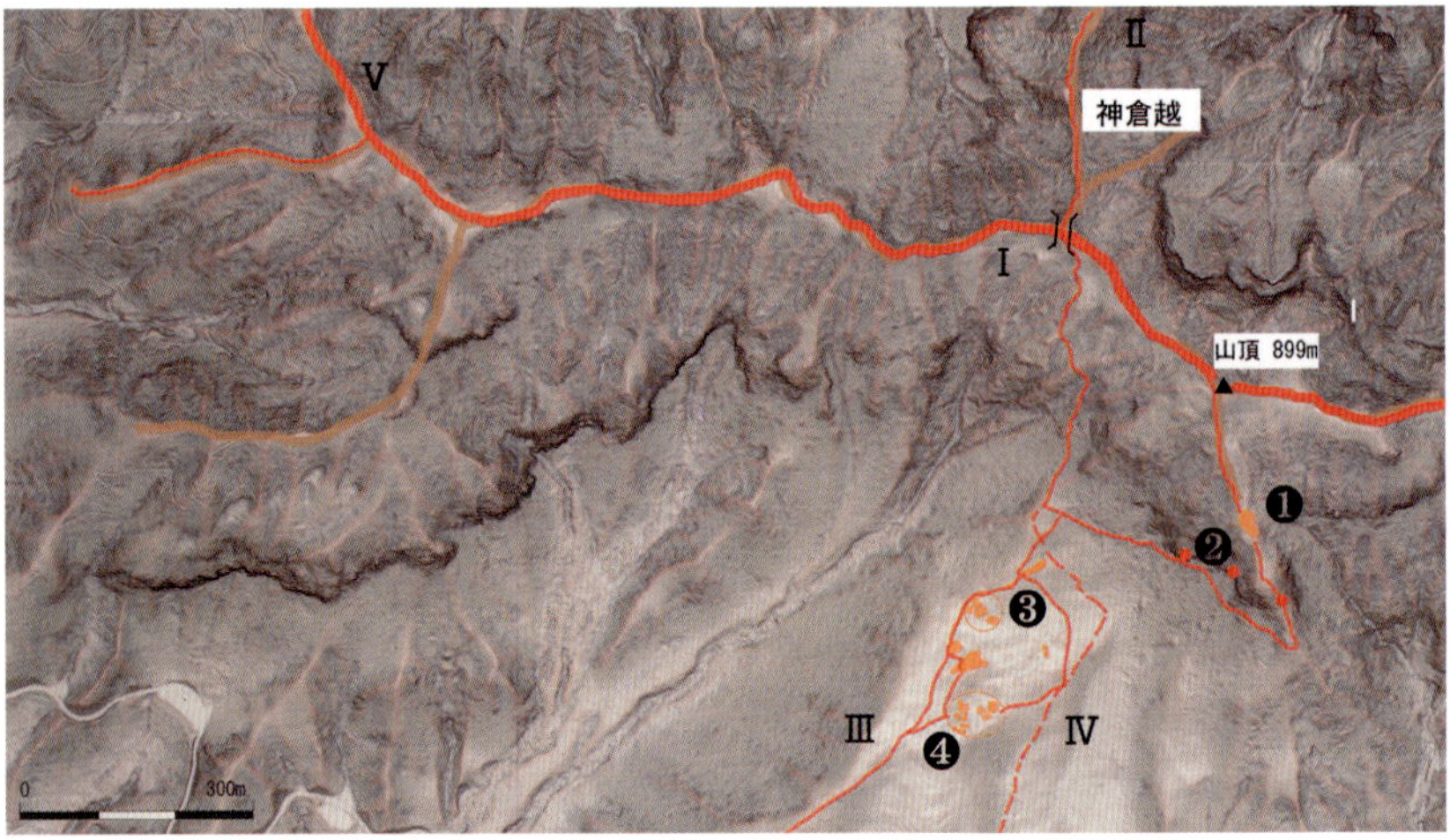

図1　三徳山頂から南面にかけての地形と行者道・旧道
（鳥取県CS立体図（2019年計測）を使用）

Ⅰ・Ⅴ山頂主尾根稜線　Ⅱ神倉越　至三佛寺
Ⅲ行者道（冠巌―湯地点・イケガナル地点遺跡群―山頂峠）
Ⅳ明治20年代地形図に示された旧道（神倉―山頂峠（神倉越）―三佛寺）
❶祭祀土壇　❷安山岩末端の断崖（磐座・岩屋推定地）
❸イケガナル地点遺跡群（祭祀遺跡群・雪穴（氷室））　❹湯地点遺跡（参籠宿推定地）

進めよう。

　三徳山には突出した山頂ピークが存在せず、なだらかな稜線が連続する地形のため、この尾根筋が通行可能な東西方向の行者道（山中修行時の往来路、但し通常は生活路として利用）となる（図1Ⅰ—Ⅴ）。北の三徳谷側から南の小鹿谷側へ縦断する経路は三佛寺の宿入橋を越え文殊堂、地蔵堂が建つ尾根筋から山頂西側の峠を抜けて神倉側に下る「神倉越」が主要な行者道であり、このルート（図1Ⅱ—Ⅳ）は明治二〇年代に作成された地形図にも記載されている。但しⅣのルートは生活道路として主に利用されたもので、神倉地区の拠点となる仏谷神倉社に直結する行者道は❸❹を経由して尾根筋を下り、冠巌から神倉社へと直結するⅢのルートが想定される。

　山頂稜線上の踏査では明確な遺跡の存在は確認できなかった。山頂に至るには神倉越の峠を経由し山頂稜線を東に折れるルートと、中国電力の鉄塔間に設けられた管理道から東南方向に延びる稜線を直登する二経路がある。❶は標高八五〇m付近に設けられた人工平場で、そ

写真１　イケガナル地点から見た山頂
自然植生が残るが稜線付近は杉の植林が覆う。

写真２　❷地点からみたイケガナル・湯地点
両地点は南斜面で唯一緩やかな平場が広がる。

写真３　❷地点の露頭
山頂部の安山岩と小鹿凝灰角礫層との境目の断崖が続く。中には裾部に人工平場を伴う地点も存在し、磐座祭祀の可能性がある。

写真４　❷地点の断崖

山頂を覆う安山岩の末端は北面の三佛寺奥之院同様に浸食を受けて断崖が連続し、この中には行場や祭祀場が設けられたと考えられる。

の中に二基の基壇状の高まりが見られ、これが三徳山山頂南側では最高所の遺跡となる。❶から標高七〇〇m前後の稜線上には露岩が連続する。末端は山頂部を覆う硬い安山岩と小鹿凝灰角礫岩層の境目で、浸食を受けた断崖が一〇km以上にわたって連続している。その中には裾部に人工平場を伴い、磐座かと推察させる地点が存在する。例えば図1の❷（写真3）がそれで、眼下にはイケガナル地点・湯地点という重要遺跡を正面に見ることができる。この岩層の境目となる断崖から上が神仏常住の常寂光土であり、下が修行空間で菩薩界の実報厳土という聖域結界となっている。

(2)イケガナルから山王社へ

図2は、標高七〇〇m付近のイケガナル地点最高所から、山麓に所在する標高三二〇m付近の山王社（現神倉神社）までの尾根稜線に沿って分布する遺跡群を中心にして、神倉地区の水源となっている大神《おおかみ》地点を加えて示した図である。図中に示した破線は実際の尾根筋を示しており、そこに山道が整備されているわけではないが、地形を読むことさえできれば山頂まで繋がっているので、神倉地区から三佛寺地区へ辿ることが可能であり、かつては三徳山頂部を経由して両者を繋いだ幹線道であったと考えている。

ここに示した四地点の呼称は、営林署で実際に管理にあたっていた神倉在住の政門利昭さんに同行していただき、直接窺った呼称である。上部から列記すると、標高七〇〇mの礎石建物を伴う人工平場（「中宮」と仮称）から六六〇m付近までの高層湿原の周りに広がる祭祀遺跡と氷室《ひむろ》（雪穴）の「イケガナル」地点、その南側に隣接する標高六五五m前後の鞍部に広がる参籠施設と集石群の「湯」地点、これを下った谷頭の標高五五〇m付近の水源の「大神」地点、稜線を下った標高六〇〇m付近の

図２　三徳山神倉地区の遺跡群（鳥取県CS立体図（2019年計測）を使用）
小鹿川に面する末端の仏谷西側の尾根稜線は冠巌まで続き、これが山中で基本となる通行路、つまり行者道となる。この地形（稜線）に沿って、遺跡は分布する。

【イケガナル地点】①祭祀場跡（中宮）　②磐座群　③氷室群（雪穴）　④サイトウ（護摩）と壇
【湯地点】⑤参籠宿跡　　【大神地点】⑥祭祀場・拝殿跡　　【ツキノワ地点】⑦結界石（大門）
【仏谷地点】⑧冠巌（磐座）・宝殿跡　⑨参籠所跡　⑩山王社（現 神倉神社）

「ツキノワ」地点、神倉集落背後の仏谷川に面した標高三二〇mから四〇〇m付近に広がる山王社と、背後の磐座、冠巌《かんむりいわ》と関連施設からなる「仏谷《ほとけだに》」地点が現在までに認識している三徳山南面小鹿谷側の遺跡群である。

次節からは、それぞれの地点の現地調査によって発見できた遺跡の概要と、これらをどのように読み解こうとしているのかを解説しよう。

二　仏谷地点

(1)山王社（神倉神社）

神倉地点の惣鎮守として集落背後に鎮座しているのが「神倉神社」である。ここは神と仏が融合して祀られていた状態の「宮寺《みやでら》」という宗教施設であったものを、明治初期の神仏分離時に仏像や仏具・経典等を排除して新たに地名の「神倉」を付け、神だけを祀る社《やしろ》（施設）の「神社」としたことから誕生したもので、最初は三徳山の山の神を仏式と神式の両方で祀る宮寺から始まり、神倉「山王社」と呼ばれていた。

本殿内の調査を行ったところ、建替えや修理時に収める「棟札《むなふだ》」という木札を一六九六年（元禄九）から平成年間までの三一点分確認した。神社の多くは記録がほとんど存在せず、伝承以外に来歴がわからないのが普通なのだが、複数の棟札が残っていれば、記載内容の変遷をたどることにより、多くの情報を得ることができるわけである。神倉神社には三一点のうち江戸時代の棟札が一五点、明治時代の棟札が八点あり、これに基づいて社名と祭神の変化を整理すると、

「山王社」（一六九六年／元禄九）⬇「山王権現社」（一七八二年／天明二）⬇「日吉山王宮」（一七九五年／寛政七）⬇「神倉社」（一八七〇年／明治三）⬇「神倉神社」（一八八二年／明治一五）

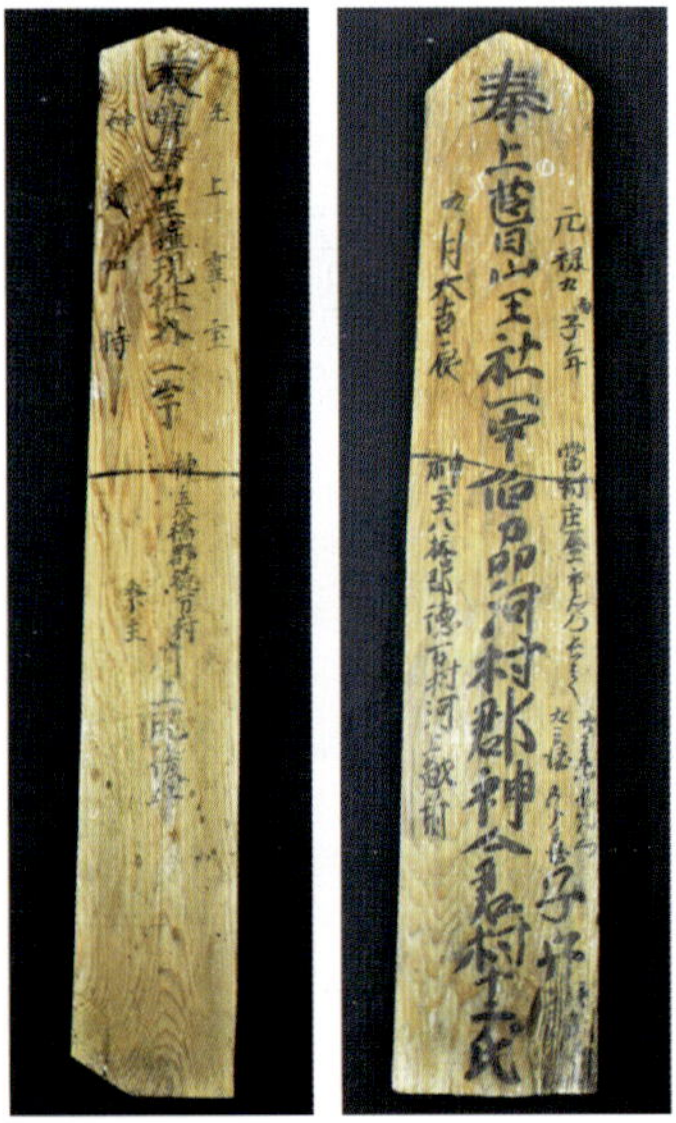

1782年　1696年

図3　神倉神社の棟札

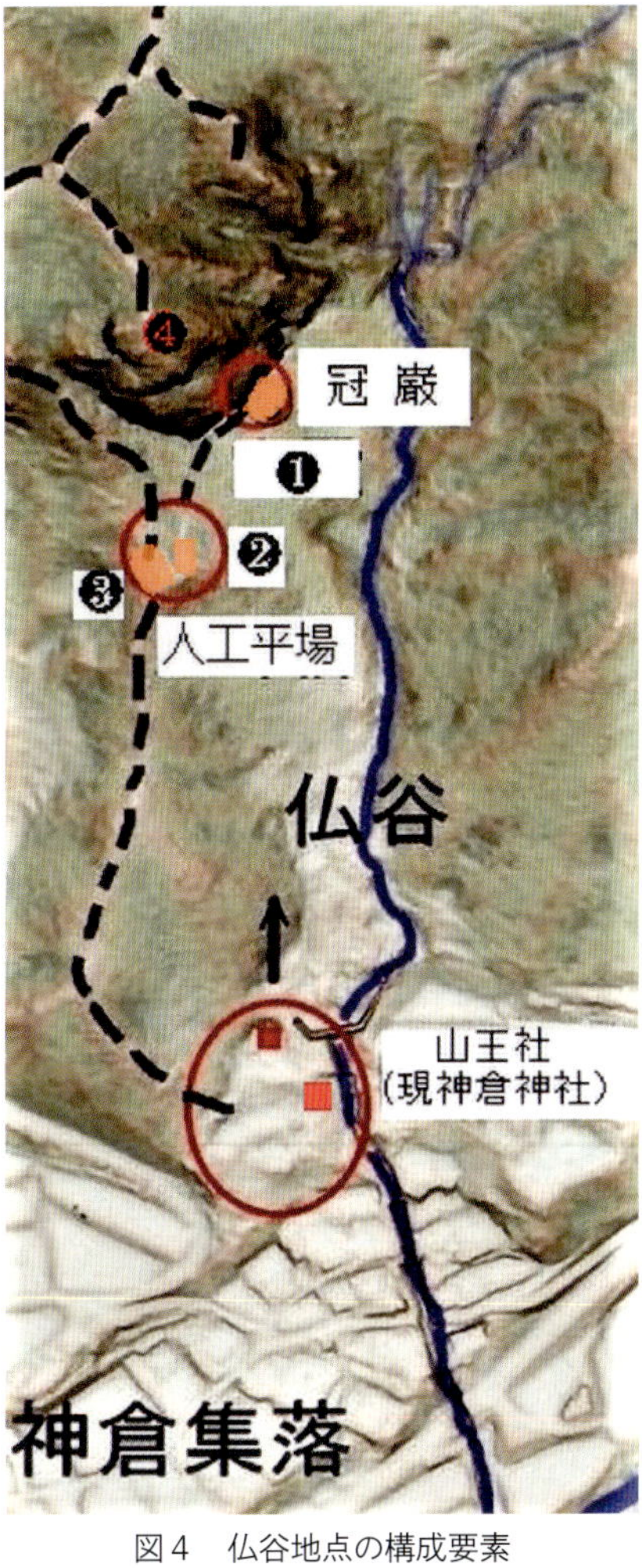

図４　仏谷地点の構成要素
（鳥取県CS立体図（2019年計測）を使用）

三徳山の山神を祀る神倉山王社は明治初期の神仏分離以降、個性を失い地名を取って「神倉神社」となり現在に至っているが、本来は「冠巌」と一体になり山神を迎え祀る神仏融合した宮寺であった。

【冠巌】❶宝殿跡　❷❸「堂屋敷」人工平場　❹天宮祠　※堂屋敷とは明治５年に天宮祠（天狗信仰）を設けたのでこの呼名がある。現地には中世に遡る人工平場２面があり、この平場を利用し祠が置かれた。冠巌頂上にはこの奥宮❹が現存する。

写真５　現在の神倉神社

写真６　山王社の阿弥陀如来像

写真７　阿弥陀如来像（底部）
下側の体部が当初の部分で上の膝前は後補。

と変化していることが判明する。最初は漠然とした「三徳の山神」を「山王」と呼んで祀っていたものが、全国的な封建体制を確立した徳川政権が成立する江戸時代となり、天台宗東叡山寛永寺の配下に三佛寺が組み込まれると、天台宗独自の権現思想の影響を受けて「山王権現」に変化し、さらに比叡山延暦寺の守護神である「日吉山王宮」というように特定の神社の祭神に変わり、最後に明治初期の神仏分離政策によって神と仏が融合した幕府主導の権現祭祀が否定され、明治新政府が推進する神道形式の「神倉神社」というように僅か三〇〇年ほどの間に大きく変質していて、宗教と政治の密接な関係を思い知らされる。

山王社が設けられた「仏谷」の谷頭には比高差五〇mに及ぶ玄武岩質露岩の「冠巌」が聳えているが、これを神仏垂迹の磐座、奥之院とし、その裾部の緩斜面を整形して社殿が設けられたわけである。「仏谷」という呼称からもわかるように、本来は仏を主体として祀る施設であったが、明治初期の神仏分離時に仏像類は社殿から出され、別に「阿弥陀堂」という建物を設けることにより難を逃れた。

堂内には状態は良くないが江戸時代の不動明王立像・毘沙門天立像と一一から一二世紀とされる阿弥陀如来坐像・天部立像の四躯の仏像が祀られており、明治以前の信仰の一端を偲ばせてくれる。このうち山王社の主尊と考えられる阿弥陀如来坐像は像高八二cm、ヒノキ材の一木造りで彫眼、両肘まで含んだ頭・体を一材で造るが、それ以外の膝前、右手の肘先、左手の袖先及び手先、後頭部に背板と、その多くが破損したために後世に補修されたものであるが、当初の部分が残る面相、胸前の彫刻は素晴らしく、かなりの優品である（写真6）。

この阿弥陀如来坐像は両手先、特に左手は袖から先が後補のため、最初から阿弥陀如来像として造られたものかは判然としない。というのは、この尊像が神倉山王社の主尊と考えるからである。第一章一節(2)の「熊野三山」の項で紹介したように、私は三徳山の神倉が熊野三山の一つ、新宮権現山の神倉聖との関わりで成立したと考えていて、その場合、祭神には熊野新宮の主尊である、薬師如来を迎えることが自然であるからだ。薬師如来は左手に薬壷を持つが阿弥陀如来とは手先の印相が異なるだけで、阿弥陀信仰が盛んになると、左袖から先を造り変え、薬師如来像を阿弥陀如来像に替える事例が存在するからで、この像が左袖から先が後補という修理の痕跡を怪しいとにらんでいるからだ。いずれにせよ、伝来する二躯の仏像の存在によって、神倉山王社が一一世紀から一二世紀、つまり平安時代後期から終わりには成立していたことを示している。

(2)冠巌の調査

神倉地点の調査に入るきっかけは、圧倒的な存在感を見せる冠巌の姿を写した画像を見いだし、しかもそこは三佛寺とは三徳山頂を挟んだ反対の小鹿谷側で、熊野新宮に通じる「神倉《かんのくら》」という地名であったことから、新宮のゴトビキ岩のような巨大な磐座祭祀の存在を想定し、「この岩裾には祭祀場があるに違いない」と直観したからであった。

現地に最初に踏み込んだのは二〇〇七年四月二二日のことで、鳥取県立博物館の福代宏さんの案内であった。この日のルートは仏谷川の谷筋を遡り、巌の姿が見えた時点で、斜面をよじ登り、岩裾にたどり着こうというもので、急な斜面を登るのはきつかったが、この作戦は見事的中し、迷うことなく岩裾の、しかも想定していた人工平場を見出すことができた。平場上には落葉が堆積し、落石と転石が散乱するのに加え、法面《のりめん》には小木が茂って地表面の観察ができない状態であったので、体制を整えたうえで本格的な調査を実施することとした。

最初の調査は三徳山を守る会調査部の協力のもと、八月二四日から二八日の日程で実施した。初日は神倉神社から現地までの通路を確保するための伐採と道作りに費やし、二日目に器材を搬入して現地の樹木を伐採し、下草と落葉を取り除き、落石や転石を取り除いて、できるだけ全体像が把握できる状態を目指した。この作業で礎石と石組が顔を出しはじめ、盛土の法面には土留の石積が設けられていることが判明したので、三日目に測量作業を並行して進め、人工平場

写真8　仏谷川から正面に見る冠巌

写真10　人工平場調査のようす

写真11　法面の３段に及ぶ土留め石積

写真９　冠巌推定宝殿跡全景

冠巌の岩裾に盛土を行って人工平場を設け、法面には三段にわたって土留めの石積を施し、平場の中央には礫を敷き詰めた祭壇を設けるというように、大規模な造成が行われている。

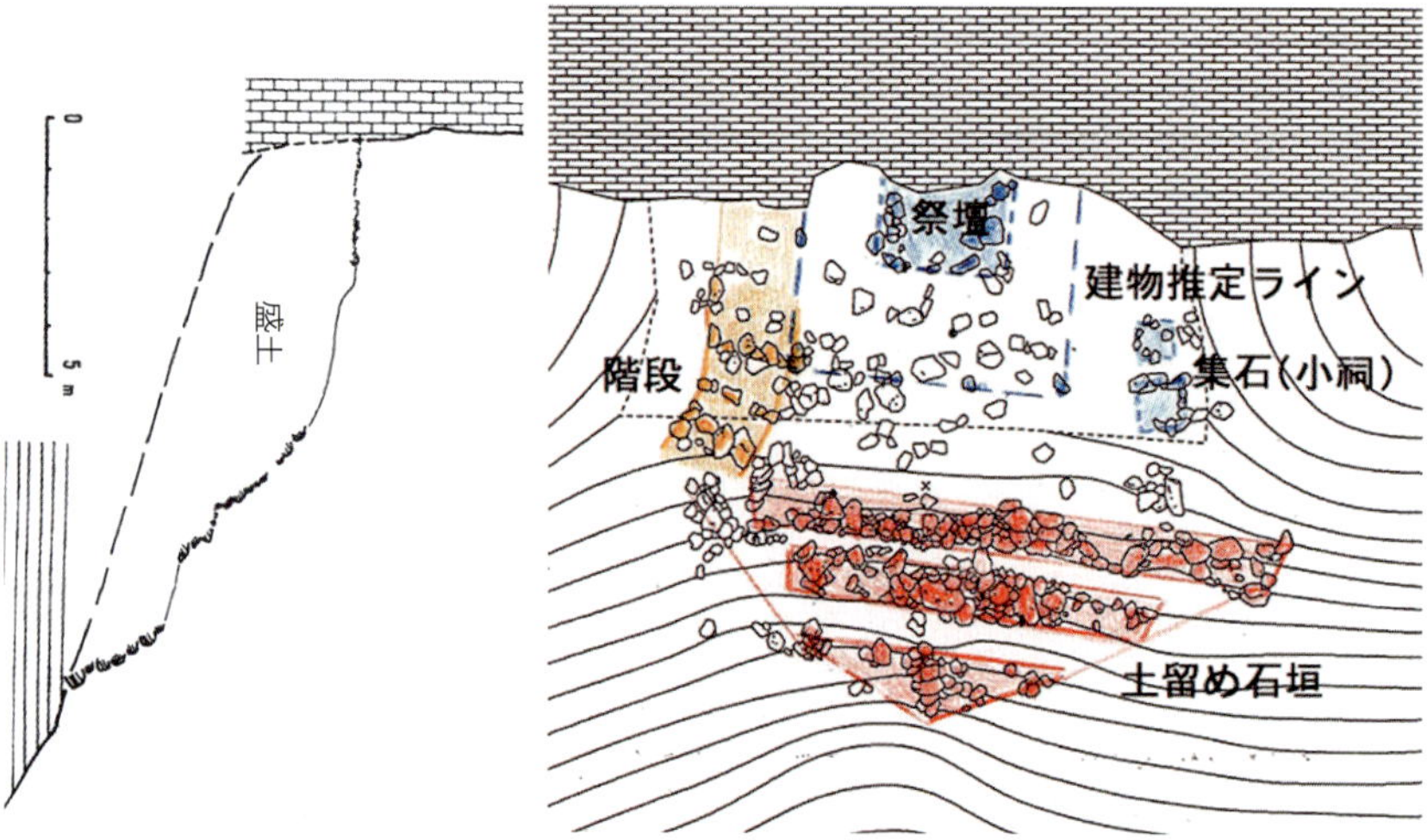

図５　冠巌推定宝殿跡実測図

岩裾の窪み（谷頭）を埋め立て約70㎡の人工平場を造成している。

と岩裾の境目に祭壇状の石組があることが確認できたので、そこに作業時間を費やし、ようやく全体構造を読み解くことができた。

平場が造成された場所は冠巌が最も高く、しかも前面に張り出す部分を選んでいる。その断崖裾の谷頭を埋めて人工的な平場を造成しており、埋め立てた範囲の前側法面には、三段にわたって土留の石積（図5赤色で示した石積）が行われ、その上に平場を設けている。平場は間口一二m、奥行き五・五m、面積約七〇㎡の規模を持ち、法面の石積は下段が二m、中段が〇・七五m、上段が一・七五mの高さを持ち、中段と下段の石積の間には石敷きのテラスが設けられる。盛土は中心部分が最も高く、図5の断面図上の復元で約六mに及んでいる。石積は盛土を行った部分に限って行われるので平面形が三角形状となり、上段が幅一一・五m、中段が幅六m、下段が幅四・五mで、これが概ね盛土の範囲に相当する。

平場の構造は奥壁の中心に幅二・四mで前方に四〇cm程張り出した岩肌があり、これに合わせるようにして前側に幅二・四m、奥行一・八mの範囲に縁石を並べ、その内側に礫を敷き詰めた石敷祭壇が設けられている。建

写真12　岩裾の祭壇
図6の祭壇部分を右側面から見ている。

図6　岩裾の祭壇実測図
岩裾の張り出した部分に対応するように礫を敷き詰め神を祀るための祭壇が設けられている。

写真13　出土した須恵器
平場と法面の境から9世紀代の須恵器坏身の破片が見つかった。たった一片でもこれが語る歴史は重い。

築史の研究者に現地を見てもらったが、「建物が建っていたとは思えない」というコメントであった。しかしながら、このように手の込んだ平場造成を行っているのを見ると、単に岩裾に露天の祭祀壇を設けるためだけとは考えにくい。現存する古代・中世の建築は整然と並んだ礎石の上に規則正しく上屋構造がなされたものばかりであり、そのような事例から類推すると確かに上屋が存在したとはみなしがたいのだろう。

私は中世の彦山修験祭祀の特徴である、断崖裾の洞窟や断崖裾の奥壁を山神が宿る神聖なポイント（鼻・端）と認識し、むき出しにしたまま簡易的に板壁で覆う、荒削りの「岩屋宝殿」形式の建物が、ここにも存在したのではないかと推定している。中世の岩屋宝殿は礎石も一部にしか用いず、屋根構造も直接岩肌の形状に合わせて加工した板材を斜めに並べて立て掛けた行者手作りのものであったという感触を持っているからだ。文中で用いた「推定宝殿跡」という表現はその考えを表している。

平坦部を清掃しているときに、法面との境から一片の須恵器が採取された（写真13）。これは冠巌周辺の調査で発見した唯一の遺物であり、なんとも希少な一点となった。この遺物は九世紀代に遡る須恵器の破片で、供物等を盛り付ける「坏《つき》」という器種の底部で、底には高台《こうだい》が貼り付いている。日常生活で使われる器ではなく、祭祀用の供物を盛り付けたものと考えられる。

この器を根拠にして冠巌の岩屋宝殿が九世紀に遡ると、言いたいところだが、そう簡単にはゆかない。なぜなら彦山などの岩屋宝殿の成立を院政期の一二世紀前後と考えているからで、この遺物が示す年代の九世紀代、つまり平安時代初頭から前期という年代と冠巌の「岩屋宝殿」とでは年代的には大きな開きがあり、この須恵器が示す九世紀代という年代を、冠巌での祭祀の上限と理解するわけだ。但し、冠巌の「岩屋宝殿」造成の年代は、最大でも一m台で三段に分けて法面に積み上げる石積技法から考えると一五世紀代、つまり室町期が妥当なところではないかと推定している。

これを仏谷全体で整理してみると、九世紀代に冠巌での祭祀が始まり、一一世紀後半から一二世紀にかけて薬師如来像を主尊とする熊野新宮系の神倉山王社が建立され、室町時代に冠巌裾に「宝殿岩屋」が造成されたのではないか、という筋書きを描いている。

『伯耆民談記』巻之第七

（前略）當山は文武帝の御宇、慶雲三年役優婆塞山を開き、光仁帝の御宇宝亀年中に、子守勝手蔵王三所ノ権現を安置しテ、都て三十余社を置ク。神倉新宮、淀村に本堂ヲ、各本地薬師なり、合谷に峰の薬師、南関谷に不動瀧を置き国峰とす、伯州の修験等年々秋毎に此の山に入て行法を為す、本所和州の大峰を摸したる山なりといへり、神倉は村名にして、美徳よりは又奥の山里なり、此山数百丈もあらん、岩嶢なり、其嶢中に大なる石窓ありて、其の内に経文を納めありと云ひ伝ふ、然れとも探り行かんも人為の及ふ所にあらす、又石窓も見し人も無く、唯口碑に伝ふるのみ也、當山に或人月毛馬に乗って登山せしに俄かに病悩発し命を失ひしといへり、宝永三丙戌年八月十二日の夜、龍城院の僕又七といふ者、瑞夢を蒙り、山内の地にて、古佛並に佛具釼刀を掘出す、翌年因府に於いて開帳せり、其時に国主も御一覧あり、今に宝物として本堂に有り、其品々左の通り（以下略）

(3)『伯耆民談記』に記された神倉

先に三章二節(2)「三佛寺の結界門」の項で紹介した江戸時代前期に書かれた地誌『伯耆民談記』には神倉や美徳を具体的に紹介した上の記載があり、その内容は大きく次の三点となる。

①「(三佛寺側では)子守・勝手・蔵王の三所権現を祀り、神倉には（熊野）新宮を、余戸（淀）には本堂（本宮か）をそれぞれ置き、本地仏は薬師如来である。合谷には峰の薬師を祀り、南関の谷には不動滝を開き（美徳を）伯耆国の国峰修行の霊場とする。国内の修験（山伏・聖）達は毎年秋にここに集まり修行に励んだ。その行いは大和国大峯を移したものである」

②「神倉とは村の名であり美徳(三佛寺)よりさらに奥の山里で、そこは数キロにも及ぶ岩山である。その中には大きな洞窟があり、そこに経典を納めたという言い伝えがあるが、洞窟を見た人もなく、ただの言い伝えである」

③「一七〇六年(宝永三)八月十二日夜に、龍城院の下働きの又七が霊夢をみて山内から古仏や佛具、鉄刀等を掘り出し、翌年、御開帳し、藩主もご覧になった」

①の記載が最も重要で、三徳谷奥に位置する三佛寺山内には吉野金峯山の蔵王権現を主尊とする三所権現を迎え、南の小鹿川奥の神倉には熊野新宮、三徳川と小鹿川が合流する西側の余戸には熊野本宮を迎え、三佛寺入口の合谷には山の神である峰の薬師を迎え、美徳神領北の結界にあたる南関《なんぜき》谷奥に不動滝を設け、美徳神領全体を伯耆国全域（もちろん他国からも可）の山伏や聖を志す者の国峰修行を行うための霊場として設定し、それは大和大峯山を中心とする熊野三山・吉野金峯山まで含んだ世界観を、この美徳に移したというのである。この視点こそ美徳を読み解く目線に据えなければならない。

　冠巌や神倉神社での現地調査は、これまで誰も踏み込むことができなかった美徳の山岳修験世界への扉をこじ開けるきっかけとなった。我々は次の調査範囲を、冠巌からさらに奥地へと進めることにしたが、そこには、『伯耆民談記』に記載された「伯耆国峰《くにのみね》修行」の参籠拠点という、予想もしなかった未知の世界が拡がっていたのである。

三　神倉「湯」地点

(1)神倉湯地点の発見

　冠巌の調査が一段落すると、再び神倉在住の政門利昭さんを先達にお願いし、政門さんがこれまで気になっていた山中の特徴ある地形や地点を案内してもらうことになった。この日の探索ルートは冠巌西端をよじ登って巌上の状況を確認し、そこから先は、尾根筋をたどって「ツキノワ」「月」「湯」「イケガナル」までの踏査であった。

　「ツキノワ」とは四章の図2「三徳山神倉地区の遺跡群」に地点と形状を示したように、浸食を受けてできた谷地形が月の輪のように環状に巡り、その中に残された微高

写真14　「ツキノワ」の大岩
山道の両側には大小一対の大岩があり、この奥に湯・イケガナル地点が拡がるので結界門と考えている。

地を「ツキ（月）」と呼んでいるが、注目したのは、山道の左右に大岩があり、この特徴的な地形と相まってそこが聖域への結界門である可能性が考えられることである。先に三佛寺側の「大門」調査の見解を紹介した。そこは陰陽を表す大小の立石を立てて結界門とする事例であったが、この奥に神倉地区の中心となる湯・イケガナル地点が拡がっていることを踏まえると、この山道を挟んだ大小一対の大岩は自然現象が造り出した「大門」ということができるのではないだろうか。

写真15　調査前の湯地点
一面に笹が繁茂する中に集石が所々顔を出していた。

写真16　イケガナル地点の高層湿原

政門さんの先達で尾根筋を進んだ我々は「湯」と呼ばれる地点へと案内された。そこは笹が一面に繁茂し僅かにくぼんだ地形であった。最初に驚いたのは、視界一面に台形状の三徳山頂の姿が現れたからである。それまで、私は山頂の姿を直接拝むことができずにいたので、自然林に覆われた神々しい姿をみて感激した。

湯と呼んでいる場所に案内していただいた理由は、そこには「石を集めて積んだようなものが集中する」「決して草が生えない場所がある」という情報を政門さんが教えてくれたからであった。現地に到着すると辺り一面に笹が生い茂る高まりの中に、確かに集石部分が何箇所か確認できる。しかも、集石は三徳山の山頂部が見える微高地の斜面側にだけ分布していて、確かに人工的なものであった。「草が生えない場所」というのは、隣接する場所に大型の岩が集中する地点で、笹が生えることができない場所であるということも確認した。

もう一箇所の「イケガナル」というのは、湯からさらに山頂に向かって尾根の稜線を越えた場所に在る高層湿原のことで、「ナル」というのは窪地を指し、池のように笹や葦が生い茂る窪地ということであった。このように両地点を確認し、まずは集石群の性格を把握するために笹原を切り拓き、集石の確認をすることから調査が始まった。それは二〇〇八年春のことであった。

(2) 神倉「湯」地点の配置

湯地点の発見は二〇〇八年（平成二〇）のことであったが、三朝町教育委員会の事業として、本格的な調査を始めたのは二〇一四年（平成二六）からであった。その後、「イケガナル」地点に調査場所を移動するなど中断期間はあったものの、現在まで調査を継続している。

湯地点にたどり着くには、四輪駆動の自動車を用いて林道の終点まで上がり、そこからは器材を担いで山道を小一時間ひたすら登る。その繰り返しなので、作業に従事してもらう方を確保するのには毎年苦労するし、休憩時間を差し引くと一日の作業時間はかなり短くなってしまう。現地はまばらに生えた高木の間に笹が密集し、見通しがほとんど利かないので、遺跡の内容と広がりを把握することは困難を極めた。

調査とはいっても実際の作業は笹を刈り払い、石組や大型の石を見つけると、これを露出させるために、硬い根を根切りハサミや鋸で取り除き、移植ゴテと小型箒を用いて石と石の隙間の土を掻き出し、石組の形を丁寧に掘り出すという作業がほとんどを占める。見通しを良くするために低木は切り倒し、高木はチェーンソーを使って間引き、大きく張り出した枝は詰めた。

春先の笹原にはマダニが生息するので、作業に夢中になって油断すると喰いつかれ、後日、血を吸って肥大化したマダニに気付いて皮膚科の病院に駆け込み、切除してもらうことも度々経験することとなった。このように、山中での調査は土を掘る一般的な発掘作業とは全く異なり、「開拓」という言葉がふさわしい。静岡県から往復する私自身が現地に立てるのは春先から初夏にかけての時期と、夏を除いて雪が降る一一月上旬までの間で年間二週間程度が精一杯であったので、一〇年近くの年月が経ってはいたが、実際の作業日数は限られており、この間に実現できたのは表面上の石組の広がり、つまり、遺跡の広がりと、表面観察による各遺構（石組・列石）の形状と配列から類推する遺跡の性格の検討であった。

調査計画の見直しにより二〇二四年度末に調査報告書をまとめることとなったので、二〇二三年度の調査は作業日数を大幅に増やすとともに、調査内容も元の位置を動いている転石を取り除き、掘り下げて最初の規格と構造を見極め、断面図を作成し、トレンチという試掘溝を設けるという学術的な作業に着手した。今年（二〇二四年）は一年間かけて補足調査と、私がこれまで実施してきた全国の類似する遺跡との比較検討を進め考察を行う予定だが、ここでは現時点での見通しを紹介しよう。

「湯」地点は三徳山山頂から南西方向の標高六六〇m前後の東向きに開けた緩やかな谷頭に位置し、東西方向に約六〇m、南北方向に約五〇mの範囲に広がり、総面積は三〇〇〇㎡に及ぶとみられる。その内容は図7のように標高六五一mの広場を挟んで三箇所の性格の異なるエリアからなる。

Ⅰは「大宿《おおじゅく》」と呼ばれる長床《ながとこ》形式の礎石建物の参籠所が中心で北側正面中央に階段を設け、階段の左右両側には大規模な集石帯が、階段を上り詰めた正面には方形石組が横方向に並ぶ祭祀場から構成される【参籠エリア】。

Ⅱは奥まった場所に存在する磐座《いわくら》を中心にして廻りに石敷を巡らし、その手前右側には土壇状の高まり、左側には正面に石積基壇を設けた壇を配置し、両壇の間は磐

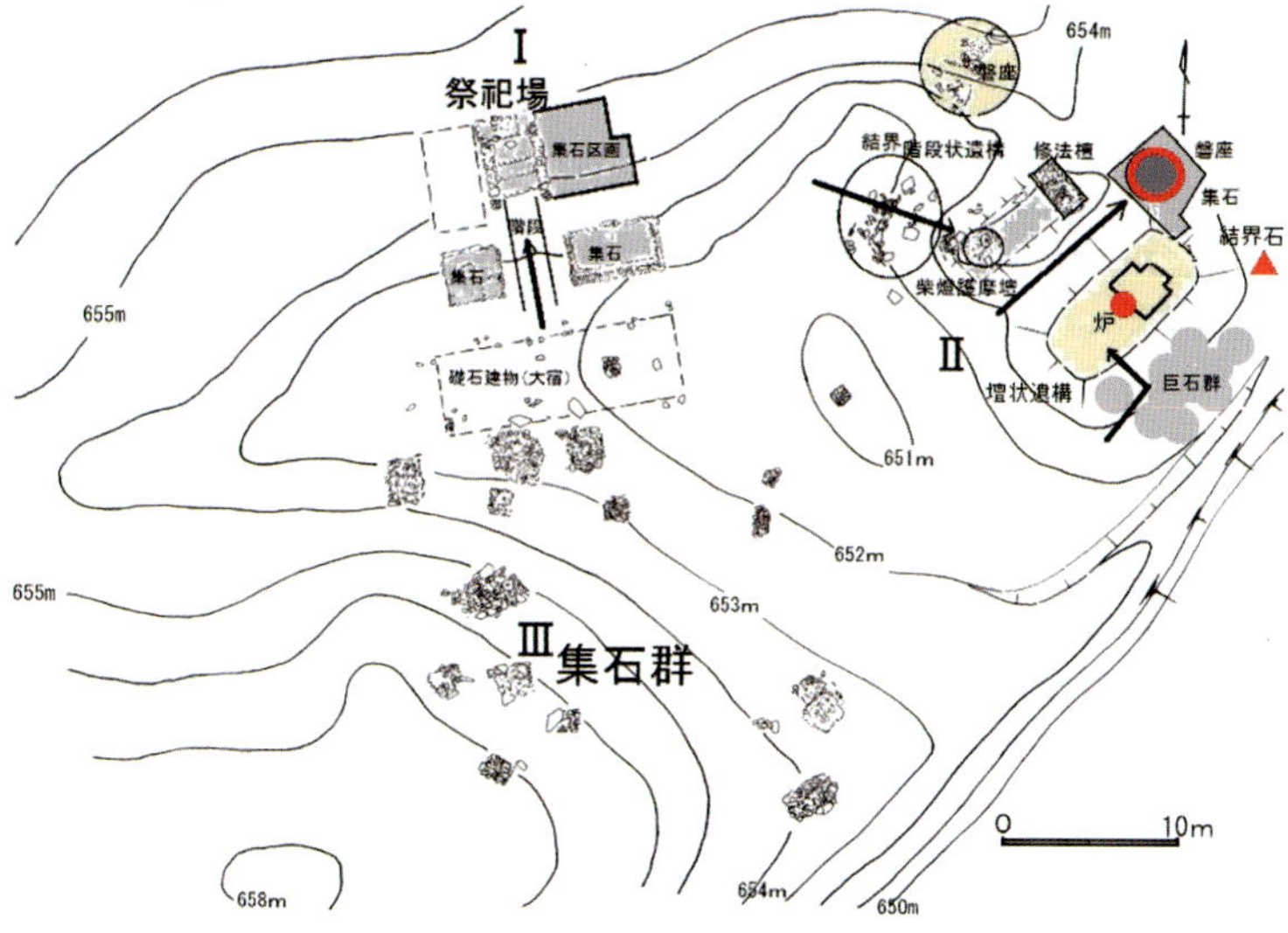

図7　湯地点全体配置図
広場を中心にしてⅠ参籠施設を中心とする（参籠エリア）、Ⅱ磐座を中心とする（礼拝・儀礼エリア）、Ⅲ集石群の（記念碑エリア）から構成されている。

座への参道となっている。特徴的なのは、磐座・土壇・石積基壇それぞれが前面にサイトウを行うための円形炉を設けていることと、土壇状遺構、石積基壇それぞれの入口には左右対称（土壇状遺構は右側、石積基壇は左側）となる「結界門」を設けていることである【礼拝・儀礼エリア】。Ⅲは十数基の集石遺構からなる【記念碑エリア】という三箇所から構成されている。

この場所は三徳山の山神を直接迎えて祀る祭祀場から始まり、その神聖な空間を拠り処として修行者が籠る参籠宿であったと推定する。この遺跡の中核となっているのがⅡ区の正面奥に鎮座する大岩の磐座であり、その背後は三徳山山頂を間近に背負っている。中央に設けられた広場は祭祀場の広庭《ひろにわ》と考えており、そこでは様々な儀礼や神事が、修験者の参籠宿ならば十界修行の延年、相撲等が行われたのではと、世俗から隔絶されたこの空間に身を置いていると、想像を逞しくせずにはいられない。では、それぞれのエリアを案内しよう。

(3) Ⅰ区（参籠エリア）

湯地点での発掘調査のきっかけはⅢ区の集石群の発見から始まるが、北側斜面に伐採範囲を広げてゆく過程で、対面する北側斜面にも集石群が存在することがわかったので、こちらをⅠ区として設定し、調査範囲を拡張したものである。この地区で見出した遺構はⅠの礎石立建物一棟、Ⅱの階段遺構、Ⅲの大規模な集石遺構、Ⅳの集石遺構、Ⅴの階段遺構を上りつめた場所に横方向に広がる祭祀場の方形石組群から構成される。

Ⅰは谷頭にあたる傾斜の緩やかな範囲全域に及ぶと考えられる礎石立建物跡である。礎石と床を支える束石全ての掘出しと建物規模の検討作業を今後に残すが、最大

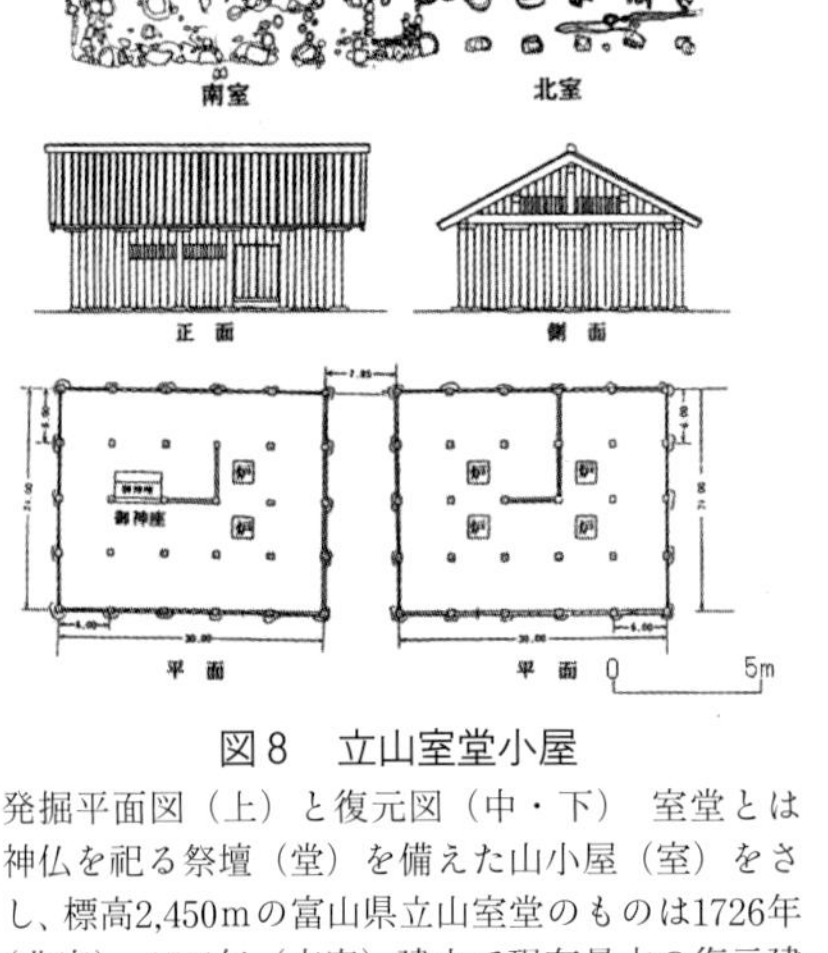

図8　立山室堂小屋

発掘平面図（上）と復元図（中・下）　室堂とは神仏を祀る祭壇（堂）を備えた山小屋（室）をさし、標高2,450mの富山県立山室堂のものは1726年（北室）・1771年（南室）建立で現存最古の復元建物として参考となる。

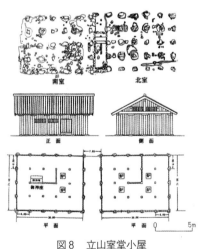

写真18　礎石建物(参籠宿)の調査状況

写真17　集石が姿を現し始めたⅠ区全域

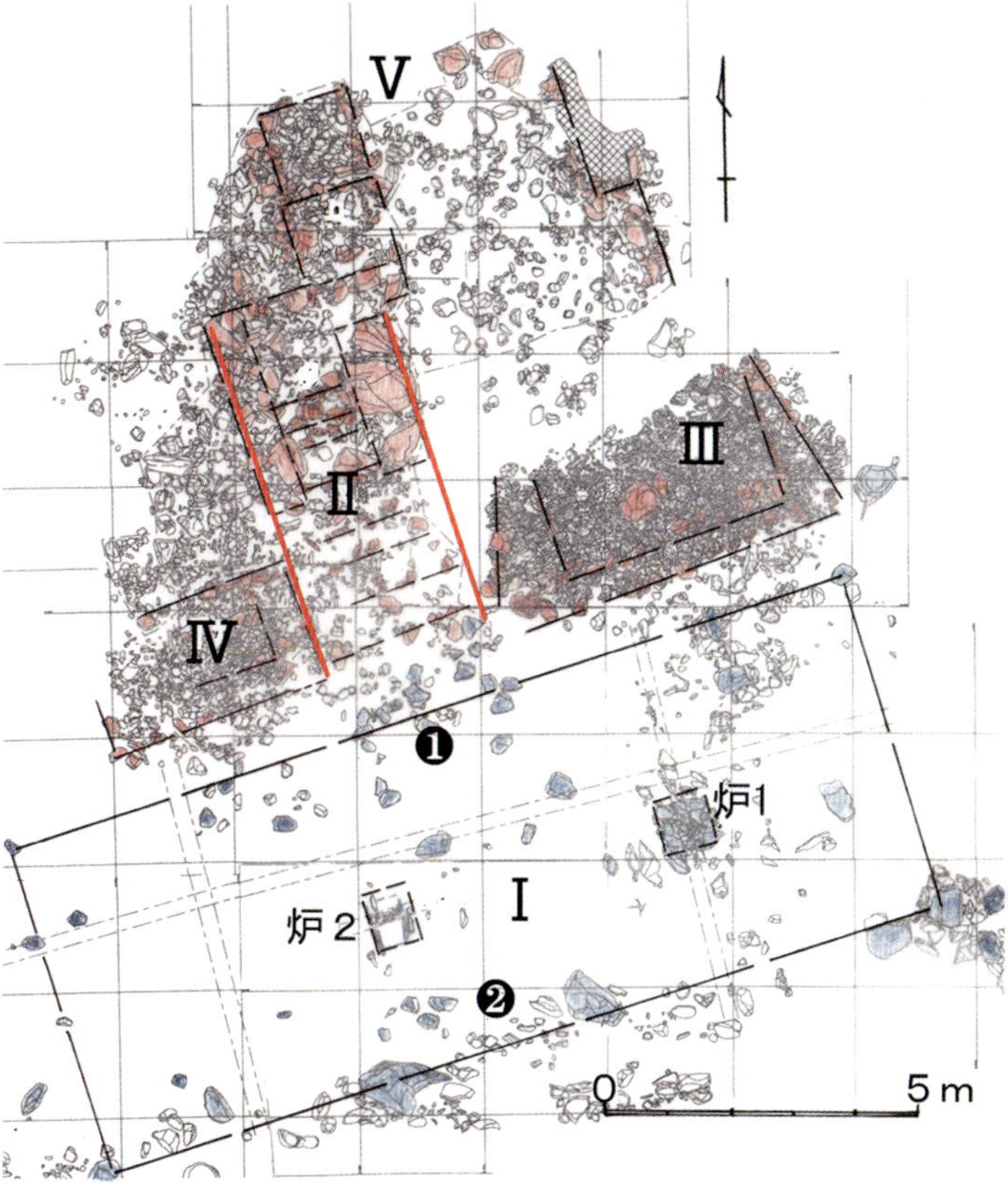

図９　湯地点Ⅰ区の遺構群
Ⅰ 礎石立建物（大宿／参籠所） Ⅱ 階段遺構 Ⅲ 23号集石
Ⅳ 24号集石 Ⅴ 25号集石（祭祀壇） ❶北壁側扉 ❷南壁側扉

規模で東西方向に桁行約一四m、南北方向に梁行約五・八mの範囲に礎石と束石が分布する。冬季の積雪を考慮してのことと考えられるが礎石は全体的に大型の平坦な石を用い、特に南壁に用いられる礎石は大型の自然石を利用している。

北壁の梁行中央部❶、これと対になる南壁の梁行中央部❷には礎石が集中しており、一対となる扉が設けられた可能性がある。屋内には二箇所の並んだ炉が設けられている。東側の炉1は一・二m四方の規模で、中央には先端の尖った立石を据えている。西側の炉2は一・二m×一mの規模で両側壁の石を立てて並べ、内側には平らな石を据えている。炉内には灰が認められ、床石は被熱して赤変し風化している。炉1は中心部に小型三角形の石を立てる構造、炉2は長方形で窪んだ構造をしており、両者で陽陰一対を表したものと理解している。

礎石立建物は湯地点内で確認できた唯一の建物跡であり、しかもこの場所に設けられているということは、一般の建物ではなく、特殊な機能を考える必要があるが、頑強な礎石を据えて上屋を支え、床板が張られ、屋内炉を持つという構造上の類似点から頭に浮かぶのは霊峰立山の室堂小屋（図8）である。「室堂」とは、仏堂の機能を持つ山小屋のことで、越の白山室堂にも設けられていた。立山室堂小屋は標高二四五〇mの高所に存在する現存唯一で最古の建物であり、白山室堂は現存しないが立山室堂とほぼ同標高に設けられた。

湯地点の礎石立建物は標高六五二mであり、これらとは比べるべくもないが、この程度の標高であれば、英彦山池ノ尾宿（標高七三〇m前後）、大南宿（標高八三〇m前後）、備宿（一一〇〇m前後）という峰入り修行に伴う英彦山中の「大宿《おおじゅく》」と呼ばれる宿内参籠所と同様の施設を想定するのが妥当な見解だと思う。

階段遺構の右側（東）には平面形が台形のⅢ23号集石がある。規模は上辺四・七m、下辺五・六m、縦二・四mある大型の集石で、各辺の縁石には大きめの石を用い、中央部には六〇cm×七〇cmの大型石を据えている。階段遺構の左側（西）にも同じく平面形が長方形のⅣ24号集石がある。規模は幅三・六m、奥行きが二mと、こちらも大型で区画を示す縁石には大きめの石を用いる。

階段遺構を上りつめたVは二〇二三年に全域を掘り下げ、方形石組と区画を示す列石など遺構の読み取り作業

写真20　礎石立建物内　炉２
床石は被熱し赤変している。

写真19　礎石立建物内　炉１

写真21　階段遺構
❶北壁扉部から階段遺構を俯瞰

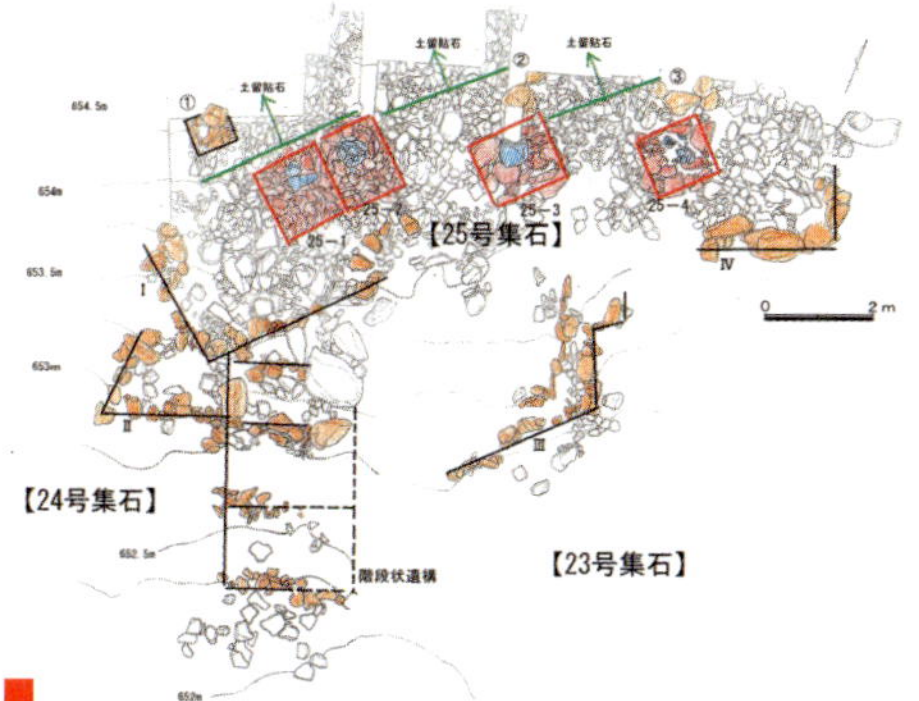

図10　方形石組（25号集石）が並ぶ祭祀場

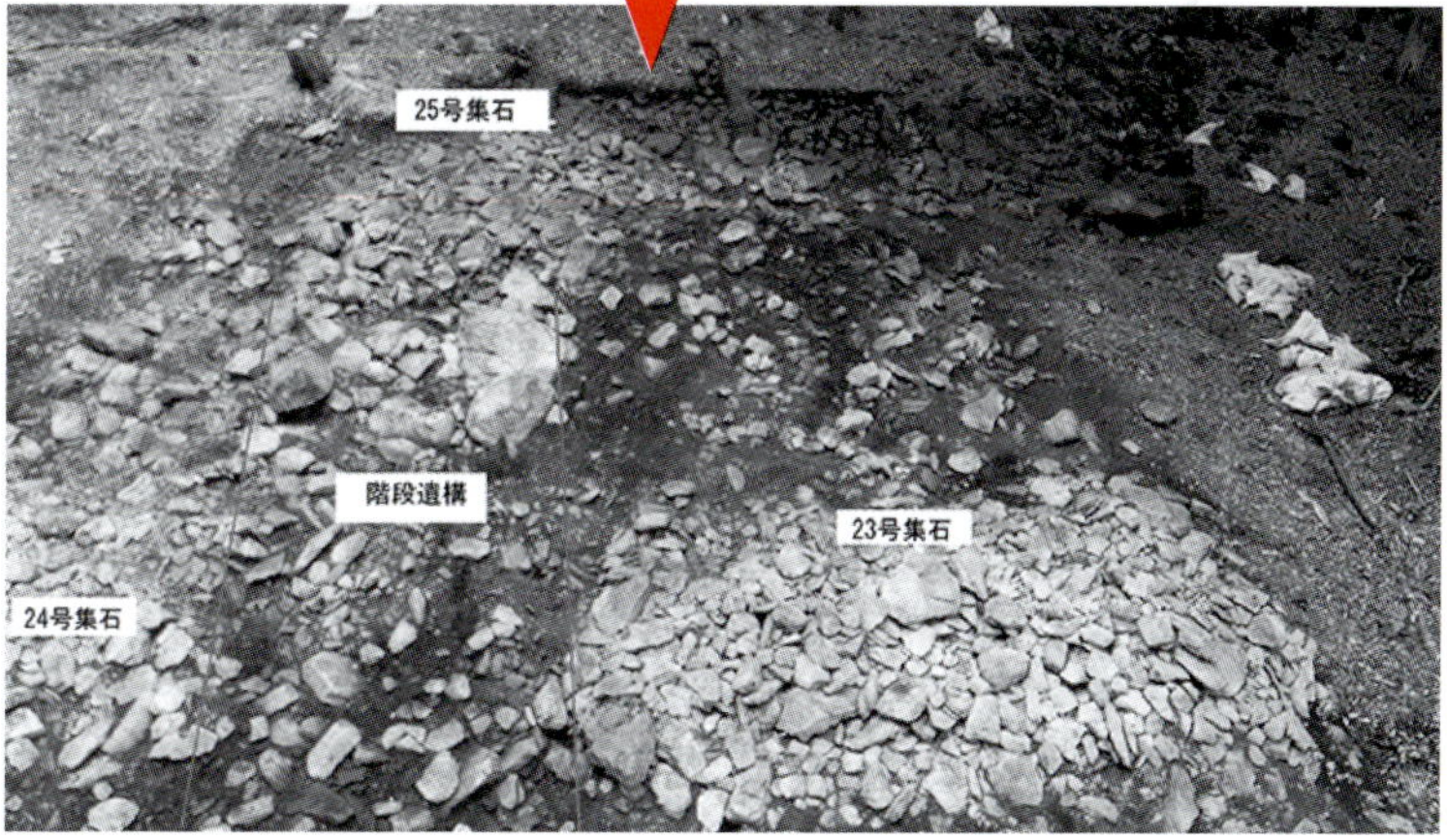

写真22　Ⅰ区参籠所上（北）全体の景観（ドローン使用）
2023年の調査で完掘したあとの状況。

を行った。図9は上面の石の広がりを反映した図で、図10が掘り下げ後の最終的な配置を示したものである。オレンジ色が区画を示す列石で四箇所に認められ、赤色が25号集石と名付けた方形石組で祭祀壇と考えている。石組中に青で示したのが、神霊を依りつかせる石躰（陽）及び円形の集石箇所（陰）である。

祭祀壇は主軸を磁北から西に五〇度振った方形石組が四基横に並び西から25—1、2、3、4と、それぞれに番号を付けた。25—1・2は二・五m×一・二mの二基連結タイプで、依代となる石躰は左側が立石、右側が円形集石と陰陽一対の形状で、25—3は一・五×一・三mの方形タイプで石躰として一石を据える。25—4は一・三m×一・二mの方形タイプで中心は円形集石と、やはり陰陽一対の形状となっている。

特筆すべきは祭祀壇背面の斜面に礫を貼付け（図10緑矢印）ており、これは細かな転石から祭祀壇を保護する目的とみている。階段遺構と祭祀壇の方向が大きくずれているので、下面には信仰軸の異なる初期の祭祀壇が存在しているのではないかと想定している。

(4) Ⅱ区（礼拝・儀礼エリア）

Ⅱ区の配置は図11に示したように、最も奥まった場所にある大岩の廻りに石敷を施して磐座として用い、その手前左側にサイトゥ炉❸を伴う長方形石積基壇❷を設け、これと対称となる手前右側には土壇状遺構❹を設け、両者の間を磐座への参道とするレイアウトであることが見てとれる。特徴的なのは、石積基壇の出入り口として、手前西側に階段状遺構❶を設けることに加え、土壇状遺構❹にも右側（南西方向側）に出入口を設けており、これは図中に→で示した。さらに階段状遺構の北側にも大石の前面に石敷きを施した区画が存在するので、磐座として利用したものとみている。

図12は磐座周辺の石敷・石列の配置を示したもので、区画の中心となる磐座は正面幅三・七m、奥行き三・五m、高さ二・七mの規模を持ち、正面が三角形状をしているのが特徴である。この図を見ると石列等には磐座に対して東西方向に軸線を合わせるⅠ期のものと、磁北に対し東に七〇度振れるⅡ期のものとの二時期あることがわかる。Ⅰ期は磐座前面の広前に石敷きが無く前面には内径八〇㎝の規模で円形に集石したサイトゥ炉が設けら

写真23　磐座周辺の俯瞰
右側が壇状遺構の高まり、磐座周辺には石敷が設けられる。

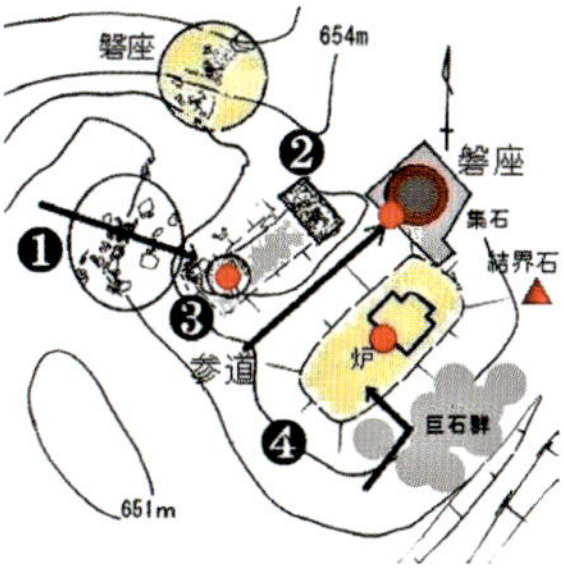

図11　Ⅱ区配置図
●サイトウ炉

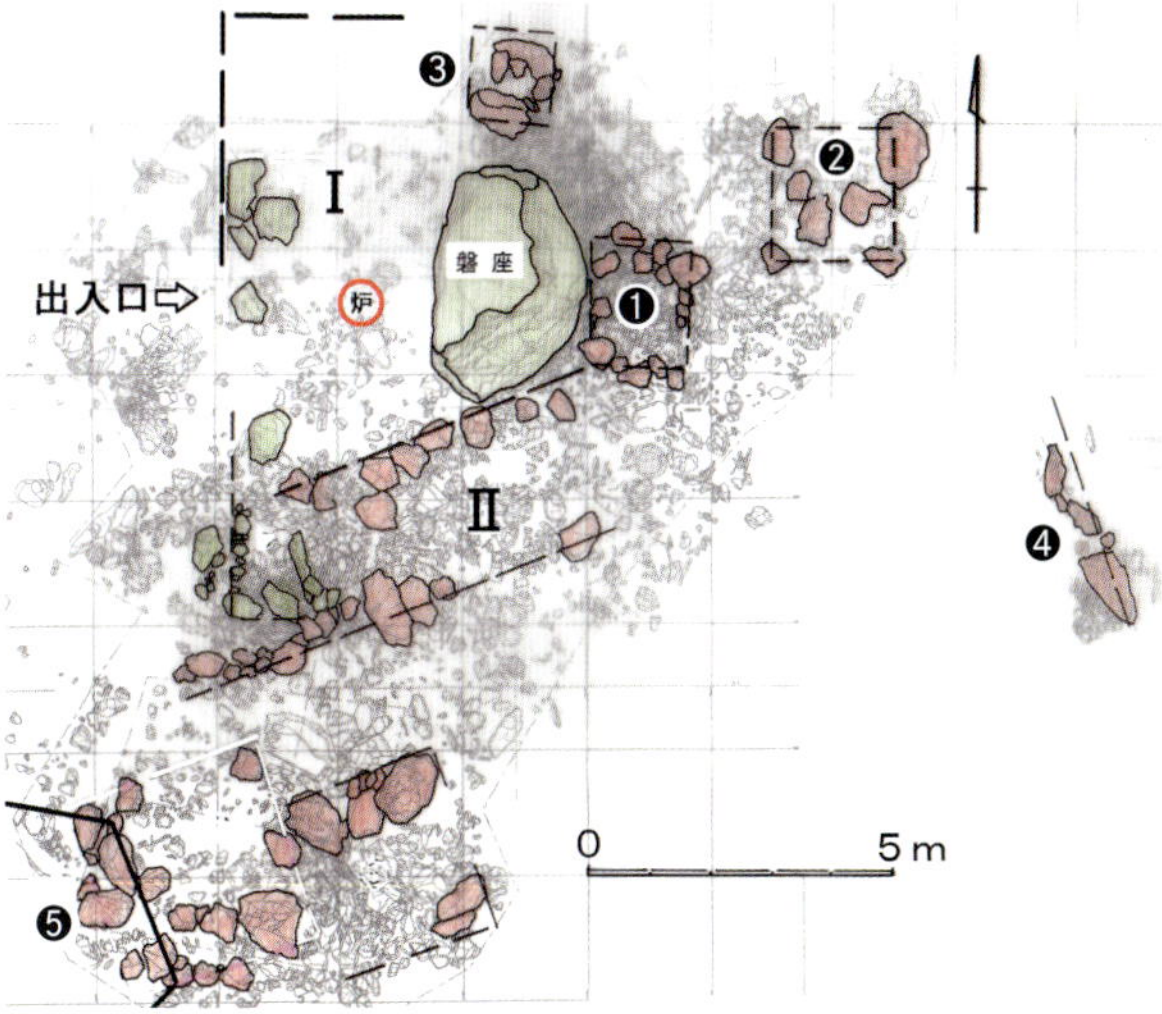

図12　Ⅱ区磐座の周辺
石列等には東西方向に方位を合わせるⅠ期のグループと、東に70度振ったⅡ期のグループの２時期があることが見て取れる。

写真25　磐座前の炉
円形に石を敷き詰めた炉が設けられている。

写真24　❹の「結界石」
連続する３つの立石の周りに集石を行っている。

れている。磐座の傍らには❶から❸の三基の方形石組があり、これらは磐座に付属する祭壇と考えている。

Ⅱ期は❺壇状遺構の主軸と方位を合わせる一群で、通路状に並んだ石列と、東端の結界傍示石《ぼうじ》（境を示す石）となる立石❹からなっている。このうち傍示石は連続する三つの立石外側に方形に集石を行った丁寧な構造（写真24）で、湯地点全体の東境、つまり参籠宿の聖域境を示したものであろう。

石積基壇への出入りのために設けられたと考えられる階段状遺構は、自然石の露頭がある箇所に対してこれを取り込み、石積と集石を行って階段状の石組と、通路状の敷石、柱を据えるための石組を設けたもので図13にその見立てを示した。階段は入口の間口が約一・四m、出口での間口が約一・一mの規模で比高差三〇cmの間に三段の階段を設けている。この階段中央を中心軸として左右ほぼ同じ位置（二・八m／図13の赤丸）に中心部を開けた円形の石組があり、これは柱を据え、その根周りを石で固定した基礎部分と推定した。

階段状遺構を進むと正面には八m×三・五m規模の楕円形状で高さ五〇cm前後の微地形があり、これは修法を行う石積基壇と、これに組み合うサイトウ炉であったと、推定している。集石基壇は図14左に示したように方向の異なる二時期の遺構が重なっていて、Ⅰ期（青線）は主軸を南北方向に合わせ、二m四方の方形をしている。Ⅱ期（赤線）は二・二m×一・八mの長方形に石積した基壇で、基底部から台形状に四〇cm程積み上げ、上面には六〇cm×七〇cm規模の平坦部を設けた形状の壇となっている。この石積基壇の前面には約五mの距離を開けてサイトウの炉とみられる円形の集石が設けられている。中央部には小礫を集めて円形区画を作り、外周にところどころ区画を示す石を配置した簡易的な構造の炉である。

この不思議な遺構群は、その機能をどのように復元することができるのだろうか。一案として、峰入りの道場では「湧出《ゆうしゅつ》」という行法が、しかるべき重要な祭祀ポイントにおいて行われる。これは御神体や尊像を納めた正先達の笈を祭壇に祀って御開帳し、その前でサイトウを焚き供養するという独特な儀礼である。このサイトウ炉を伴う石積基壇は、壇上に笈を据え、湧出の行法を行う修法壇ではないかと考えている。このように見立てると、入口に設けられた重厚な構造の階段状遺構は、修法道場

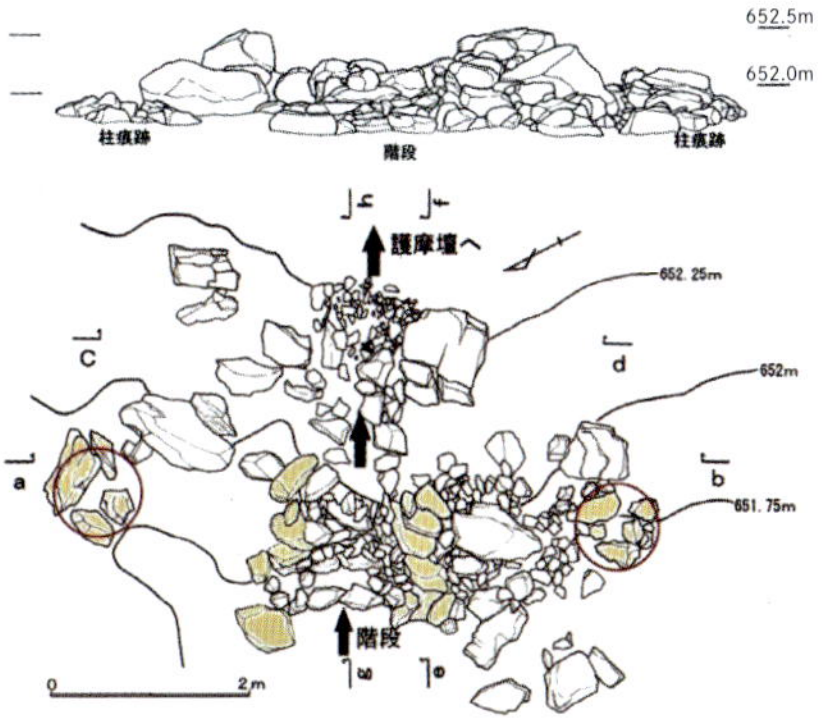

図13　階段状遺構（上は側面図）
階段の左右両側には柱が伴い鳥居状の結界門であったと推定している。

写真26　階段状遺構

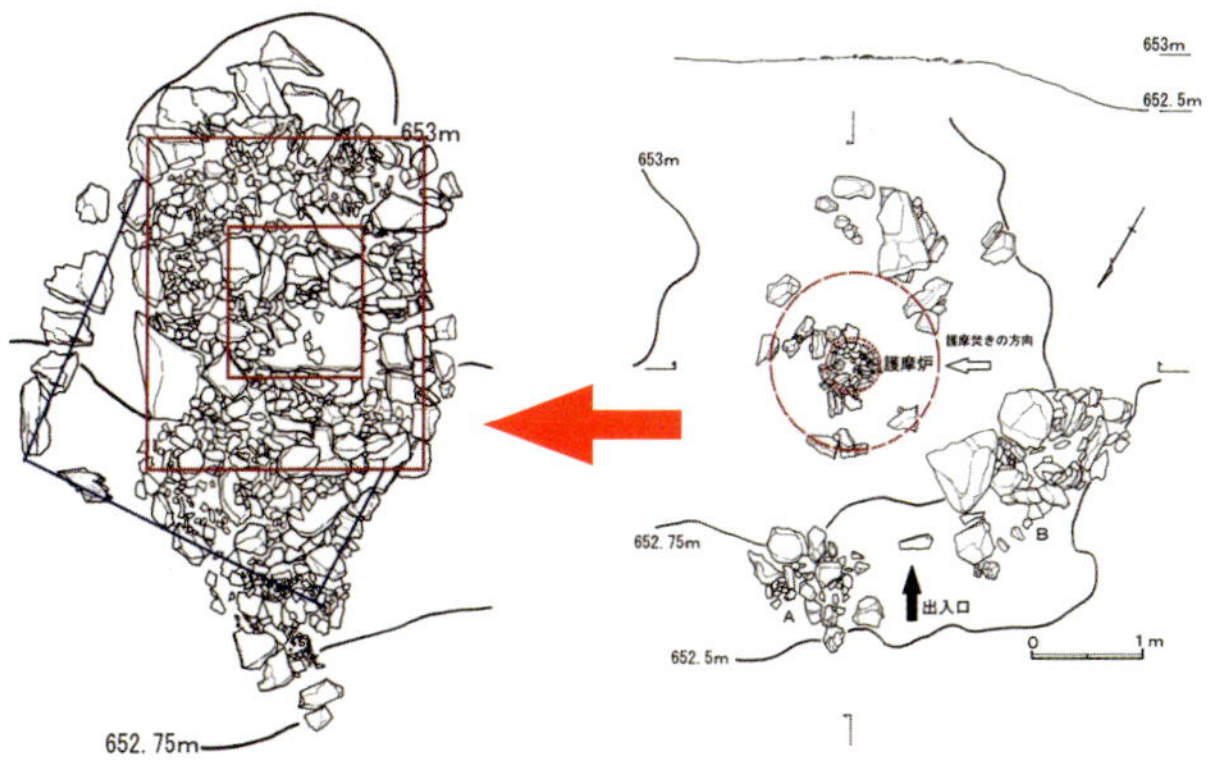

図14　石積基壇とサイトウの炉
「結界門」を入るとこの修法壇が存在する。

写真28　サイトウ炉中心部の集石

写真27　石積基壇とサイトウ炉の側面

写真29　壇状遺構（前面）

写真30　壇状遺構（後面）
背面には丁寧に裾を廻る石列が設けられる。

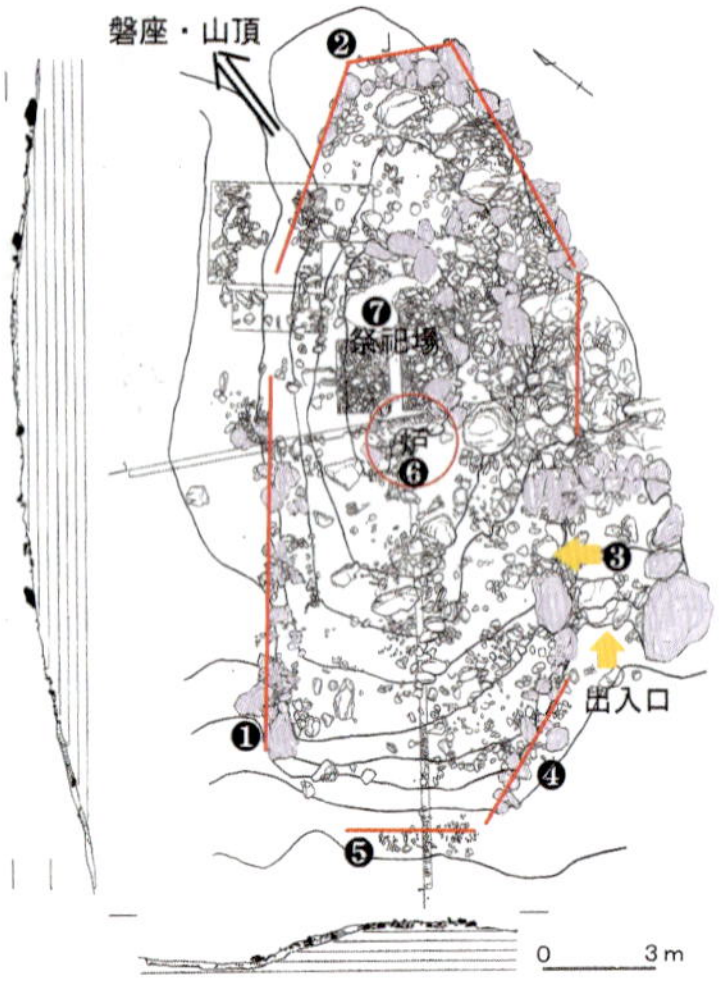

図15　壇状遺構図
❶❷❹❺裾部の区画列石　❸出入口　❻炉
❼祭祀場　壇上からは磐座越しに雄大な三徳山頂部を見ることができる。

への結界門ということになる。

最後が磐座への参道右側にある高まりに手を加え、裾部に土留めの石列を設けた壇状遺構である。笹薮を伐根した当初は壇上に大ぶりの石が集まるので礎石立建物が設けられていたと考えたが、掘り下げるうちに誤りであったことがわかった。この遺構は平面形が細長い八角形状をしていて、長軸が約一一m、短軸が約八m、裾部から最高所までの比高差が一・九mの規模があり、東南方向には奥行き約五m、幅約三・五mの範囲にL字状に石積を行って張り出し部を設け、直角に折れる出入口❸を設けている。壇の中央部には縁石を立て並べた径約二mの円形の石敷❻が設けられており、これは本格的なサイトウの炉と考えている。背後には大きめの礫を並べた区画を示す石列があり、その内側には小ぶりの礫を敷き詰めた平坦部が設けられているので祭祀場❼と判断した。

壇上からは磐座越に三徳山のどっしりとした山頂部が視界一杯に広がる。大規模な壇の中央部に設けられた炉は伯耆国峰入峰修行に用いられる最もシンボリックで神聖なサイトウを行う修法道場なのであろう。

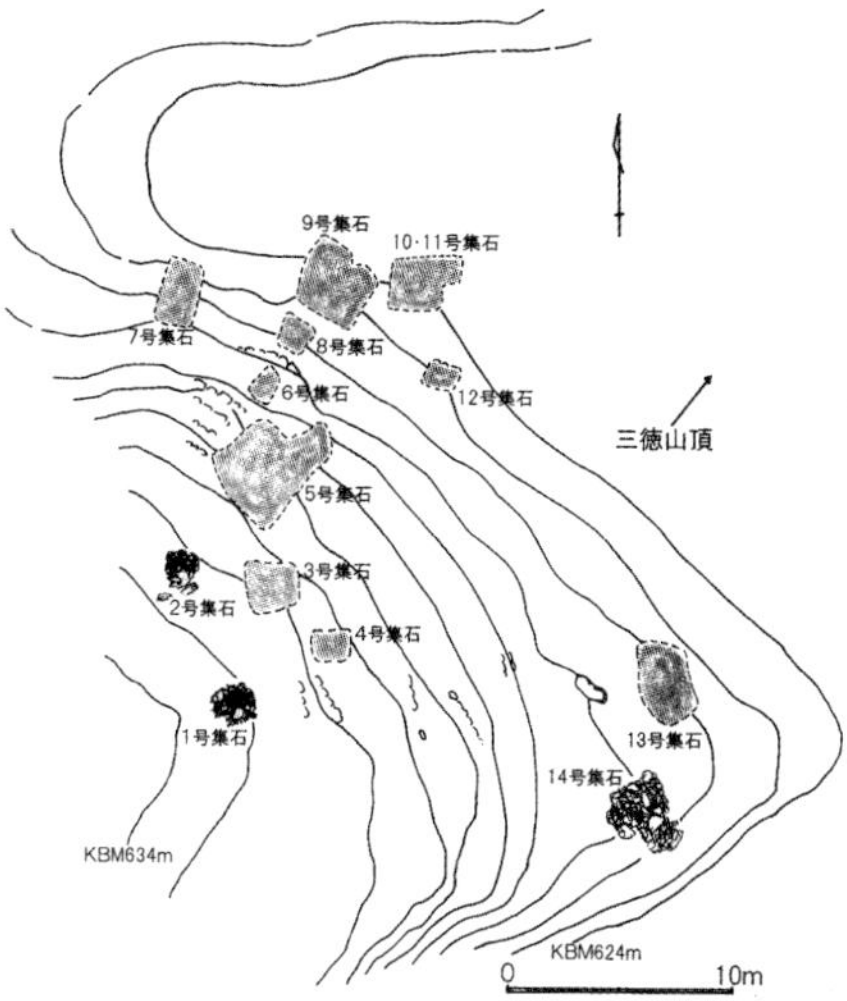

図16　Ⅲ区の集石群
三徳山を直視できる北斜面にのみ作られている、その後の調査で裾部から３基の集石を発見し計17基を確認している。

写真31　笹原を切り拓いての集石群の調査

(5)Ⅲ区（記念碑エリア）

湯地点発見のきっかけとなったのが、この集石群であった。現地は笹が一面に茂っていたので全体像が判明するまでには、その伐採と地面に張った根の伐根を繰り返す日々であった。ここには面積約一〇〇〇㎡の範囲に二〇基ほどの集石が集中して造られていることが判明した。埋もれているものを含めると、その数はさらに増える。全ての集石が正面に三徳山山頂の美しい台形状の姿を臨むことが可能な北側緩斜面を選んで設けられていることが特徴である。

　このうち最高地点に造られた1号集石は南西角が木の根で欠損しているものの一・六m×一・六m規模のきれいな方形をしていて台形状に三から四段に積み上げている。傍らの2号集石は南側の大石を取り込んだ一m×一m規模の小ぶりな方形をしていて、標高の低い北側を三段に積み上げている。

　これより標高の低い地点の集石は規模が三m×三m（5号集石）という大規模なものから、一・二mから一・三m四方の小規模なものまで混在してみられるが、総じて石積は段を設けず雑然と積み上げている。南端の14号

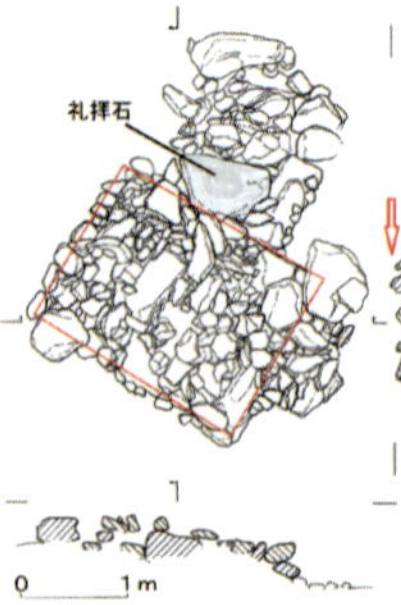

図18　14号集石

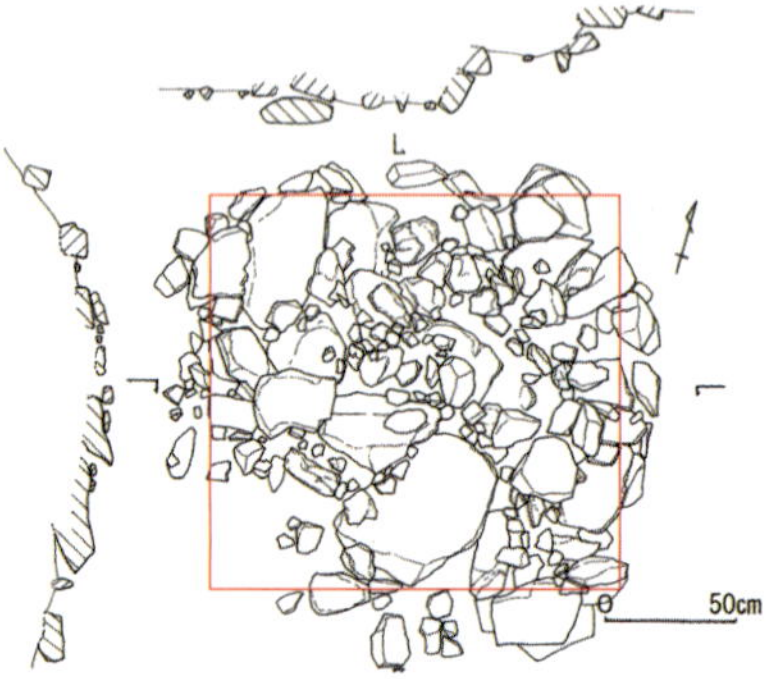

写真32　姿を現した集石群（北より）

図17　１号集石

集石は周りの地山が礫層なのでこれを掘り抜き、その上に一段高く石積を行っている。集石は二m×一・五m規模の長方形をしていて縁石には大型の石を用い、前面(南側)に八〇cm×五〇cm規模の扁平な礼拝石を伴っているが、礼拝石を伴う集石は他には確認していない。

Ⅲ区の集石群は形態変化から判断すると、高所の1号集石、2号集石から作られ始め、規模は一辺二mに満たず、高さも数段で平面的であったものが、徐々に裾部に造られるようになると大型化し、5号集石・9号集石のように一辺三m前後となり、高さも数段に及んでいる。

では、この集石群は何のために設けられたのだろうか。これまでに知られている一般の遺跡では、1号集石のような規模の一m代の方形集石では経典を書写し埋納する経塚や火葬骨を蔵骨器に納めた火葬墓が知られている。三m近い大型で高さのある集石は土葬墓の上部構造ということも考えられるが、湯地点という神聖な修行道場内では不浄はタブーとされるので、その可能性は無いだろう。石積を行い祭祀用の塚を設ける事例は北陸の立山や白山において確認されているので、今はそのように考えておき、今後の課題とさせてもらいたい。

四　神倉「イケガナル」地点

(1)神倉イケガナル地点の遺構群

標高六六〇ｍ地点に所在する高層湿原を「イケガナル」と呼んでいる。「イケ」は湿地、「ナル」は窪地を指し、この場所からは三徳山頂が視界一杯に広がって見えており、最高の遥拝ポイントとなっている。この高層湿原の周りに広がる遺構群をイケガナル地点と命名し、順次調査を進めてきた。とはいっても、推定氷室群がようやく全貌を表した程度で、詳細な調査や記録は今後進めることになるのだが、読者には全体像がつかめるように、標高が高い場所から順に概観し現時点で私が描いているイメージを語っておこう。

図19をご覧いただきたい。❶は標高七〇〇ｍと遺構群のなかで最も高所に設けられた人工平場で、山側の奥まったところで平面が長方形になる一棟の礎石立建物跡を確認している。この場所を見つけたのは三朝町役場の文化財担当者だった柚垣大作さんと山本勇樹さんの両名で、彼らは山頂での踏査を済ませ、降りられそうな尾根筋を選んで下っているときに偶然、自然地形ではない人工的な平場があることに気づき、後日、現地を案内してもらい確認した場所だ。

現地は最初、平場の奥まった場所に笹が生い茂り足元が見えないくらいだったが、私が驚いたのは、ここからは山頂の稜線が間近に見えていることだった。笹を刈り払うと礎石群が顔を出しはじめ、横長の建物になる感触だ。だとすると、これは長床《ながとこ》形式の拝殿ではないだろう

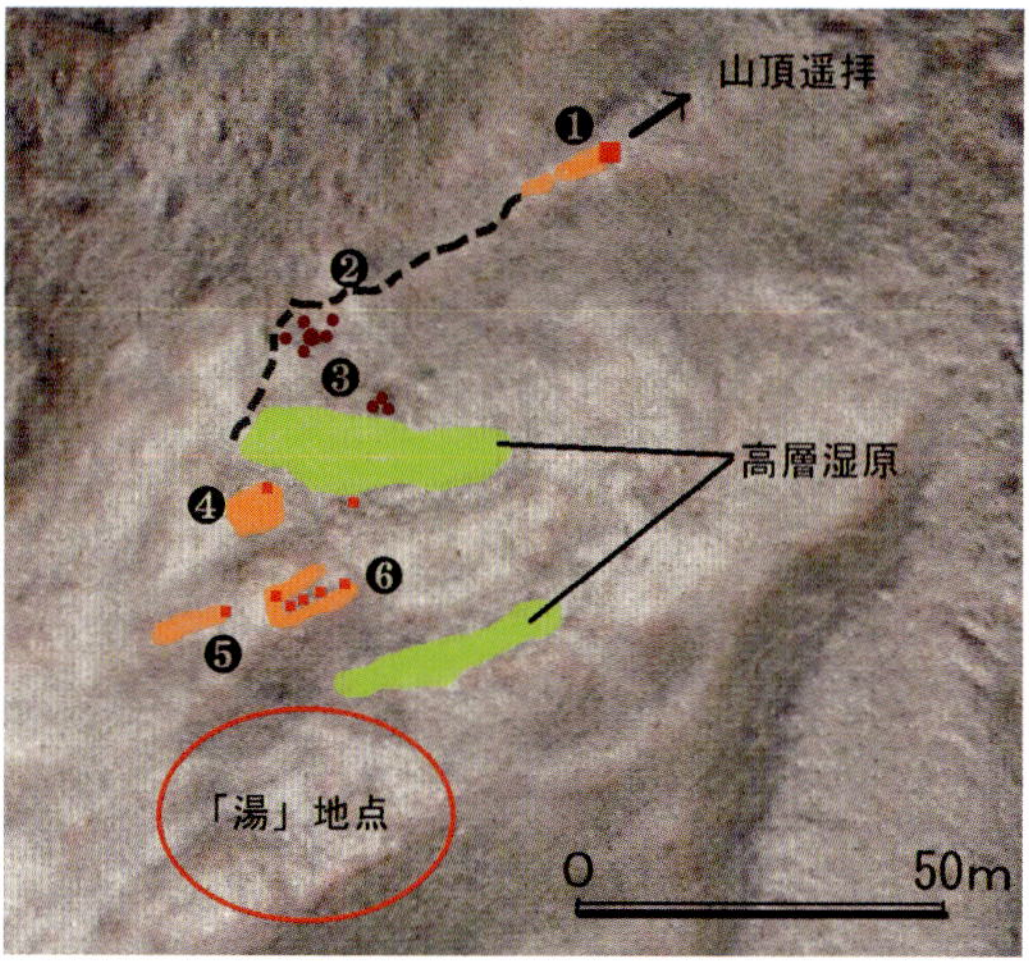

図19　イケガナル地点とその周辺
（鳥取県CS立体図（2019年計測）を使用）
❶「中宮」（礎石立建物・平場）　❷旧道・階段
❸巨岩群（磐座）　❹人工平場・集石
❺サイトウ炉と広場　❻推定氷室（雪穴）

写真33　❶調査の様子
密集する笹原を刈り拓くと一棟の礎石立建物が出現した。正面には三徳山山頂の稜線が間近に見えている。

写真34　❶長床形式の礎石立建物跡
左右に細長い建物に復元されるので、長床形式の拝殿に復元されるのではないだろうか。手前側中央にはひと際大きな写真35の礎石が据えられている。

写真35　方形の刳り込みがある大型礎石

写真36　柱受の刳り込みがある礎石

写真37　調査の様子

写真38　円形基壇と土留め石列

か。しかし背後は斜面となり祠などの建物が建つには無理がある。拝殿だけしか無いとすれば山神常住の世界、「常寂光土」を遥拝し祭祀を行う山岳信仰特有の「中宮《ちゅうぐう》」（この場合山頂を上宮とする）ではないかと考えた。建物を構成する礎石のうち中央手前側には一〇〇cm×七〇cm規模の大型の礎石が据えられ、表面には柱を受けるために五〇cm四方の方形刳り込みが施されており（写真35）、他の礎石にも柱受けの加工が行われている。同じ平場入口右側には斜面に土留め石列を設けた円形のマウンドがあり、裾には列石が廻っている（写真38）。

　この山頂を遥拝するために設けられたと考えられる平場と、そこに設けられた施設は人間の手が加えられた最も標高の高い施設ということになる。詳細な調査はこれからだが、神界（常寂光土）と修行空間の境に設けられた「中宮」の構造を解明することにより、三徳山の山岳信仰の核心に迫ることができる見通しが出てきた。ところが発見はそれだけにはとどまらない。「中宮」へ行くには磐座と考えている巨石が集中する場所❸の脇を通って行かなければならないが、何度も通っているうちに、かなりの部分が埋もれてはいるものの、横一列に何段にもわたって自然石が並べられていることに気づいた。それは巨石群が終わり登り始めるところから始まっている。下草を刈り込み、落葉を軽く掃うと、自然石を並べた参道❷が出てきたのだ（写真39）。調査を行えば、立派な参道が顔を出すだろう。やはり、この上の平場が普通の施設ではないことを確信した瞬間であった。

　氷室（雪穴）と推定している❻に隣接した尾根稜線上に一つの石組を見つけたので綺麗に清掃してみると、平面が三角形となる炉の石組（写真40）が見つかった。底辺が八〇cmとサイトウ炉としては定番の大きさだ。ところが形に問題がある。密教の護摩炉の場合、三角形の炉

写真39　❶への参道に設けられた階段

写真40　平面三角形のサイトウ炉
地面を掘り窪め三角形に石組を行っている。

写真41　調査前のイケガナル地点
正面視界一面に三徳山頂部が広がる。

写真42　調査開始後の現地
笹を刈り込み落葉を掻き出すと石が出始めた。

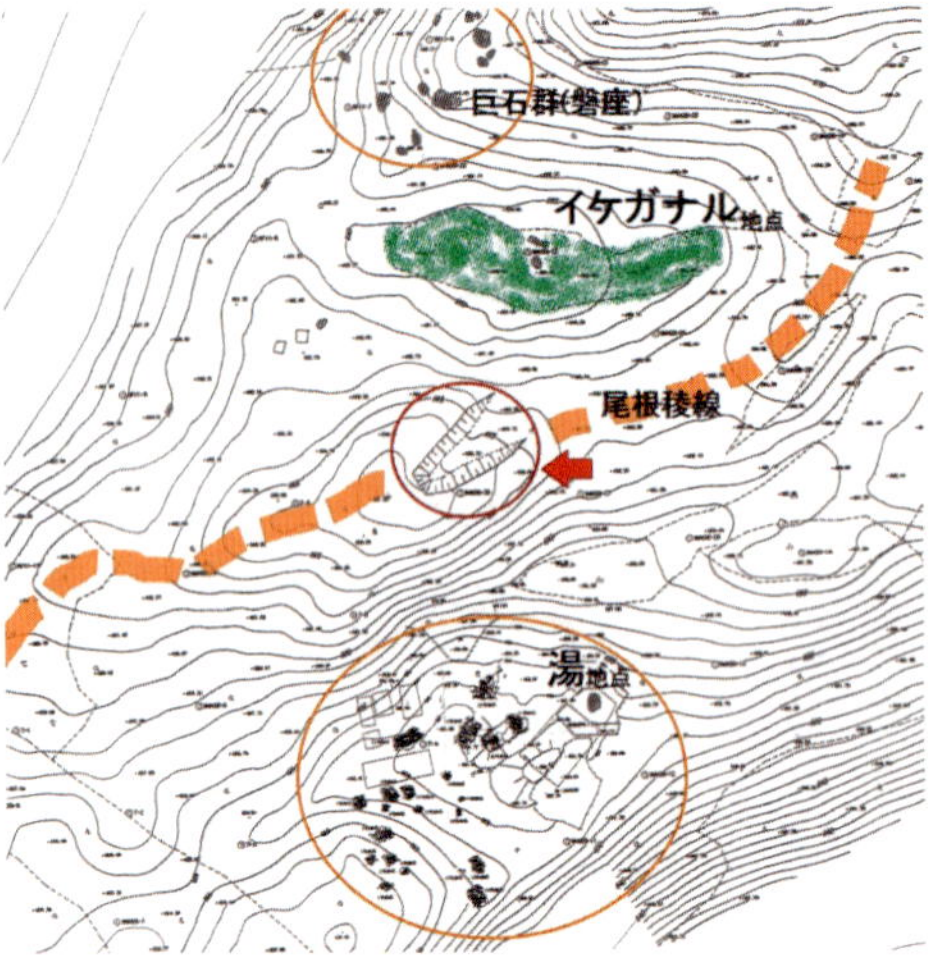

図20　イケガナル地点調査のきっかけとなった地形図
中央の○←に攪乱を示す記号で表現された地形が記されており、これを確認するため現地を訪れ、「氷室では？」ということからこの地点での調査が始まることになる。

は調伏《ちょうぶく》護摩を焚くために用いられる。調伏とは降伏《ごうぶく》とも言い、怨敵、悪魔、敵意ある人を信服させ障害を破ることで、中世には敵方を調伏するために、しばしば焚かれた護摩である。露天の遺構で私が確認している類例には広島県宮島の南龍ヶ馬場（駒ヶ林）山頂北側花崗岩上の事例があるので密教の調伏護摩に類するものであろうか。いずれにしても極めて希少な遺構である。

(2)イケガナル地点の発見

調査も年次を重ね、複数の地点で行うようになったので、調査地点を確実に押さえ、周辺地形との関係を検討するために詳細な地形図が必要となり、業者に委託して地形測量を実施し五〇〇分の一の縮尺で図に起こしてもらうこととなった。校正用の見本図が仕上がり手にした瞬間、図の中央部尾根稜線上に理解できない地形が記されているのに目が留まった。それは「明瞭な崩壊地」を示す記号で、私は「ヤラレ」マークと呼んでいる記号だ。「開発の手が加わっていない場所になぜ、この表記をしないといけない地形があるのか。しかも、そこは何度も通っているはずの場所なのに……」文化財担当の柚垣さんと現地に向かうと、一面の笹原だった窪地が刈り払われて、地形の起伏が観察できる状態となっていた。今までは笹が密集していたので、生えていない外側を通って素通りしていた場所だ。そこは窪地となっているので湿気が多く、笹が茂るには適した環境なのだろう。

地形があらわになったので目線を低くして起伏を観察すると、確かに窪地の左右に微高地が並行して延びており、地形図に記された「明瞭な崩壊地」と業者が解釈したことに納得したが、自然地形のようには見えない不自然さが気になりながら、この日は現地を後にした。

山岳信仰遺跡の調査を四〇年近く続けていると、その間に培われた経験と感性には磨きがかかり、「怪しい」と睨んだ場所は外れることが無くなってくる。自然地形とは思えない不自然さの理由を解決するため、後日、私達調査チームは平板セットや測量器材を担いで現地に上がり、残っている笹を伐採し、落葉を掃除しながら、地形の起伏を明確にする作業を進め、五〇cm間隔の等高線を入れた地形図を作成した。

等高線を示す線が二本、三本と増えてゆくに従い、自然地形と、人工的に作られた地形との差が図に記されてゆく。人工的な地形の等高線は自然の傾斜に逆らい、し

写真43　南側尾根に直行するトレンチの調査のようす

大ぶりの礫が並ぶ箇所を選び、掘り下げてゆくと、斜面に敷き詰められた石敷きが現れた。

かも規格的な線となる。出来上がった地形図は、高層湿原に向かって延びる東向きの窪地を南北両側に小さな尾根地形が挟むように延びており、このうち南側の尾根の等高線は人工的に造られたことを示すものだった。不自然な谷地形を改めて観察すると、あちこちに大ぶりの礫が並んだり、顔を出しているさまが見て取れるので、人工的な石組が埋もれている可能性が高く、地形の特徴から「もしかしたら、氷室が埋もれているのか?」という考えが脳裏に浮かんだ。

写真44　コの字状に並ぶ石組

この石組は後に氷を作る氷室(氷室4)と推定するようになる。

これを裏付けるため南側の尾根に直行するように一本のトレンチ(試掘溝)を大型の礫が集中する箇所に設定し、掘り下げながら地下の状況を探ると、斜面に敷き詰められた石敷きが現れた(写真43)。

さらに窪地の東端にはコの字状に大型の礫が並ぶ箇所があったので、周りを掘り下げてみると、横穴式石室玄室の基底部のような石組が現れた(写真44)。この構造は雪を溜めて氷を作る「氷室」の可能性がある石組だ。このような状況が確認できたので、「怪しい地形」を本格的に調査してみることとなった。もし校正用の地形図に「明瞭な崩壊地」を示す記号が記されていなかったならば、イケガナル地点を確認することはなかったし、ここでの調査が始まることもなかった。広大な山中での遺跡調査は調査地点の選定の可否がその後の成果を大きく左右してしまう難しさが常に付きまとっている。

(3) 推定「氷室」の調査

氷室と推定した遺構群の石積と石敷きを掘り出す作業は二〇二〇・二一年度の二か年にわたって行い、これまでに想定している範囲の約七割を終了している。二〇二四年度には残り三割分を進めながら、これらの断面を断ち割ってトレンチを設け、遺構の構造や構築過程を検討し、記録する作業を進めることになるので、ここではあくまでも今の見通しということで、記載させてもらう。

写真45　推定「氷室」の全景（東から／ドローン使用）
湿度の高い窪地にはクロボクが堆積していて色目が黒くみえ、この中に四箇所？の氷室の室（むろ）が存在する。左右が尾根筋で左側（南）と右側（北）の人物から手前が人工堤防となっている。

これまでの調査で見つかっている遺構群の配置と解釈を示したのが図22である。現地は東に向かって開口する小さな谷頭で、これを南北両側の尾根が挟んでいる。南尾根の付け根には尾根幅一杯となる約四m四方の集石壇（写真50）が設けられており、石積の状態がよく残る北面では五段分の石積（写真51）がピラミッド状に行われているのが観察できる。反対の北尾根には屋内炉を伴う建物跡が一棟設けられている。

南尾根の集石壇を越えた東側から先端にかけては等高線の方向が変わり、（図22の矢印が境目）しかも直線状に土留めの石列が設けられ、掘削を終えた尾根の北側法面が全面石積であることを確認しているので、これが人工的に石積を行った堤防であると判断した（今後、断ち割って確認作業を行う予定）。対する北尾根は東に向かって地山が張り出しているが、先端部分で等高線の方向が変わり、土留めの列石と石積を行っている状況が観察できるので、緑⬇から先端部（東側）にかけても人工堤防であると考えられる。この両尾根に挟まれた窪地が氷室本体が設けられた箇所と推定しており、四基分の石組施設（室《むろ》）を見ることができる。

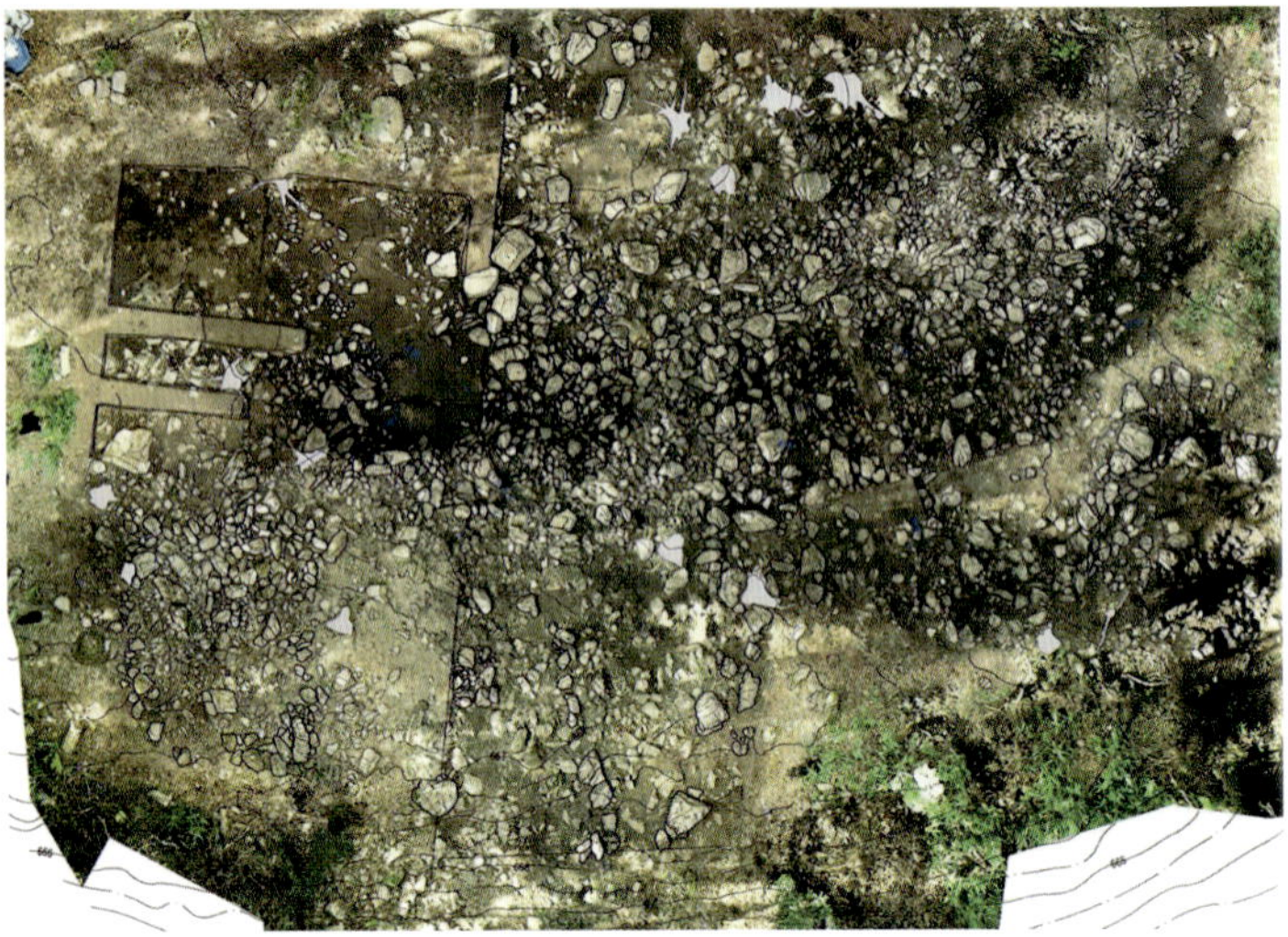

図21　推定「氷室」全域のオルソ図

オルソ図とはひずみを修正した画像で、これを基にして詳細な実測図を作成することができる。この図は写真45で俯瞰した範囲だが、石ばかりで読者には何がどうなっているのかわからないので、同じ場所を下の図22で色分けして示している。

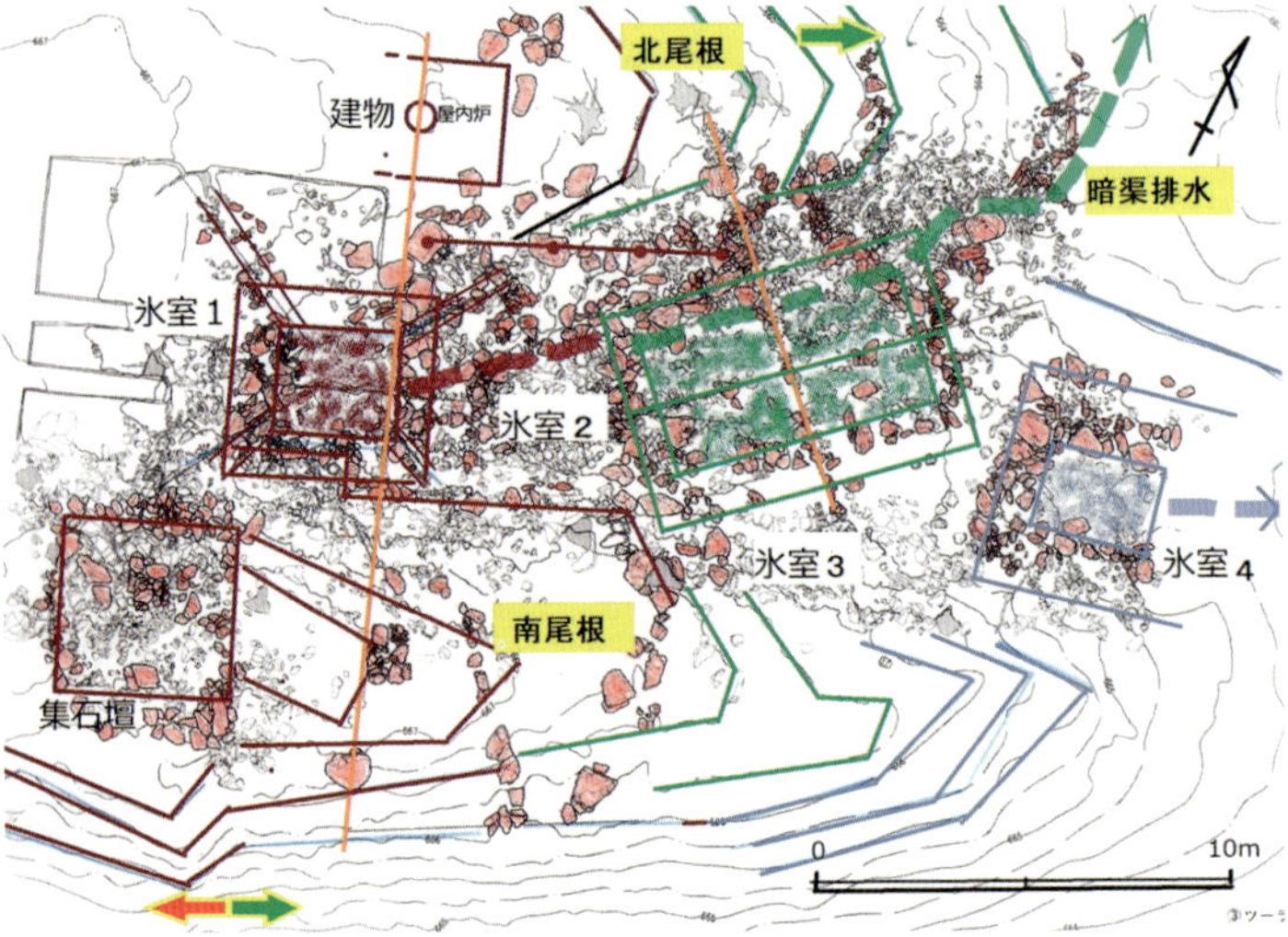

図22　推定「氷室」全体図

同じ範囲を図にして色分けすると、無数の石の配列を読み解くことができる。➡から先端にかけては人工堤防と推定している。窪地内の破線➡は溶けだした氷を外に出すための暗渠排水。谷頭の氷室1から氷室4にかけて順次移動したとみており、これに伴って上屋構造の屋根組を支える人工堤防も拡張されている。

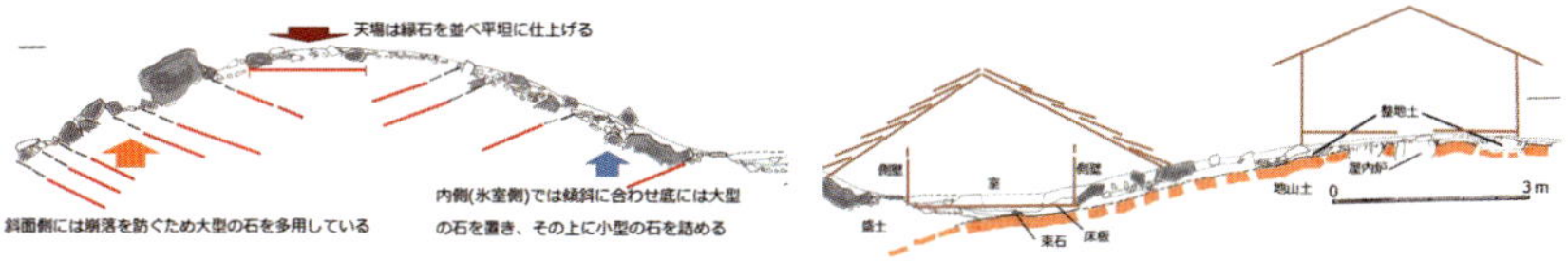

図23　「氷室１」断面と上屋復元イメージ
図22左側のオレンジ線の場所で、右側の尾根は地山土であるのに対し左側は人工堤防となっている。特にこの部分の石積技法に注目したい。

写真46　上屋復元参考事例
伊勢市二見町御塩殿神社の御塩焼所。

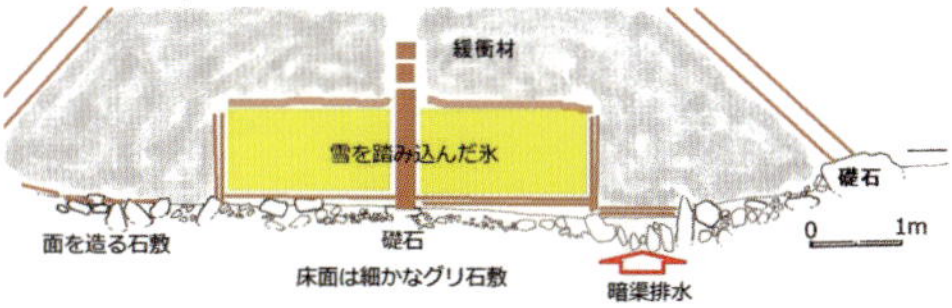

図24　「氷室３」断面と上屋復元イメージ
図22オレンジ線の場所で屋内に暗渠排水と右側（北）に大型の上屋を受ける礎石が据えられている。

谷頭に位置する推定（以下推定は省略）「氷室１」は雪を踏み固めて作る氷を溜めておく室《むろ》の規模が五ｍ×四ｍ以上の長方形で底は平になっているが、法面は北側の地山部分を除き石敷が施されている（写真48・49）。特徴的なのが室の四隅の角が崩れないよう縦長の石を立てて用いたり、（写真57）石を並べて補強（図22氷室１の室四隅に表示）していることで、これは大山寺南光院谷の氷室（雪穴）と同じ構造（図28・写真56）である。

「氷室３」は最も室の規模が大きく六・五ｍ×三ｍ、「氷室４」は三ｍ×二ｍ（詳細調査は二〇二四年度実施予定）で、「氷室２」は後に造られた「氷室３」により重なる部分が破壊されている。谷頭の「氷室１」から東端の「氷室４」にかけて順次移動し、これに伴い上屋構造の屋根掛けを支えるための人工堤防も東側に拡張されたと推定する。上屋を支えるための大型の礎石列は「氷室２」両側と「氷室３」北側で良好に残されており、内部には断熱用の緩衝材として茅等が隙間なく詰められる。窪地の中には溶けた氷の水を室外に出すための暗渠排水も設けられており、予想を遥かに超えた丁寧な造作が行われていたと見ている。

写真47　「氷室１」室周りの調査の様子（ドローン使用）
作業員の周りには石敷が無く、氷を溜める室（むろ）とみられる。

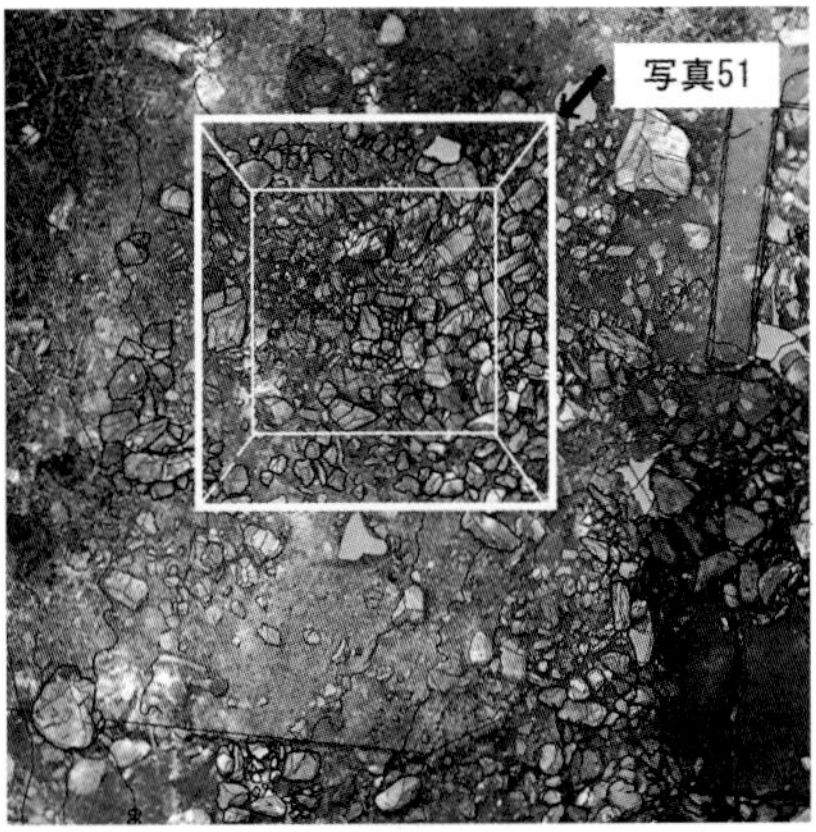

写真50　南尾根の付け根に設けられた方形集石壇
氷を作るのは神業とされ、氷神を祀りながら作られるのでその祭祀用の壇と考えている。

写真48　「氷室１」室底部の状況
室の斜面には石敷きが行われている。

写真51　方形集石壇北西隅の積石状況
５段分の積石が行われている。

写真49　「氷室１」北側法面
粘土質の地山部分には石敷が行われていない。

⑷氷室の事例を求めて

氷室は発掘しても出土品が見込めないことから年代の特定や歴史的な位置づけが難しく、これをテーマとする研究者は皆無に近く全体像は解明されていないものの、古代の氷室に関しては宮都の置かれた奈良県が群を抜いて解明が進んだ地域である。氷室記載の上限は『日本書紀』仁徳天皇六二年条の闘鶏《つげ》氷室説話であるが、詳細な記載は『延喜式』主水司《もんどのつかさ》式「元要記」氷室社条にあり律令制下においての基本は気候を占う国家行事であった。平城宮に隣接する長屋王の邸宅から「氷室木簡」が出土したのを契機に、プライベートな氷室の存在と、そこに記された「都祁《つげ》氷室」の実態を探る研究が進んだ。

天理市都祁は奈良盆地とは比高差約四〇〇m、温度差約三～五℃と冬季の氷作りの適地とされ、主水司式の大和國都祁氷室に比定される。推定氷室跡は氷室神社の東南約四〇〇mの字室山の丘陵尾根上に存在する。氷室神社と伝氷室跡・氷池跡が近接する事、平城京に極めて近い地点に存在するなど諸条件を考証し、これを「都介氷室跡」とした。古代の氷室は浅く平らな氷池に自然に張った氷を切り出し、排水を考慮して尾根筋に設けられた上

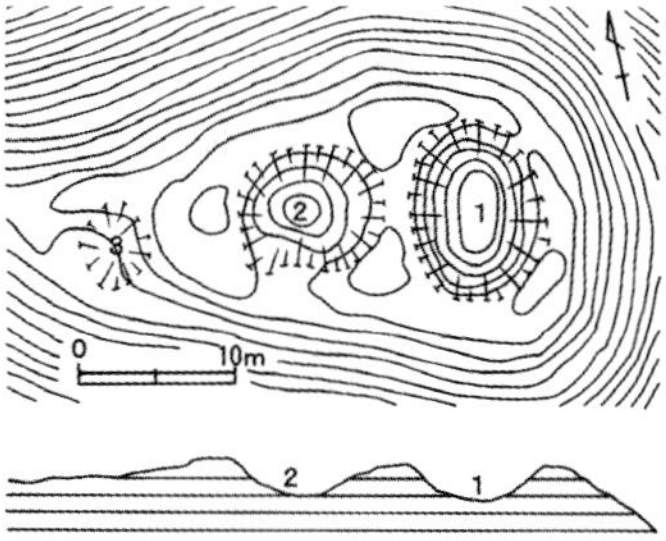

図25　奈良県天理市福住町室山の氷室土坑

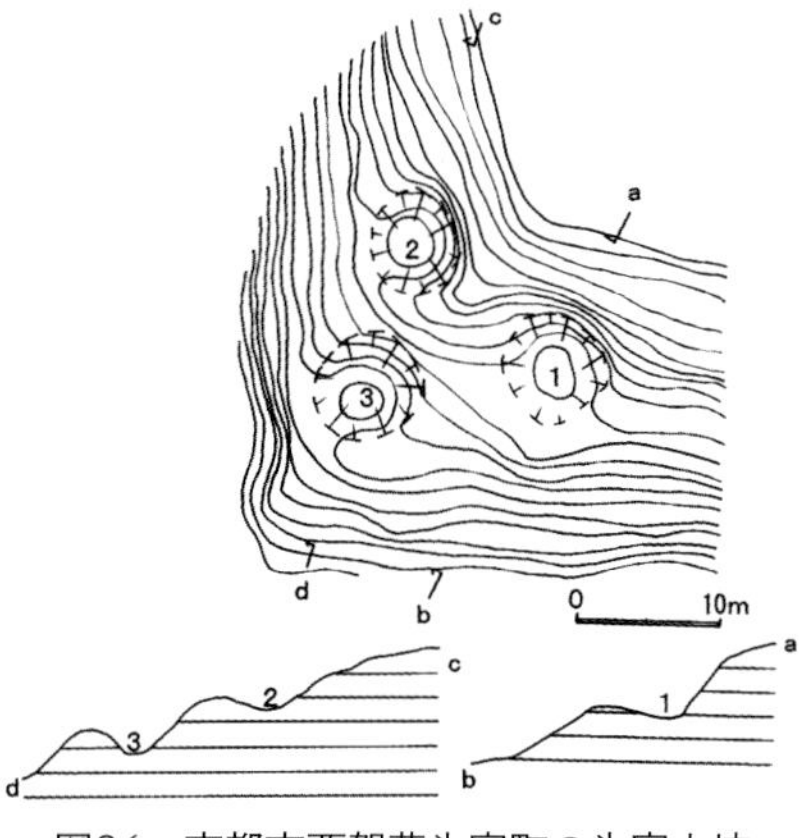

図26　京都市西賀茂氷室町の氷室土坑

古代の氷室は宮都の営まれた平城京、平安京に隣接する地域に限定される。立地は排水を考慮して尾根稜線上か微高地上の緩やかな場所である。土坑は円形で理由はわからないが、3基一組で設けられ、隣接する場所に平らな氷池を設け、そこから張った天然氷を切り出している。

写真52　室山の氷室土坑

屋を掛けた円形土坑内に納められ、茅等の緩衝材を屋内に詰めて夏まで保管される。都祁では地域おこしとして古代氷室を復元し、毎年氷出イベントを開催している。

中世の氷室については私の知るところ事例は知られていないのではないだろうか。律令制の崩壊に伴い、平安時代中期以降の摂関期・院政期に登場する受領国司によって中央の氷願望が地方に飛び火し、各地で氷を作る技術、運搬の技術が開発され、特に冬季に雪が積もる寒冷地では雪を踏み固めて夏季まで保管する氷室（雪穴）が広がったものと考えている。

近世には各地に氷室が設けられているが、これを取り上げた研究は地域的に限られ、全体を俯瞰する研究はまだ存在しない。北陸地方の石川県は加賀藩によって積極的に氷室が運用され江戸城にまで供給している。石川県は温帯に属するものの積雪が多く、雪を貯蔵して夏期に利用するための氷室が複数で存在したことが知られ、月浦町は金沢の近江町市場に氷を供給した事例である。

修験道霊山での氷室の事例として英彦山秋峰修行の最重要宿「池ノ尾宿」の池は氷室（雪穴）を表し、これを伴う参籠宿である（60頁）。同じ福岡県の修験道霊山求菩提

写真54　氷を取り出す神事（都祁復元氷室）
7月上旬に氷出しの神事が行われる。

写真55　大正年間の大山寺の氷室（雪穴）
（21m×8.6m深さ4m）月浦町氷室と同じ構造。

写真53　都祁復元氷室の内部
地域おこしとして古代都祁氷室を復元したもの。上屋は写真46の伊勢の事例を参考にして設けられている。

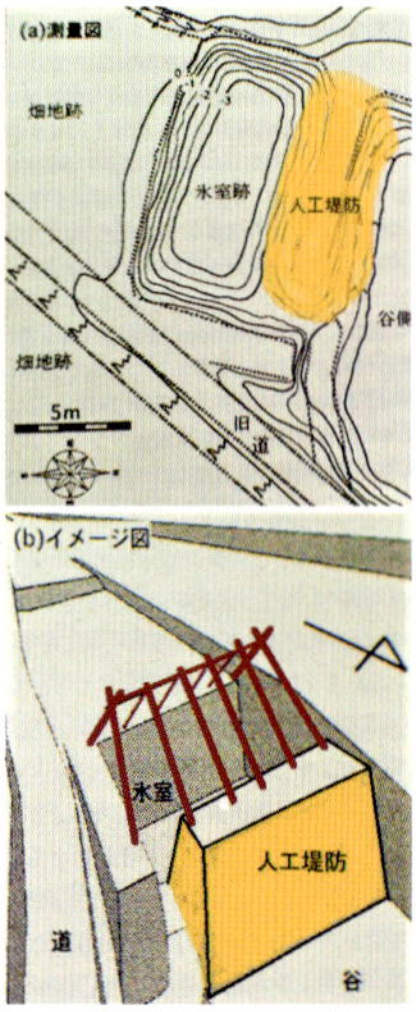

図27　石川県月浦町氷室跡
谷側に土塁（人工堤防）を設け堰き止めた事例。

山内にも国史跡の氷室が存在し、氷が修験道儀礼において重要視されたらしいが、ほとんど何もわかっていない。

三徳山内の三佛寺側の千軒原北側斜面に「風穴《ふうけつ》」という場所が知られているが、これも雪穴形式の氷室である。大山寺の氷室は雪を踏み固めて氷を作り、蚕の種を保存し春に残った氷を「大山氷」として出荷したことが知られている。同じ山内南光院谷の隅丸形の氷室（場所は94頁参照）は湿気抜きと土坑の隅の崩壊を防ぐため四隅に石詰の暗渠を設けており、イケガナル地点の氷室1号の構造と共通する。イケガナルの氷室群は構造上不明な点も多いが、南光院谷等の事例と比較することで、その糸口が見つかるのではないだろうか。

これまでの調査で湯地点・イケガナル地点ともに、年代の根拠となる遺物は一点も出土していない。これは特に聖域内でのタブーが厳格に守られていた室町時代の修験道遺跡全般に共通することである。英彦山と周辺の修験道遺跡や愛媛県宇和島市・鬼北町周辺の山中では修験道教団成立期の一五世紀代に山中に大規模な土木造成を伴う儀礼空間や修行道場が設けられており、神倉においても、そうした一連の動向の中で理解しておきたい。

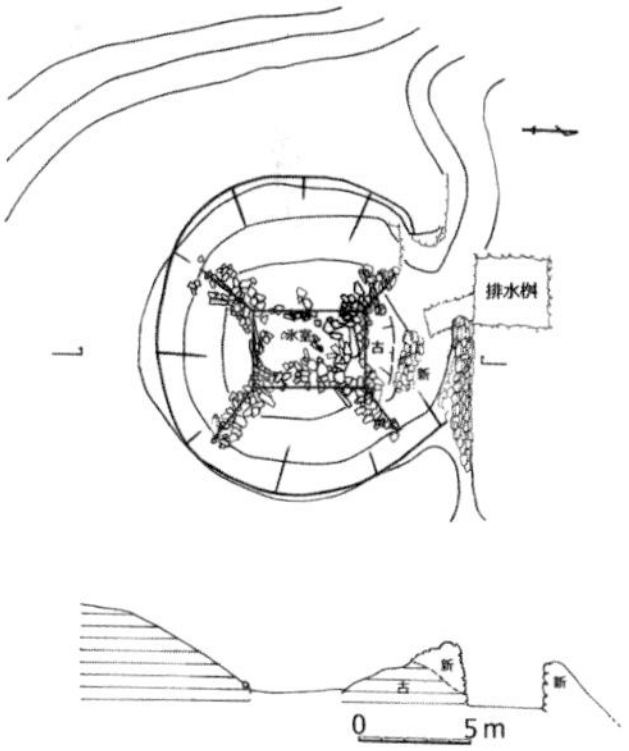

図28　南光院谷の氷室（雪穴）
小さな谷頭を塞ぐように堤を築いて近世の氷室（雪穴）を設け、近代になってその上に石積や盛土を行い氷生産の増量を図っている。

写真56　南光院谷氷室室内四隅の石組

写真57　イケガナル地点「氷室１」南西隅の石組

終章　美徳（三徳）を位置づける

これまで四章に分けて美徳（三徳）に関する課題を整理し実態に迫ろうとしてきた。最後に伯耆国の中に位置づけて山中修行の総括を行い、さらに美徳を日本の歴史の中に位置づけてみたいと思う。

一　伯耆国峰《くにのみね》修行と美徳

(1)伯耆国峰の存在

四章で紹介したように三徳山神倉湯地点で見出した遺跡群は英彦山など山岳修験・修験道を代表するような山岳霊場内における参籠宿、例えば彦山秋峰修行で英彦山山中に唯一参籠拠点として設定された「池ノ尾宿」（60・61頁）と構造が類似（磐座群＋サイトウ壇＋参籠施設＋氷室）することから、峰入り修行（入峰《にゅうぶ》ともいう）に伴う、参籠所であったと推定している。

これは一七四二年（寛保二）に成立した地誌『伯耆民談記』「美徳山」の項に記されている「蓋し此山は吉野葛城を移して、往古国嶺山といへり」「合谷に峰の薬師、南関谷に不動瀧を置き国嶺とす、伯州の修験等年々秋毎に此の山入にて、法行を為す、本所和州の大峰を模したる山なりといへり」という記載を具体的に裏付けるものであり、この中に「国嶺山」とその性格が明確に記されている。では、「国峰」とはどういうものかを説明しておこう。山岳修験・修験道における最大規模の山中修行が峰入り（入峰）であり、これは連なる山脈を金剛界・胎蔵世界という両部の立体曼荼羅に見立て、その中に修行者自らが身を投じ、先達指導のもとに参籠・行道・供華・遥拝を繰り返しながら集団抖擻を行うものであり、山岳仏教としての特色を持つ真言（東密）・天台（台密）両密教の教理の上に成り立っている。基本となる修行日数は、山神の眷属《けんぞく》の数に合わせて七五日とされた。中世には一国に最低一組は金胎両峰の曼荼羅が設定され、両峰を廻る山中修行が行われていたと考えられている（註1）。

修験道の根本道場として位置づけられる大和国大峯山脈では南端の熊野本宮備崎から北端の吉野までを繋ぎ、両部の曼荼羅に見立てた山脈を抖擻する峰入修行が院政期の一二世紀代に成立したと考えられており、具体的な内容は第一章一節(2)熊野三山の項で紹介している（35・37頁）。大峯山脈で成立した峰入り修行の根底にある金胎両部の曼荼羅思想と修行形態は、院政期の一二世紀代には受領国司《ずりょうこくし》（註2）の任国への赴任にあたり、同行して下向した延暦寺、園城寺、東寺という権門寺院（註3）の若手学僧たちにより、その思想と都流の法会が諸国に伝播するなかで広まったと考えられる。

受領国司は任国では一国内の有力者や武士団を集め、彼らに諸役を与えて奉仕させ、神仏が融合した最先端の神事や法会を主宰する。その祭祀場として選ばれた国鎮守が通称として「一之宮」と呼ばれるようになる。伯耆国の国鎮守には東郷湖の東、現在の湯梨浜町に所在する倭文《しとり》神社が選ばれる。標高八九九ｍの三徳山山頂からは北方に一之宮の神体山である御冠山《みかんむりやま》が遮るものもなく遥拝することができ、逆に一之宮からは東郷荘と美徳神領の境となっている山並の間から三徳山山頂の山容を遥拝することができるという関係にある。美徳が伯耆国を代表する山岳霊場として大山と双璧をなし、発展する背景には伯耆一之宮との繋がりを考えておく必要がある。

国峰入峰は旧国単位で室町時代にかけて盛んに行われたが、戦国期にほぼ衰退し、江戸時代以降では一国に跨るような大藩では国家（藩領内のこと）鎮護と藩主の安寧を目的として再編成（註4）される事例が知られる。江戸時代の峰入り修行は幕府が公認した本山派・当山派・羽黒派・彦山派の教団が実施するものが主流で、これには大峯入峰・葛城入峰（本山派・当山派）、英彦山春峰・夏峰・秋峰の三季入峰（彦山派）、羽黒山の秋峰（羽黒派）などがあったが、これらは中世の国峰修行の名残である。大藩が並立する九州では黒田領（福岡藩）内の宝満山春峰、細川領（熊本藩）内の阿蘇山秋峰、鍋島領（佐賀藩）内の肥前国峰が行われた。このうち「国峰」と称する旧来の峰入り修行を存続した事例は「肥前国峰」（註5）だけではないだろうか。

伯耆国では中世に伯耆国峰修行が行われていたものの、戦国期には消滅し、その後、幕藩体制が確立しても再編・復興することはなかった。その理由は中世の大山寺・三佛寺が山中修行の拠点寺院として一山内に天台僧・密教僧・修験者などを抱える柔軟な組織であったものが、江戸時代には構成員に修験者を含まない天台宗という仏教単独の寺院になったからである。

密教寺院の勧頂《かんじょう》堂や真言堂内では本尊の正面に大壇を据え、壇の左右には金胎両部の曼荼羅図像を懸け、壇

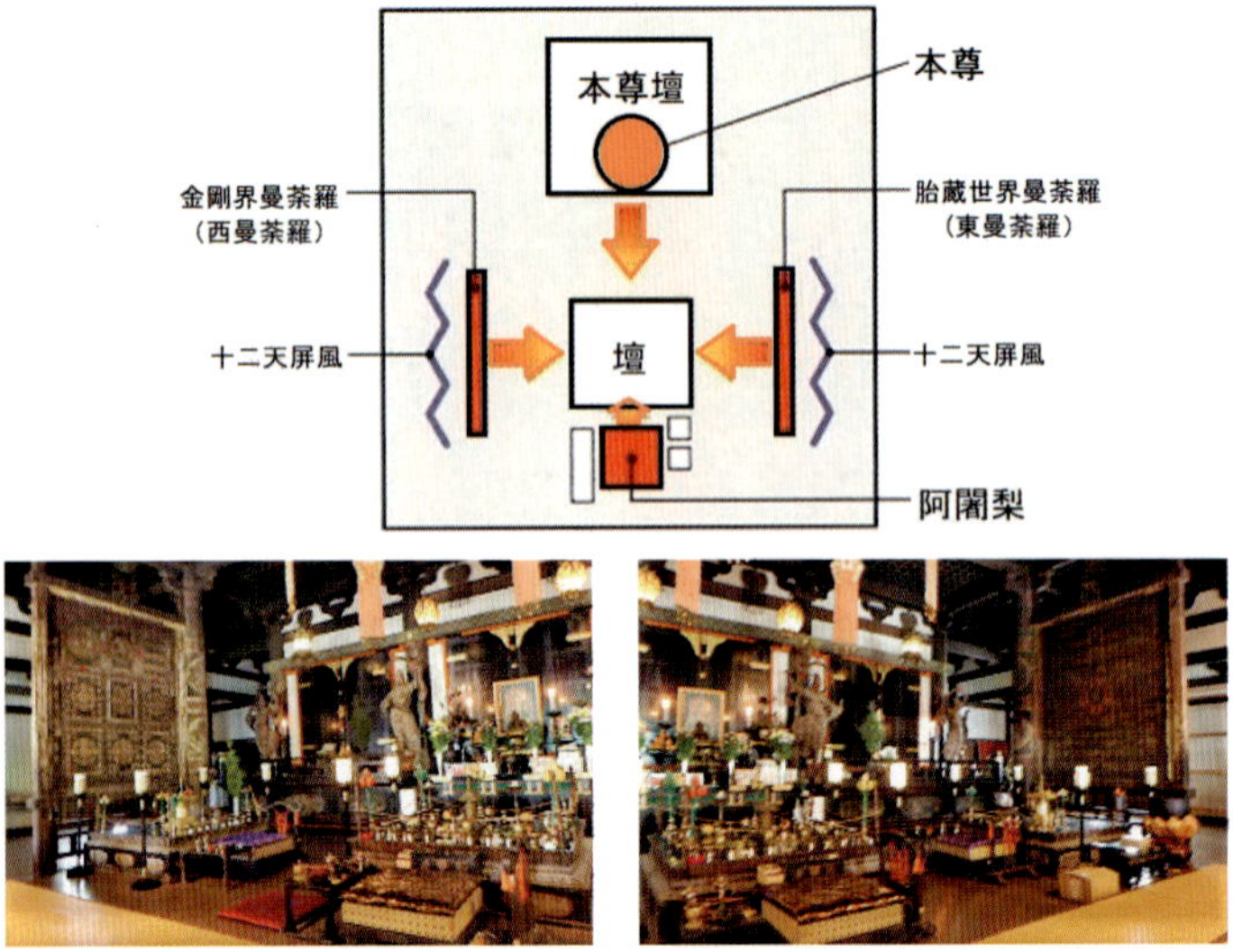

図１　密教寺院堂内での両部曼荼羅の役割

河内観心寺金堂内の荘厳が参考になる。中央壇の右側には胎蔵世界曼荼羅（東曼荼羅）が、左側には金剛界曼荼羅がそれぞれ掲げられる。

の手前には阿闍梨が座り、四者がそれぞれ大壇に向き合う形をとる。胎蔵世界曼荼羅は右手の東方に懸けるので東曼荼羅と呼ばれ、金剛界曼荼羅は左手の西方に懸けるので西曼荼羅と呼ばれる。密教の師資相承《ししそうしょう》の世界では、法を授けるに値する器量を持った弟子を選び、師が口伝で秘法を伝授するので「秘密の教え、密教」というのだが、「阿闍梨《あじゃり》」とは仏をも思いのままに扱うことができる悟りを得た者という意味がある。本尊を含めた四者からみなぎるパワーが阿闍梨の修法により中央の大壇に集められると、摩訶不思議な験力を発揮するというわけである。

伯耆国全域をこの密教道場に見立て、美作国との国境をなす山脈を金胎両部の立体曼荼羅として設定すると、東曼荼羅が胎蔵世界の美徳、西曼荼羅が金剛界の大山という一対の関係になる。美徳は「第三章 三徳山と三佛寺を探る一節三徳山を考える手がかり」で指摘したように『石土山縁起』の記載内容と「女弟子平山奉納の胎蔵界中台八葉院曼荼羅鏡像」から女人往生を約束し、女人参詣の山岳霊場で胎蔵世界とされたことが判明しているのでこの配置は矛盾しない。

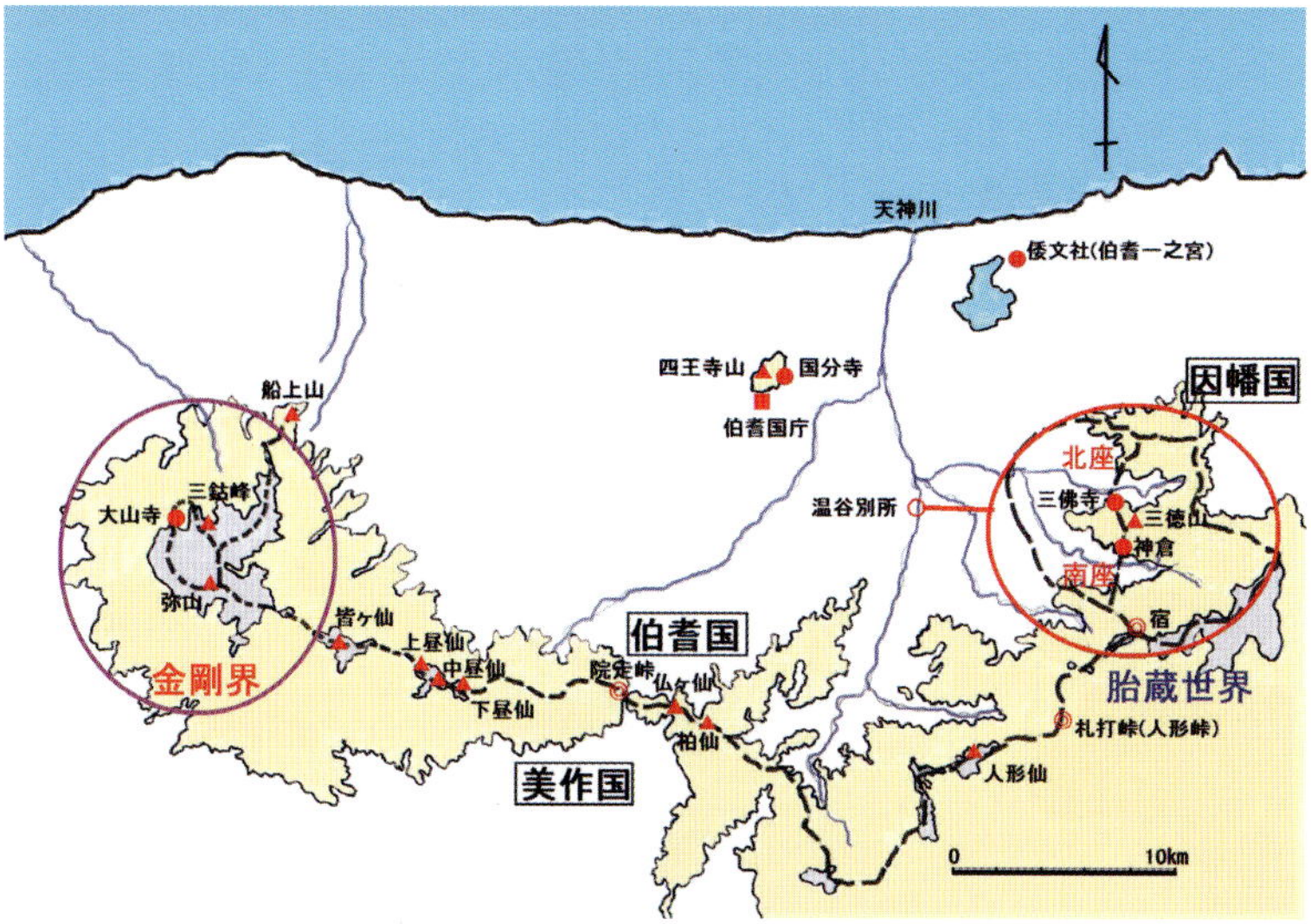

図２　伯耆国峰の曼荼羅配置と諸霊山の関係
春峰修行は金剛界➡胎蔵世界へ、秋峰修行は胎蔵世界➡金剛界への抖擻行。起点、終点は一之宮となる。

(2)伯耆国峰を復元する

金胎両部の峰を繋いで抖擻する国峰修行の峰中路の多くが国境の山脈の稜線を結ぶルートを採用している。伯耆国でこれに該当するルートには船上山及び大山を起点とした場合は岡山県境の皆ヶ仙から上蒜仙・中蒜仙・下蒜仙の蒜山三山、犬挟峠（院走峠）を経て仏ヶ仙、柏仙、さらに人形仙、札打峠（人形峠）から美徳神領に入り、三徳山内の神倉・三佛寺へと至る経路となり、そのルートを示したのが図2である。

ここに挙げた山名は旧名を採用したが、その多くが山ではなく「仙」を用いており、このように集中する場所は全国的に見ても他には知らない。船上山は「仙上山」であり、大山も大いなる神仙郷を表す「大仙」に通じるところからすると、伯耆国峰を構成する峰々には道教の神仙思想の影響が強いことが指摘できる。

『伯耆民談記』には「伯州の修験等年々秋毎に此の山入にて、法行を為す」という記載がある。峰入り修行は春峰・秋峰の二季を基本とするので、胎蔵世界の美徳で参籠し金剛界の大山へ向かうのが秋峰修行、逆に金剛界の大山で参籠し、胎蔵世界の美徳へ向かうのが春峰修行というように読み取ることができる。美徳側の参籠拠点が四章で紹介した神倉山中の遺跡群であり、大山側の参籠拠点が一章二節(9)霊場大山寺で紹介した惣結界の金門に隣接する南光院谷の釈迦堂・金剛童子堂周辺である。
　国境の峰を踏査すると、標高一〇〇〇mクラスの蒜山三山が峰中路からの遥拝という点では抜きん出て秀でている。具体的には下蒜山から東方には人形仙を経由して三徳山が望め、平野部の四王寺山や国庁、倉吉市街を一望できる。西方には中蒜山、上蒜山を通してその背後には山岳霊場大山を構成する峰や船上山までの金剛界の峰々を遥拝することが可能で、このように峰中路全域を遥拝できる行場は別格で、天台宗で重視された蘇悉地界に充てられ神仙宿が設定された可能性もあり得る。

写真１　下蒜山より望む伯耆国金剛界の峰々

写真２　下蒜山より望む伯耆国胎蔵世界の峰々
四王寺山をはじめ国庁周辺が一望できる。

(3)「和久嶋旧跡往来の記」

　三徳山総合調査の指導をいただいている眞田廣幸先生から「こんな資料があるよ」と情報をいただいたのが、『関金町誌第二集』（一九八一年）に翻刻文が掲載されている「和久嶋旧跡往来の記」という江戸中期頃にまとめられた中国山地の見聞記で、残念なことに原本はわからないという。内容を見ると、伯耆国峰に推定した経路と礼拝要所がほぼ、そのまま詳細に記されている。峰入り修行が途絶えてからも地域の人々の語りとして長らく伝えられてきたのであろう。特に蒜山三山の描写が詳細なので関連する部分を抜き出し示しておこう。

（前略）西に見上る角盤山《かくばんざん》（大山）、雲を尖抜《つらぬく》高根也。神代の白雪今に不レ消、時雨山の半より降り、雷谷底に轟き、往古より此山に至来る事不レ叶、三国無双の名山なり。

本社明智大権現、末社の神明計るに不違《いとまあらず》。東に當つて船上山、知積仙人の開基にして、本社三社大権現、農業を守らせ給ふ。（中略）

鳥が仙は峯続き、二児《にじ》・飯盛・葛子山《ほうこやま》。兜が仙は上代に、金の兜ありしより、兜が仙と言《いう》や覧《らん》。西の幸も東の幸も野添仙《のぞえせん》にさし続き、昼仙《ひるぜん》こそは三つの峯、作伯二州の境を踏む、山たかくして谷深く、墨白《こくびゃく》の雲往来して、鳥もかよわぬ高山なり。西の表は一面の巌屏風を立たるごとく、夏も雪解の雫垂る。夕日輝添《てりそう》鐘が瀧。中昼仙は峨々たる巌窟、山の姿も准《すさまじ》き。塔の権現鎮座あり。神体 則《すなわち》岩の塔臺は、四面四間にして、二十丈余の組上なり。天地自然の容形か、神変不思議の御神体。谷の流れを汲む人は、別して信仰利益あり。行場〱の瀧の音、山に響きてすさまじき。

此絶頂に一つの池有り。旱魃《ひでり》の砌《みぎり》は雨乞に、此山に至て彼の池縁《いけべり》の、ひる草を根引に取て隣国の、所々郷々に取帰る。未《いまだ》山をも出ざるに。俄に一山搔曇《ざんかきくもり》、山川一度に鳴動し、風雨頻《しきり》に車軸を降し、洪水をなす事必定なれば、田畑水損《すいそん》を厭《いと》ひて、近辺のものども麓の野辺に張番して、此山へ入る事を禁制す。下昼仙に熊渡り、猫さび早瀧《はやだき》五陽瀧、風景といい、険阻といい、絵に写すとも及無《およびなし》。

東の麓作陽越へ、院走たうげと申也。少は低き矢筈仙、麓に矢櫃の農民家有。水の流も矢送谷、古事来歴の有ぞかし。耆伯まもり佛が仙、柏仙より峯続き、三徳山まで二十四里、大仙よりの道詰也。大峯・入峯中絶の砌、日本国中に六峯、初出羽の羽黒、越中の立山、信州の駒が岳、四国には石鎚山、九州の阿蘇山、伯耆の大仙、是六峯と申也。山陰陽両道の修験、四角山にて瀧行を勤、三徳に入峯して、行詰めを勤め、次第〱に峯づたい、大山迫の山路なり。岨《そ》を凌ぎ山を越へ、雨にうたれ露に濡れ、艱難艱苦《かんなんかんく》の行法故、佛神の加護強く、祈に験《しる》し有ゆへに、修験とは名付けたり、三徳山より大山迫。巌に取付葛にすがり、山に寝るゆえ山伏と、俗語に申すものやらん。（以下略）

寛政四年（一七九二）　此主　仙之丞

子ノ夏五月下旬是ヲ写し置

二　美徳（三徳）の位置

(1)成立の背景

三徳山は縁起によると七〇六年（慶雲三）に役優婆塞《えんのうばそく》によって開かれたとあるが、これは山中修行が行われる山寺ではよく用いられる伝承であり、実質的な開山を考える手がかりは神倉冠巌で採取された九世紀代の須恵器（坏身）である。

山岳霊場の「開山」というのは、山頂を極めるということではなく、「法地開山」といって、阿闍梨が密教の修法によって霊場の聖域内と外を区画し、結界線を設定することによって聖域内を「浄地」とし、結界線や内部に仏法守護の護法の神々を配置することで「仏法の浄地として山を開く」という意味がある。したがって、それ以前に個人の修行者が清浄な地を求めて分け入ったとしても「開山」とは本質的に意味が違う。九世紀代を目安とすると、考慮しなければならないのが九世紀から一〇世紀にかけての外交問題と国防体制である。このことを説明するために、まずは事の初めから説明しておこう。

六六三年（天智天皇二）日本は友好国であった百済《くだら》を救うため韓半島に大軍を送るが、白村江《はくそんこう》で唐・新羅の連合軍に大敗し百済は滅亡した。次は日本が標的にされる可能性が考えられたので、その最前線となる北部九州を手始めに対外防衛体制の整備に着手する。翌年に対馬・壱岐・筑紫国などに辺境防備の防人《さきもり》と、有事の通信手段である烽火《のろし》台を設置し、博多湾からの侵攻に対するため福岡平野を遮る長大な土塁と外濠からなる水城《みずき》（註6）を築く。翌年八月には百済の亡命貴族の指導により筑紫国に朝鮮式山城と呼ばれる構造の大野城（註7）と基肄《きい》城が築造されるが唐・新羅連合軍の侵攻はなく、水城等が実戦に使用されることはなかった。

築城から一世紀後の七七四年（宝亀五）に大野城の城内に四天王寺が建立される。これは新羅が日本への呪詛《じゅそ》をしきりに行うことへの対抗策として四天王の力と護国経典である金光明最勝王経の威力により、国家を守護するためであった。城内の「高顕浄地」な場所として北西の最高地点である鼓峯が選ばれ、四天王寺が建立された。堂内須弥壇には東方持国天・南方増長天・西方広目天・北方多聞天の四天王塑像が安置され、四名の浄行僧が新羅調伏《ちょうぶく》を目的として昼間は金光明最勝王経を読誦し、夜

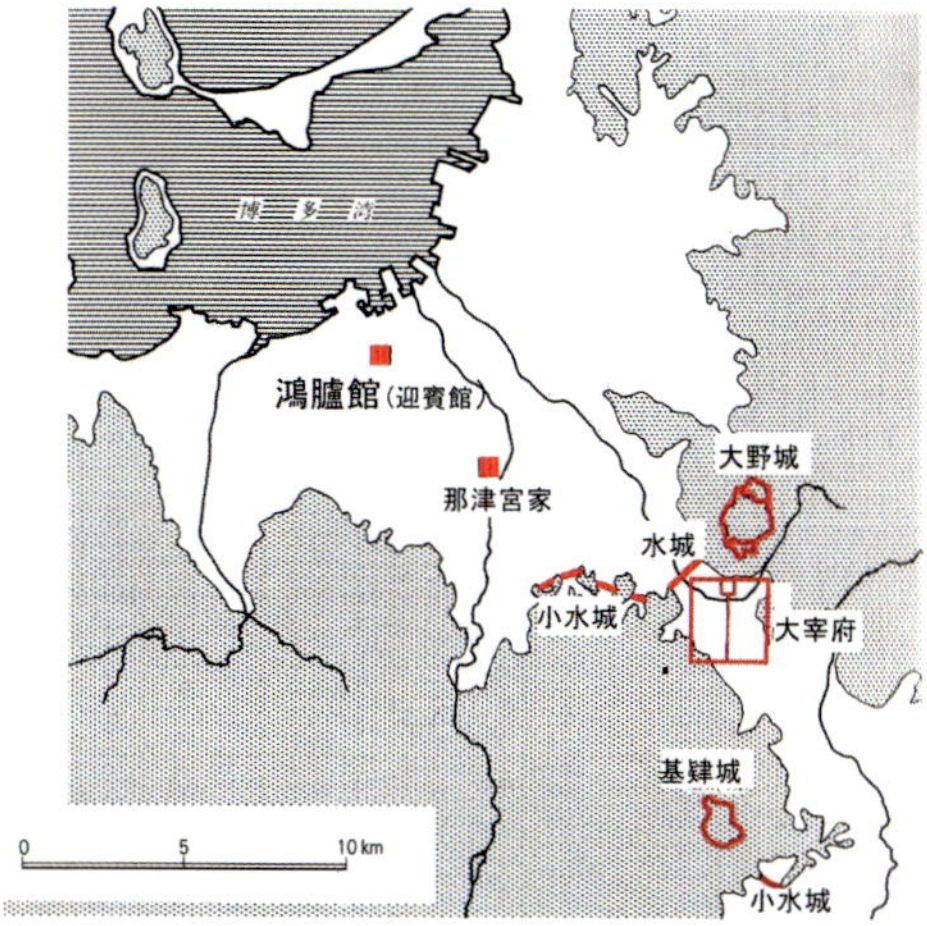

図３　大宰府を中心とする防衛体制

大宰府は福岡平野東南部で両側から山並が迫る山間地に所在している。前面には水城・小水城の防衛線を設け隣接する北側の四王寺山には大野城、南側の基山には基肄城という朝鮮式山城を配置した防御体制を構築していた。

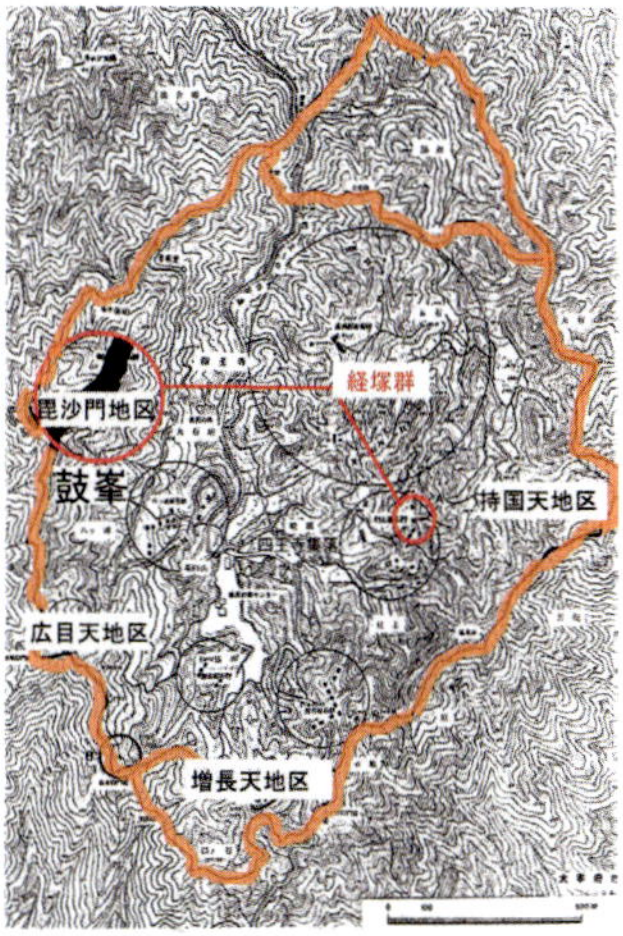

図４　大野城と四天王寺の関係

尾根沿いに全長約８㎞の土塁を巡らし東西約1.5㎞、南北約３㎞の規模を持つ。四天王寺は最も標高の高い鼓峯（410ｍ）に設けられ国防の山から祈りの山へと変化する。

は神呪を読誦するよう命じられている。このように大野城内の四天王寺は鎮護国家思想のもとで建立された大宰府直属の官寺であった。大野城は寺院建立後、四王寺山と呼ばれ国防の山から祈りの山へと変化する。

新羅では七八〇年に建国の祖である武烈王の王統が絶えたことから王位継承争いが激しくなり、王位簒奪や王都内での反乱が頻発することに加え、骨品制《こっぴんせい》という身分制度によって新羅王族だけが上位官僚を占めるようになり、官僚制度が行き詰まる。さらに災害や飢饉が生じ反乱や内戦、北方の渤海国（六九八―九二六年）との対立もあり九三五年に滅亡する。

新羅が混乱状態になると日本列島には新羅からの漂流民が到着し、帰化を求めるという事態が生じる。朝廷は当初は数十人から百数十人規模の帰化を許可していたが、人数が増大することで方針を変更した。貞観年間（八五九―八七七年）には新羅海賊の横行が本格化し、八六九年（貞観一一）には新羅海賊船二隻が博多湾に侵入し、豊前国からの年貢の絹綿を略奪して逃走するという事件が生じる。

中央政界では八六六年（貞観八）に九歳で即位した清

和天皇の外祖父となった藤原良房が人臣として初の摂政に任じられると、翌八六七年（貞観九）五月二六日に新羅を調伏するため四天王像五鋪（組）を作らせ各一鋪を伯耆国・出雲国・石見国・隠岐国・長門国に下し、大宰府四天王寺に倣い「地勢高く賊境を見渡せる地に道場を建てる」ことを命じた。これら長門国を含む山陰道諸国は畿内から見て「西極」の位置にあり、境界は新羅に近く警備を図るためであった。

国境を接し海上守護を担う北部九州の山神に対しては八七〇年（貞観一二）五月二九日に筑前国背振神に対し従五位下の神階を授与、八七三年（貞観一五）九月一六日には平戸志々伎神に従五位下を、八七六年（貞観一八）六月八日には従五位上を授けている。国防を強化するため同年三月九日には平戸辺りから五島列島にかけての部分を肥前国から独立させて「値嘉島《ちかのしま》」という行政区を新設し中央から島司を派遣する体制を整えている。

伯耆国では国府北に位置し国庁・国分寺・国分尼寺にも隣接する標高一七二mの四王寺山山頂付近に四天王寺が設けられ、一九三〇年（昭和五）の焼失まで創建時のものではないが堂内には木彫の四天王像が祀られていた。

写真３　伯耆国庁北に横たわる四王寺山

写真４　伯耆四王寺山山頂より望む隠岐

写真５　伯耆四王寺から望む美作国との国境をなす伯耆国峰の山並
遥かに国峰の山並が、眼下には伯耆国庁・伯耆国分寺・伯耆国分尼寺が並ぶ。対新羅という国防だけではなく、これらを北方から守護する役割をも担っていたと考えられる。

山頂からは「地勢高く賊境を見渡せる地」とあるように北面には隠岐の島陰が眼前に望め、これに対する南面には、西方霊場大山から美作国境の蒜山三座、仏ヶ仙、人形仙、東方霊場美徳という伯耆国峰を構成する両部の立体曼荼羅の峰々全てを遥拝することができる適地なのである。このような配置のモデルは大宰府政庁と背後に聳える四王寺山との関係に倣ったものであり、同じ配置をするのが出雲国庁と茶臼山（神名樋野）、九州と関門海峡を挟んで位置する長門国庁と四王司山である。

朝廷主導で伯耆国に設けられた護国の四天王を祀る「地勢高き道場」の設定は四王寺山単独の動きではなく、伯耆国内の山岳霊場開山の契機になったのではないかと考えている。神仏が融合した仏法の法力により護国体制を構築するという基本方針は、蔵王権現の出現以後も引き継がれていくことになる。

(2) 御室仁和《おむろにんな》寺直末《じきまつ》　美徳山清令（涼）院

京都の御室仁和寺には『仁和寺諸院家記』という仁和寺各院の沿革・草創を記した史料が残されており、この中には伯耆国に所在する末寺三箇所が記されている。三箇寺とは長隆寺・今熊野・美徳山清令寺とあり、他の二寺はどこを指すのかわからないが、「清令寺」は美徳山とあるので、霊場美徳にあったことは疑いない。

鎌倉時代末期に成立した『大山寺縁起』には、

> 美徳法師多く相交る由隠れも無し。中西殊にいきどほりを思ひけり。彼の美徳山は当山の末寺として此の山に従ふべき由…美徳山の子守・勝手・蔵王堂・大堂・講堂・清涼院の残り無くこそ焼き払ひけれ。

という記載があり、美徳を代表して清涼院だけが記され、しかも焼き打ちにあうということは、美徳一山を代表する別当寺であったことがわかる。

御室仁和寺は光孝天皇（八三〇—八八七）の御願寺（註8）として造立を始めるが途中で崩御されたので、宇多天皇（八六七—九三一）が父の意志を受けて完成した寺院である。光孝天皇の山陵四至内に営まれ、早くも崩御翌年には落慶法要が行われている。造営の目的は光孝天皇の山陵を荘厳し仏法を興隆することにあった。当初は天台宗寺院として、光孝天皇のいとこにあたる天台僧の幽仙を別当として置き、専属の修行者は天台宗の教義に従

写真6　平安時代の御室仁和寺
（京都アスニーのジオラマ）

周りには「四円寺」と呼ばれる歴代天皇の御願寺などが続々と建立され、のちに「院家」と呼ばれ仁和寺を支える寺院群となる。

い一人は密教を学び一人は摩訶止観《まかしかん》を学ぶことを定める。

宇多天皇は幼少時より比叡山に入って仏道修行を行い天台宗とは密接な関係を築いていたが、退位後の八九九年（昌泰二）一〇月一四日に真言宗を代表する東寺で出家し、九〇一年（延喜元）には受戒の師を真言僧の益信《えきしん》とし、東寺で伝法灌頂を受けて真言宗の阿闍梨となり、弟子僧を取り灌頂を授ける資格を得た。仁和寺内に御所（御室）を設け初代の法皇となると、仁和寺別当を真言僧の観賢に替え天台宗から真言宗へと宗旨替えを行う。本末制度が定められ宗派が固定される江戸時代以前では寺院の宗旨替えや多宗兼帯も特に珍しいことではなかった。

ただし宇多法皇は天台宗から離れ真言宗にのめり込んだわけではなく、出家の翌月には東大寺戒壇院において具足戒を受けて出家者としての資格を得ると、九〇二年（延喜二）には延暦寺の仏舎利会に行幸し、九〇五年（延喜五）に天台僧の増命から廻心《えしん》戒（円頓《えんとん》戒）を受け、さらに翌年には天台座主となった増命から、真言宗にはない天台密教重要修法の一つ蘇悉地《そしつじ》法を受けている。さらに九〇七年（延喜七）には熊野に行幸して熊野速玉社（新宮）に位階を授けるなどの活動を通じて積極的に神祇祭祀にも関わり、法皇として宗教界全体を把握しようとしており、その拠点となったのが仁和寺であった。

宇多法皇の活動で特筆されるのが二度に及ぶ「御嶽《みたけ》精進《そうじ》」と呼ばれる金峯山（大峯山）登拝で、最初は出家翌年の九〇〇年（昌泰三）七月、二度目が九〇五年（延喜五）九月である。大峯山寺本堂の解体修理に伴う発掘調査が一九八三～八六年（昭和五八～六一）に実施され、本堂中軸線上から一辺約八〇㎝規模の方形石組の護摩壇が確認された。出土した黒色土器と延喜通宝の年代は九世紀末から一〇世紀初頭であり、宇多法皇の登拝に伴うものと考えられている。その後の防災施設工事に伴うトレンチ（調査用の溝）ではトン単位に及ぶ夥しい同時期の黒色土器が出土しており、これらを使用した大規模な法会が山上で行われた痕跡と推定される。宇多法皇二度目の登拝の翌年、九〇六年（延喜六）には東大寺別当を務め醍醐寺を開いた真言僧の聖宝《しょうぼう》（八三二―九〇九）が金峯山上に本堂を建立したとされ、その背後に宇多法皇の意志を見ることができる。

　御室仁和寺は宇多法皇により基盤が整えられ、その後の住職は天皇の皇子や皇孫といった皇室出身者が継承し、特に院政時代を通じて発展する。仁和寺は蔵王権現を祀る中心道場である金峯山との関わりには深いものがあり、その真言宗寺院御室仁和寺の直末寺が美徳山清令（涼）院であった。美徳山はこれまで天台宗の視点からのみ歴史が語られてきたわけだがそれは誤りで、真言・天台両宗兼帯の山岳霊場というのが実態であった。

写真７　清令（涼）院跡から遥拝する奥之院蔵王堂
旧清涼院は「美徳山三佛寺境内絵図」に現在の遥拝所の場所に記され、この位置関係から蔵王堂創建と密接に関わると考えられる。

(3)蔵王権現の系譜

最後に蔵王権現成立の系譜とその配置の問題を整理しよう。蔵王権現像成立については猪川和子さんの「蔵王権現と金剛童子」（註9）という優れた論考があり、それによると蔵王権現像に最も類似するのが平安時代末期に編纂された白描の仏教図像集『別尊雑記』に掲げられている金剛童子二臂像で、その典拠とされる経典には、金剛智訳『仏説《ぶっせつ》無《む》量寿仏《りょうじゅぶつ》化身《けしん》大忿迅《だいふんぬ》倶摩羅《ぐまら》金剛念誦《こんごうねんじゅ》瑜伽儀《ゆがぎ》軌法《きほう》』と不空訳『聖迦柅《せいかじ》忿怒《ふんぬ》金剛童子《こんごうどうじ》菩薩《ぼさつ》成就《じょうじゅ》儀軌経《ぎききょう》』（以下『金剛童子経』）などがあり、具体的に描かれた図像には胎蔵世界曼荼羅、『別尊雑記』その他の図像集がある。『金剛童子経』は八〇六年（大同元）に帰朝した空海をはじめ天台僧の円仁・円珍も請来しており、九世紀初めより伝えられている。胎蔵世界曼荼羅では中央の中台八葉院右側に配置される金剛部院に金剛童子像が置かれている。

　「金剛蔵王権現」の「金剛蔵王」という尊名について

図5　金剛童子像と如意輪観音像

右：『別尊雑記』金剛童子二臂像　中央：胎蔵世界曼荼羅　金剛童子像　仁和寺版
左：田中家本『諸観音図像』石山寺本尊像
『別尊雑記』金剛童子像には二臂と六臂があり、金剛童子像は左手左足を上げ、掲げた左手には三鈷鈔を持つ。石山寺の本尊観音の下方に脇侍として左右対称の姿で向かって右に金剛蔵王神王、左に執金剛神王が配置され、金剛童子像とは上げた手足が反対の姿として表わされる。

は奈良時代に伝わった『陀羅尼集経』では「金剛蔵菩薩」と「金剛蔵王菩薩」は同尊とされる。「金剛蔵王」の名称は、名は異なるものの「菩薩」の尊格として奈良時代以降経典にしばしば登場する。尊像としての初造立の史料は醍醐寺所蔵『醍醐寺根本僧正略伝』に八九五年（寛平七）に聖宝が金峯山に造立したという次の記載で、

於金峯山建堂、並造居高六尺金色如意輪観音並彩色
一丈多聞天王、金剛蔵王菩薩像

如意輪観音の脇侍として多聞天像と金剛蔵王菩薩が造立されている。この像の組み合わせの淵源は東大寺建立の良弁（六八九―七七四）指示のもと七六一年（天平宝字五）に造り始められた近江石山寺本尊の観音像とされる。

この像は最初塑像であったが一〇七八年（承暦二）の本堂火災により崩壊し、現在は平安時代後期に造られた像高約三mの木造仏となっている。このように創建仏は現存しないものの、画像が同じ承暦二年成立の田中家本『諸観音図像』石山寺本尊像に記載されている。その姿は二臂半跏の如意輪観音像であり、本尊下方には左右対称

の姿で岩座に片足を蹴り上げて立つ忿怒形の金剛蔵王神王（右）と執金剛《しゅこんごう》神王（左）が配される（図5左）。

当初の石山寺本尊両脇侍は執金剛神王が金剛力士像のように二分身に変化した姿として造顕されたが、一〇世紀末までには「執金剛神」と「金剛蔵王」という名称が与えられ（恐らく聖宝であろう）、八九五年（寛平七）の

写真８　三佛寺最古の蔵王権現像
年輪年代測定法により1025年の伐採材が使用されていることが判明した。

写真９　三佛寺蔵王堂正本尊
1165年の伐採材を使用し胎内納入文書から仁安３年（1168）の仏師康慶作であると判明した。

金峯山上への造像へと引き継がれた。この時は執金剛神を採用せず多聞天（毘沙門天）像に改変されたわけだが、これは聖宝の毘沙門天に対する個人的な信仰があったからと考えられている。

真言僧の覚禅（一一四三―？）が一二一七年（健保五）頃に作成した仏教書である『覚禅鈔』（註10）巻第九六の金剛童子の項の末尾には、

> 或云、金剛童子執金剛神同尊也、執金剛、観音眷属也、仍如意輪脇士也、又金剛蔵王同尊云云
> 金峯山金剛蔵王法、可修金剛童子法也
> 建久六年三月二十六日　於祇園邊書之
> 佛子覚禅

とある。金剛童子と執金剛神、金剛蔵王（権現）が同尊であるとの見解が示され、これが一二世紀における密教家の解釈であった。金峯山において如意輪観音の脇侍にすぎなかった金剛蔵王が一〇世紀末には金峯山の主尊「蔵王権現」として信仰されるにいたる。この間の飛躍には一体何があったのだろうか。

⑷金剛蔵王権現の出雲国・伯耆国への配置

神号の一つである「権現」の初見は石清水八幡宮所蔵、九三七年（承平七）一〇月一四日大宰府牒《ちょう》の中で八幡神に対して「権現菩薩」と記された事例である。「権」は仮にという意味があり、権現とは仏が日本の神に姿を変えて衆生の前に現れるという意味である。この権現思想は神仏習合（融合）という奈良時代頃から徐々に神と仏が混然一体となる現象が、平安時代に至り本地垂迹説として一応の完成をみたものである。本地垂迹説は天台教学の本門・垂門の思想を神と仏の関係に置き換えたもので、その起源は天台宗にある。仏は神の本来の姿（本地）であり、神は仏が垂迹（「迹《あと》を垂《た》れる」という意味）したという関係で説明することで神が仏と同体・等価の存在として位置づけることが可能となり、一二世紀には個々の神社の祭神を仏菩薩として充てるようになる。

インド発祥で中国経由の仏菩薩に対して、権現は日本で創造された神号であり、本書第一章で紹介した熊野三山には熊野三所権現が、英彦山には彦山三所権現が、越の白山には白山三所権現が、伯耆大山には大山三所権現が、というように各霊山の山神がそれぞれ個別の権現名を名乗り祀られるのが特徴である。これに対し金剛蔵王権現は特定の山の山神ではなく、日本国土全域を守護する権現として朝廷主導で創られた日本独自の尊格である。ちなみに本地垂迹説が展開しなかった韓半島では諸霊山において必ず山神を祀るのだが、どの山も皆ただの「山神《サンシン》」であり、姿も同じで個性を持たないという特徴がある。

図像としての金剛蔵王権現の初出は「**長保三年**辛丑**四月十日**辛亥**内匠寮史生壬生□□…**」と長保三年（一〇〇一）の紀年銘を刻んだ国宝蔵王権現鏡像である。火災により下部を欠損しているものの現存部で縦六八㎝、横七六㎝の大型の鏡像で朝廷の内匠寮《たくみのりょう》で製作され、金峯山山上本堂内に祀られていたものである。史料上の金剛蔵王権現の初出は藤原道長が一〇〇七年（寛弘四）金峯山上に造営したわが国最初の経塚に納めた経筒表面の紀年銘中の「蔵王権現」であるが、これに納入された九九八年（長徳四）書写の『無量義経』奥書には「金剛蔵王」とあり、「蔵王権現」と「金剛蔵王（菩薩）」が混用されていて、一〇世紀末が金剛蔵王権現成立期と考えることができる。政権の頂点にいた道長による金峯山登拝は多くの貴族や僧侶を伴い国家行事に準じる行為として行われた。

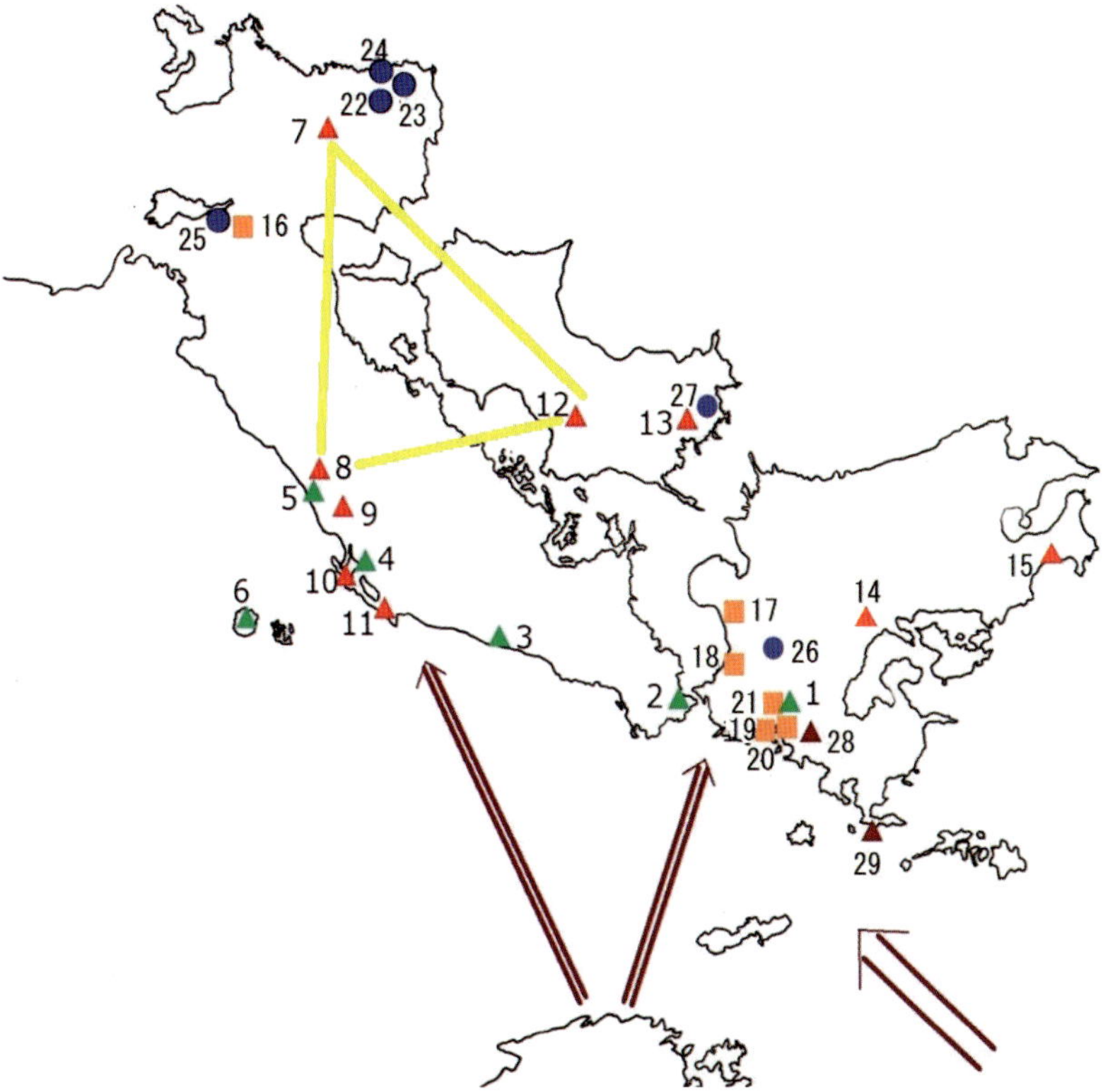

図６　律令期から院政期に至る国家守護体制を担う主要霊場

神仏による対外的な国家守護を行うため律令期には四天王祭祀＋八幡祭祀体制が構築され、藤原道長以後の摂関期には金剛蔵王権現体制が構築される。西極の地で韓半島に対峙する出雲国・伯耆国には特に集中的に金剛蔵王権現が配置され、豊後水道南端の奈良山、九州南端の薩摩金峰山、有明海に面した肥後金峰山という境界の霊山にも蔵王権現は祀られ、目に見えないバリアが張り巡らされていた。

▲四天王（毘沙門天）祭祀

１大宰府四王寺山774年　２長門四王司山　３石見四王寺山
４出雲四王寺山　５伯耆四王寺山　６隠岐四王寺山（２～６は867年）

▲蔵王権現祭祀

７金峯山　８三徳山（美徳）　９伯耆大山　10出雲枕木山　11出雲鰐淵山
12伊予石鎚山　13伊予奈良山　14肥後金峰山　15薩摩金峰山

■八幡・聖母（神功皇后）祭祀

16石清水八幡宮 860年　17宇佐宮（823年神功皇后合祀、三神体制へ）
18八面山聖母宮　19香椎廟　20筥崎宮　21若杉山聖母宮

●熊野権現祭祀

22熊野本宮　23那智　24新宮（神倉）　25白河殿・法住寺殿今熊野社　26彦山　27伊予篠山

▲国境の山神祭祀

28背振山（870年従五位下の神階授与）
29志々岐山（873年 正五位下の神階授与、876年　平戸から五島にかけての地域を肥前国より独立させ「値嘉嶋」の行政区を設置、志々岐神に正五位上の神階授与）

歴史的背景を見ると一〇世紀は東アジア情勢が大きく動く激動の時代であった。日本が仏教の範とし模倣してきた唐は九〇七年に滅び、対抗関係にあった新羅も九三五年に滅亡する。大陸では王朝が乱立する五代十国時代を経て北宋が九七九年に中原を統一すると、唐王朝の後継を自認して仏教を柱とする対外政策を積極的に進め、日本に対しては北宋皇帝から日本国王への従属要求も行われた。朝廷は慎重に従属回避の方法を選択し、その表れが中国仏教の模倣を避け、インド仏教との直結を模索する方向性と、日宋間の直接的な国家間外交を避けることであり、これを主導したのが摂関家であった。

具体的には中国を相対視するために世界を仏教流通の地である天竺《てんじく》（インド）・震旦《しんたん》（中国）・本朝（日本）の三国として認識しようとする「三国意識」が起こり、釈迦が法華経を説いたとされるインドの聖地霊鷲山などの仏跡から直接日本の霊場への聖地の飛来伝承・漂着伝承が創造され語られるようになる。

仏教は聖地としての霊山を重要視する。例えば中国の五台山は生身の文殊菩薩常住の霊山として東アジア仏教圏における聖地の中核的存在であり、歴代王朝は保護を加え北宋時代には都の開封と一対の関係にあった。日本においても平安京と一対となる独自の霊山霊場として金剛蔵王権現湧出《ゆうしゅつ》の霊場金峯山・生身の弘法大師常住の霊場高野山の設定が進められた。道長主導の金峯山登拝と最初の経塚造営はこの動きの中で理解するべきだろう。

外交問題では日本国の正式な使者としてではなく北宋に渡った寂照らの天台僧は、五台山や首都開封のある北地を避け、天台山のある江南の天台寺院との交流の了承を取り付け、これらの仲介で江南からの文物を、東シナ海を往来する海商に託し入手するというルートを確保する。これによりその後の日本仏教界は比叡山を中心とする天台宗が隆盛を迎えることになる。

平安京と一体化した霊場霊山設置の動きは院政期にかけて受領国司により諸国にもたらされ、伯耆国では国衙と一体化した霊場大山、霊場美徳の設定へと繋がるものと考えられる。朝廷主導により金峯山上に祀られた日本独自の尊格、金剛蔵王権現は「西極の地」で韓半島に対峙する出雲国・伯耆国のうち最も東端で近国《きんごく》因幡国と中国伯耆国の境界（註11）に位置する霊場美徳と、関門海峡を過ぎた瀬戸内海入口の伊予国石鎚山に特に配置され、金剛蔵王権現による霊的バリア（結界）が設けられている。

註

1　国峰修行の存在と一国に最低一組の金胎両部の立体曼荼羅が設けられ、山中修行が行われていたことをいち早く指摘したのが長野覺であった。長野覺「日本の山岳交通路としての修験道の峰入り道に関する研究」『駒澤地理第22号』駒澤大学文学部地理学教室一九八六年。のち『英彦山修験道の歴史地理学的研究』名著出版一九八七年に再録。

2　受領国司とは九世紀以降に国司制度が社会の実態に即して変更され、国務全般の責任が国司の長官（守《かみ》または介《すけ》）個人に集中し一〇世紀頃になると「受領国司」の制度が成立する。受領は一国の行政上の権限を一手に掌握し、任期中（通常は四年）の貢納や他の義務の履行を中央政府に対して請け負った。

3　日本の中世社会での支配体制として権力を持っていたのは天皇家・摂関家や有力貴族、寺社、幕府を頂点とする武家で、これらは荘園という経済基盤を持ち、それぞれが個別の機構によって組織されており相互に協調・補完して維持していた。このような立場の寺院を権門寺院と呼んでいる。これには天台宗では山門派の延暦寺、寺門派の園城寺、真言宗では東寺（仁和寺・醍醐寺の学僧がその構成員）、南都仏教界（顕教）の興福寺・東大寺が該当する。

4　江戸時代に峰入り修行などの山中修行を実施するには領主（藩主・旗本）の許可が必要であり、現実問題として数家の領内を使用する峰入り修行は、本山派・当山派・羽黒派・彦山派という幕府公認の修験道教団以外が実施することは不可能となっている。九州には一国単位で藩領を持つ外様大名が並立しているので、黒田藩・鍋島藩・細川藩という雄藩内で完結する峰入り修行が復興できたが、行程と経路は藩領内で完結するものに縮小や変更されている。

5　鍋島藩成立以後の肥前国入峰は鍋島本藩内・支藩を廻峰するものに変更し佐賀平野中央部に所在する牛尾山（小城市牛津町）を天台密教の蘇悉地界（神仙宿）として東方の背振山系を東曼荼羅の胎蔵世界、西方の多良岳を西曼荼羅の金剛界とする胎蔵入峰、金剛界入峰が明治初期の神仏分離まで行われていた。

6　全長一・二km、高さ一〇mを超える土塁と幅六〇mの外濠からなる長大な防衛施設であり、現在も多くの部分が残され国指定史跡となっている。

7　大野城は四王寺山の尾根沿いに全長八kmの土塁を巡らし谷部には石塁を積み上げて外敵の侵入を遮断する構造となっている。中には倉庫と考えられている約七〇棟の建物と石塁には九箇所の城門が設けられている。

8　天皇や皇族など貴人の発願により建立された寺院。

9　猪川和子「蔵王権現像と金剛童子像」『美術研究』美術研究所

一九六七年。

10　真言宗の諸教法、諸尊法、灌頂などの作法に関する研究書。覚禅は数十年をかけて諸師の口伝を集め膨大な典籍を調査して一〇〇余巻の書を著し一二〇余巻が現存する。

11　律令制では地方行政区画の一環として畿内からの距離によって国を分け、山陰道での近国境が因幡国、中国の最初が伯耆国で美徳はその境界に位置している。

参考文献

「三朝町誌」三朝町（一九六五年）
「三朝温泉誌」三朝町（一九八三年）
「三徳山総合調査報告書　第一集」三朝町教育委員会（二〇一四年）
「三徳山総合調査報告書　第二集」三朝町教育委員会（二〇一五年）
「三徳山総合調査報告書　第三集」三朝町教育委員会（二〇一六年）
「三徳山総合調査報告書　第四集」三朝町教育委員会（二〇一九年）

おわりに

このたびは、三朝町制七十周年記念誌『山岳霊場　三徳を読み解く』を発刊できましたことについて、ご執筆いただきました山本義孝先生をはじめ関係各位のご支援、ご協力に深く感謝申し上げます。

本書では、三徳山が山岳霊場として全国的にも類を見ない重要な遺跡であることが詳しく語られ、三徳山と三朝温泉の深い関係についても触れられています。

三徳山と三朝温泉の昔からの強い結びつきを表している「六根《ろっこん》清浄《しょうじょう》と六感《ろっかん》治癒《ちゆ》の地～日本一危ない国宝鑑賞と世界屈指のラドン泉～」の日本遺産のストーリーにおいて重要な役割を果たしているのは、三朝温泉の発見にも繋がった「白狼伝説」です。この「白狼伝説」は、ただの昔話ではなく歴史的な背景や信仰に基づくものだということが本書にも示されており、三朝温泉にとっても日本遺産としての魅力がさらに高まりました。

加えて、現在、本町教育委員会が進めている神倉地区での発掘調査結果などにより、本町における日本遺産の歴史的な価値がさらに明らかにされることが期待されます。

また、地元住民はもとより、全国の皆さんに本町の日本遺産の魅力を知っていただき、一人でも多くの方々に三徳山、三朝温泉を訪れていただくことを心より願っています。

本会は、引き続き「日本遺産三徳山・三朝温泉」の保護・保全並びに、普及・啓発活動に取り組み、日本遺産の魅力を後世に継承してまいりますので、今後とも変わらぬご支援とご協力を賜りますようお願い申し上げます。

令和六年三月

日本遺産三徳山三朝温泉を守る会　会長　**藤井　博美**

〈著者紹介〉

山本 義孝（やまもと・よしたか）

1961年京都市六波羅生まれ。別府大学文学部史学科考古学専攻卒業、放送大学大学院文化科学研究科文化科学専攻修了、高野山大学大学院密教学研究科中退、学術修士。袋井市立図書館長、袋井市歴史資料館館長を経て現在同館施設長、専門は宗教史。

社会活動：日本宗教学会会員、日本山岳修験学会理事、日本宗教民俗学会委員。

主要論著：「陰陽師と山伏」『陰陽道の講義』（共著、嵯峨野書院、2002年）。「修験道」『鎌倉時代の考古学』（共著、高志書院、2006年）。『立山における山岳信仰遺跡の研究』（富山県立立山博物館、2011年）。

三朝町制70周年記念事業

山岳霊場　三徳を読み解く

2024年4月1日　発行

著　　者　山本 義孝
企画・編集　鳥取県東伯郡三朝町教育委員会
発　　行　日本遺産三徳山三朝温泉を守る会
〒682-0195　鳥取県東伯郡三朝町大字大瀬999-2
（三朝町教育委員会内）
TEL 0858-43-1111　FAX 0858-43-0647
発　　売　今井出版
印　　刷　今井印刷株式会社

ISBN 978-4-86611-389-0